ABHANDLUNGEN - ANTHROPOGEOGRAPHIE
INSTITUT FÜR GEOGRAPHISCHE WISSENSCHAFTEN
FREIE UNIVERSITÄT BERLIN

BAND 54

SCHRIFTLEITUNG: JÖRG JANZEN

VERANTWORTLICH FÜR DIESEN BAND:

GERD MIELITZ

ABHANDLUNGEN - ANTHROPOGEOGRAPHIE
INSTITUT FÜR GEOGRAPHISCHE WISSENSCHAFTEN
FREIE UNIVERSITÄT BERLIN

BAND 54

CHRISTEL LÜBBEN

INTERNATIONALER TOURISMUS ALS FAKTOR DER REGIONAL-ENTWICKLUNG IN INDONESIEN

Untersucht am Beispiel der Insel Lombok

BERLIN
1995

DIETRICH REIMER VERLAG

HERAUSGEBER : G. BRAUN, U. FREITAG, G. KLUCZKA,
K. LENZ, G. MIELITZ, W. SCHARFE, F. SCHOLZ

Institut für Geographische Wissenschaften - Anthropogeographie, Angewandte Geographie und Kartographie / Abt. für Geographie Nordamerikas im J.F. Kennedy-Institut

Geographisches Institut
der Universität Kiel

Geographisches Institut
der Universität Kiel
ausgesonderte Dublette

Die Deutsche Bibliothek - CIP- Einheitsaufnahme

Lübben, Christel:
Internationaler Tourismus als Faktor der Regionalentwicklung in Indonesien : untersucht am Beispiel der Insel Lombok/ Christel Lübben. - Berlin : Reimer, 1995
  (Abhandlungen - Anthropogeographie ; Bd. 54)
  ISBN 3-496-02596-4

NE: GT

ISSN 0940-7685

© 1995 by Dietrich Reimer Verlag
    Dr. Friedrich Kaufmann
    Unter den Eichen 57
    D-12203 Berlin

Alle Rechte vorbehalten
Nachdruck verboten

Printed in Germany
ISBN 3-496-02596-4
D-188

VORWORT

Die vorliegende Arbeit wurde am Institut für Geographische Wissenschaften der Freien Universität Berlin angefertigt. Mein besonderer Dank gilt folgenden Personen, ohne deren Unterstützung die Arbeit in der vorliegende Form nicht hätte realisiert werden können:

- Meinem Betreuer Prof. Dr. G. Mielitz für seine Initiative, einen Forschungsschwerpunkt Tourismus in Südostasien im Arbeitsbereich Angewandte Wirtschaftsgeographie und Tourismusforschung zu etablieren, für seine Hilfestellungen im Vorfeld der Arbeit und für die wertvollen Anregungen;
- Prof. Dr. H.J. Buchholz (Hannover) für die Zweitbegutachtung der Arbeit;
- Herrn Dipl. Geogr. D. Engel für die kartographischen Arbeiten;
- den Herausgebern und dem Schriftleiter der „Abhandlungen Anthropogeographie" für die Aufnahme meiner Arbeit in die Institutsreihe und
- dem Fachbereich Geowissenschaften der Freien Universität Berlin für die Gewährung von Forschungsgeldern zur Durchführung der Feldarbeiten in Indonesien und für die Bereitstellungen von finanziellen Mitteln für den Druck dieser Arbeit.

Darüber hinaus geht mein Dank an die von mir befragten Hotelbesitzer, Hotelangestellten, Kunsthandwerker, Bürgermeister und Vertreter der verschiedenen Behörden auf Lombok für ihre Bereitschaft, all meine Fragen geduldig, außerordentlich hilfsbereit und freundlich zu beantworten.

Schließlich geht ein besonderer Dank an Familie Hayat in Mataram, bei der ich während meiner Forschungsaufenthalte wohnen durfte. Ohne ihre Unterstützung und ihre Erklärungen wären viele Aspekte der vorliegenden Arbeit anders verstanden und interpretiert worden.

Berlin im Dezember 1995   Christel Lübben

INHALTSVERZEICHNIS

Vorwort i
Inhaltsverzeichnis iii
Tabellenverzeichnis vii
Kartenverzeichnis vii
Abbildungsverzeichnis viii
Fotoverzeichnis viii
Zusammenfassung ix
Summary xii

1. EINFÜHRUNG 1

1.1 Einleitung und Problemstellung 1
1.2 Daten- und Literaturlage 4
1.3 Die Insel Lombok als Untersuchungsregion 6
1.4 Auswahl der Untersuchungsgemeinden Senggigi, Gili Air und Kuta 7
1.5 Arbeitsweisen und Methoden 7
    1.5.1 Art und Umfang der empirischen Erhebungen 8
    1.5.2 Rahmenbedingungen des wissenschaftlichen Arbeitens in Indonesien 12

2. THEORETISCHE GRUNDLAGEN DER ARBEIT 15

2.1 Die Diskussion des Dritte-Welt-Tourismus 15
    2.1.1 Der wissenschaftliche Diskurs seit den 60er Jahren 15
    2.1.2 Der Dritte-Welt-Tourismus aus der Sicht der Dritten Welt ... 21
2.2 Tourismus und Entwicklung 23
    2.2.1 Zum Entwicklungsbegriff 24
    2.2.2 Der Tourismus als Entwicklungsfaktor 25
2.3 Tourismus und Regionalentwicklung 28
    2.3.1 Das Konzept der endogenen Regionalentwicklung 29
    2.3.2 Tourismus als Faktor der Regionalentwicklung 31
2.4 Zusammenfassung 33

3. INDONESIEN - RAHMENBEDINGUNGEN DER UNTERSUCHUNG 34

3.1 Der Naturraum 34
3.2 Politische und administrative Rahmenbedingungen 35
3.3 Bevölkerungsstruktur und -verteilung... 37
3.4 Wirtschaftliche Entwicklung und Probleme.. 38
3.5 Der internationale Tourismus in Indonesien 41
    3.5.1 Entwicklung und Struktur des internationalen Tourismus................................. 41
    3.5.2 Regionale Verteilung des internationalen Tourismus 43
    3.5.3 Der Tourismus im Rahmen der nationalen Entwicklungsplanung 44
3.6 Zusammenfassung 47

4. REGIONAL- UND TOURISMUSENTWICKLUNG AUF LOMBOK 49

4.1 Die naturräumlichen Rahmenbedingungen... 49
4.2 Die regionale Bevölkerungsstruktur und -entwicklung 50
4.3 Sozio-ökonomische Strukturen und Entwicklungsprobleme 54
4.4 Regionale Entwicklungsplanung 56
    4.4.1 Ziele und Maßnahmen 56
    4.4.2 Tourismus im Rahmen der Entwicklungsplanung 58
    4.4.3 Der Tourismusplan für Lombok von 1987 61
4.5 Entwicklung und Struktur des internationalen Tourismus auf Lombok 63
    4.5.1 Das touristische Angebot 64
        4.5.1.1 Das ursprüngliche Angebot... 64
        4.5.1.2 Das abgeleitete Angebot 67
    4.5.2 Die touristische Nachfrage 71
4.6 Die Untersuchungsgemeinden... 75
    4.6.1 Senggigi 75
    4.6.2 Gili Air 77
    4.6.3 Kuta 79

5. DIE BEDEUTUNG DES INTERNATIONALEN TOURISMUS FÜR DIE REGIONALENTWICKLUNG AUF LOMBOK 81

5.1 Tourismus und regionaler Arbeitsmarkt 81
    5.1.1 Entwicklung und Struktur des regionalen Arbeitsmarktes 82
    5.1.2 Beschäftigungseffekte durch den Tourismus 83
        5.1.2.1 Beschäftigtenstruktur in den Hotels Bintang in Senggigi 85
        5.1.2.2 Beschäftigtenstruktur in den Hotels Melati in Senggigi 89
        5.1.2.3 Beschäftigtenstruktur in den Hotels Melati auf Gili Air 92
        5.1.2.4 Beschäftigtenstruktur in den Hotels Melati in Kuta 95
        5.1.2.5 Der Strandhandel 97
    5.1.3 Bedeutung des Tourismus für den regionalen Arbeitsmarkt 100
5.2 Tourismus und Agrarsektor 101
    5.2.1 Tourismusbedingte Nachfrage nach landwirtschaftlichen Produkten im Kontext der regionalen Produktion 102
        5.2.1.1 Bezugswege der Hotels Bintang in Senggigi 105
        5.2.1.2 Bezugswege der Hotels Melati in Senggigi 106
        5.2.1.3 Bezugswege der Hotels Melati auf Gili Air 107
        5.2.1.4 Bezugswege der Hotels Melati in Kuta 108
    5.2.2 Tourismus als Beschäftigungsmöglichkeit für die Agrarbevölkerung 110
    5.2.3 Nutzungskonflikte zwischen Tourismus und Landwirtschaft 110
        5.2.3.1 Bodenspekulation 110
        5.2.3.2 Übernutzung der Wasserressourcen 113
    5.2.4 Bedeutung des Tourismus für den Agrarsektor auf Lombok 115
5.3 Tourismus und Kunsthandwerk 118
    5.3.1 Das Weberdorf Sukarare 121
    5.3.2 Das Töpferdorf Penujak 124
    5.3.3 Bedeutung der touristischen Nachfrage für das regionale Kunsthandwerk 127

5.4 Tourismus und regionale Infrastruktur..129

    5.4.1 Öffentliche Investitionstätigkeit im Bereich der Infrastruktur 129

    5.4.2 Infrastrukturelle Maßnahmen im Zuge der touristischen Entwicklung.................131

    5.4.3 Bedeutung der Infrastrukturmaßnahmen für die Gesamtentwicklung der Region.....133

5.5 Private Investitionstätigkeit auf Lombok unter dem Einfluß des Tourismus 134

5.6 Zusammenfassung 137

6. MASSNAHMEN FÜR EINE INTEGRIERTE TOURISMUSENTWICKLUNG AUF LOMBOK 139

6.1 Regionalorientierte Entwicklungs- und Tourismusplanung 140

6.2 Dispersion der touristischen Angebote..141

6.3 Diversifizierung der touristischen Zielgruppen...142

6.4 Kooperative direkte Vermarktungswege in der Landwirtschaft 143

6.5 Förderung des Kunsthandwerkes 144

6.6 Kooperationen der Hotels Melati 145

6.7 Qualifizierungsmaßnahmen für den touristischen Arbeitsmarkt..............................146

6.8 Bildung eines regionalen Images 147

7. SCHLUSSBETRACHTUNG UND AUSBLICK 149

LITERATURVERZEICHNIS 153
FOTOS...165
FRAGEBÖGEN 171

TABELLENVERZEICHNIS

Tab. 1	Hotels in den Untersuchungsgemeinden und Umfang der Erhebung 1993	9
Tab. 2	Hotelangestellte in den Untersuchungsgemeinden und Umfang der Erhebung 1993	10
Tab. 3	Beherbergungsbetriebe und Zimmerangebot in Indonesien 1970-1990	42
Tab. 4	Hotel- und Bettenangebot nach Art der Unterkunft auf Lombok 1982-1992	67
Tab. 5	Ausgabenstruktur der internationalen Touristen auf Lombok 1992	73
Tab. 6	Beschäftigte im Tourismus auf Lombok nach Bezirken 1988-1992	84
Tab. 7	Schulbildung der Angestellten in den Hotels Bintang in Senggigi 1993	87
Tab. 8	Grundgehalt in den Hotels Bintang in Senggigi nach Tätigkeiten	88
Tab. 9	Schulbildung der Angestellten in den Hotels Melati in Senggigi 1993	91
Tab. 10	Schulbildung der Angestellten in den Hotels Melati Auf Gili Air 1993	94
Tab. 11	Schulbildung der Angestellten in den Hotels Melati in Kuta 1993	96
Tab. 12	Obstnachfrage der Hotels Bintang in Senggigi und regionale Produktion 1993	103
Tab. 13	Gemüsenachfrage der Hotels Bintang in Senggigi und regionale Produktion 1993	104
Tab. 14	Private Investitionen auf Lombok nach Wirtschaftsbereichen 1980-1982	135
Tab. 15	Private Investitionen auf Lombok nach Jahren und ausgewählten Wirtschaftsbereichen	136

KARTENVERZEICHNIS

Karte 1	Indonesien nach Provinzen	36
Karte 2	Beherbergungsbetriebe in Indonesien 1993	45
Karte 3	Administrative Gliederung Lomboks 1993	52
Karte 4	Bevölkerungsdichte auf Lombok nach Unterbezirken 1990	53
Karte 5	Touristische Entwicklungsregionen auf Lombok	60
Karte 6	Regionale Verteilung des Zimmerangebotes nach Art der Unterkunft 1992	69
Karte 7	Regionale Verteilung der internationalen Touristen auf Lombok 1992	74
Karte 8	Funktions- und Nutzungskartierung in Senggigi 1993	76
Karte 9	Funktions- und Nutzungskartierung auf Gili Air 1993	78
Karte 10	Funktions- und Nutzungskartierung in Kuta 1993	80
Karte 11	Standorte der Kunsthandwerksherstellung auf Lombok	120

ABBILDUNGSVERZEICHNIS

Abb. 1   Phasen und Themen der Diskussion und Kritik des Dritt-Welt-Tourismus 15
Abb. 2   Internationale Touristenankünfte in Indonesien 1970-1992 42
Abb. 3   Internationale Toruisten nach Herkunftsregionen in Indonesien 1987/1992 43
Abb. 4   Deviseneinnahmen aus dem Tourismus in Indoensien 1970-1992 46
Abb. 5   Internationale Touristenankünfte auf Lombok 1982-1992 71
Abb. 6   Arbeitslosenzahlen auf Lombok 1970-1992 82
Abb. 7   Regionale Herkunft der Angestellten in den Hotels Bintang in Senggigi 1993 . 85
Abb. 8   Regionale Herkunft der Angestellten in den Hotels Melati in Senggigi 1993 .. 90
Abb. 9   Regionale Herkunft der Angestellten in den Hotels Melati auf Gili Air 1993 .. 93
Abb. 10 Regionale Herkunft der Angestellten in den Hotels Melati in Kuta 1993 96
Abb. 11 Einkaufsverflechtungen der Hotels Bintang in Sennggigi 1993 105
Abb. 12 Einkaufsverflechtungen der Hotels Melati in Sennggigi 1993 107
Abb. 13 Einkaufsverflechtungen der Hotels Melati auf Gili Air 1993 108
Abb. 14 Einkaufsverflechtungen der Hotels Melati in Kuta 1993 109
Abb. 15 Entwicklungsausgaben der öffentlichen Hand auf Lombok 1989/90 130

FOTOVERZEICHNIS

Foto 1: Hotel Bintang in Senggigi 1993 166
Foto 2: Hotel Melati auf Gili Air 1993 166
Foto 3: Hotel Melati in Kuta 1993 167
Foto 4: Markt in Kuta 1993 167
Foto 5: Bootsanleger auf Gili Air 1993 168
Foto 6: Strandhändler in Senggigi 1993 168
Foto 7: Töpferinnen in Penujak 169

ZUSAMMENFASSUNG

Die Insel Lombok wurde Mitte der 80er Jahre im Rahmen der nationalen Tourismus- und Entwicklungsplanung als "Neue touristische Entwicklungsregion" in Indonesien ausgewiesen. Hiermit war eine quantitative und qualitative Erweiterung der touristischen Infrastruktur in der Region verbunden. Dies führte zu einer starken Zunahme der internationalen Touristenankünfte seit Ende der 80er Jahre.

In der vorliegenden Arbeit wird - differenziert nach unterschiedlichen Tourismusformen - untersucht, welchen Beitrag der internationale Tourismus zur Regionalentwicklung auf Lombok leistet, welche Verfelchtungen mit vor- und nachgelagerten Wirtschaftsbereichen in der Region bestehen und inwieweit dies zu einer Nutzung und Inwertsetzung der regional verfügbaren Potentiale beiträgt. Um Aussagen über die Verflechtungen des Tourismus mit der regionalen und lokalen Wirtschaft in Abhängigkeit von der Art des Tourismus machen zu können, wurden für die empirischen Erhebungen die drei touristischen Zentren Senggigi (Tourismus eines gehobenen bis mittleren Standards), Gili Air (Tourismus eines mittleren bis einfachen Standards) und Kuta (Tourismus eines einfachen Standards) ausgewählt.

Differenziert nach den genannten drei Orten wurden jeweils Art und Umfang der Nachfrage des Tourismus für die Bereiche Arbeitskräfte, Nahrungs- und Genußmittel sowie handwerkliche Produkte erhoben und dargelegt, inwieweit hier eine lokale, regionale oder überregionale Bedarfsdeckung erfolgt. Die tourismusbedingten Ausbaumaßnahmen im Bereich der Infrastruktur wurden hinsichtlich der Bedeutung für die Gesamtentwicklung der Region und ihres Gebrauchswertes für die ansässige Bevölkerung bewertet. Am Beispiel von zwei Handwerksdörfern wurde untersucht, welche Veränderungen sich durch die tourismusbedingte Nachfrage nach handwerklichen Produkten ergeben und inwieweit dies zu erweiterten Absatzmöglichkeiten und damit zu Einkommenszuwächsen für die Handwerker der Region führt. Übergeordnet erfolgte eine Darstellung der Handlungs- und Einflußmöglichkeiten der regionalen und lokalen Entscheidungsträger auf die Tourismusplanung, um Aussagen über die Möglichkeiten einer regionsorientierten und selbstbestimmten Regionalentwicklung machen zu können.

Die Untersuchungen ergaben, daß eine lokale und regionale Bedarfsdeckung und damit eine Nutzung oder Inwertsetzung der regional verfügbaren Potentiale maßgeblich von der Art der touristischen Entwicklung abhängig ist.

Der Tourismus des gehobenen, internationalen Standards in Senggigi hat nur unbedeutende regionale Impulse. Ein Großteil des Bedarfes an Arbeitskräften sowie Nahrungs- und Genußmitteln wird überregional bezogen. Wesentliche Gründe hierfür sind, daß das regionale Angebot hinsichtlich Qualität und Quantität nicht der Nachfrage des Tourismus entspricht, und daß sich der internationale Tourismus des gehobenen Standards nicht an den vielfältigen, regional vorhandenen Potentialen orientiert. Es bestehen somit kaum regionale oder lokale Verflechtungen. Die ansässige Bevölkerung und die regionale Wirtschaft profitieren nur in geringem Maße von dieser Art des Tourismus.

Der Tourismus des mittleren bis einfachen Standards auf Gili Air hingegen, trägt zu vielfältigen, regionalen und lokalen Impulsen und Vernetzungen bei, die der ansässigen Bevölkerung direkt zugute kommen. Die Anforderungen dieses Tourismus entsprechen hinsichtlich Art und Umfang der Nachfrage den lokalen Gegebenheiten. Zudem wurde deutlich, daß die kleinräumigen Verflechtungen intensiv und vielfältig sind, wenn die touristische Entwicklung von der lokalen Bevölkerung getragen und initiiert wird, geringe auswärtige Interessen bestehen und neben dem Tourismus eine diversifizierte Wirtschaftsstruktur besteht und keine einseitige Ausrichtung auf den Tourismus erfolgt.

In der Untersuchungsgemeinde Kuta sind diese Rahmenbedingungen nicht gegeben, so daß hier von dem vorhandenen, einfachen Tourismus nur unbedeutende lokale Impulse ausgehen.

Unabhängig von der Art des Tourismus zeigte sich zudem, daß eine Integration des Tourismus in die Regionalentwicklung eine Planung erfordert, die der Region verpflichtet ist. Es sind frühzeitig Maßnahmen zu ergreifen, die der ansässigen Bevölkerung einen direkten oder indirekten Zugang zu den Erwerbsmöglichkeiten durch den Fremdenverkehr verschaffen. Hier ist insbesondere eine Förderung jener Wirtschaftsbereiche notwendig, die eng mit der Tourismusbranche verknüpft sind.

Dies wurde auf Lombok in der Vergangenheit versäumt, so daß der Tourismus sich zunehmend von der Gesamtentwicklung der Region abkoppelt. Der potentielle Nutzen des Tourismus als flankierendes und komplementäres Instrument der Regionalentwicklung kommt nur begrenzt zum Tragen. Die einseitige Ausrichtung auf einen Fremdenverkehr des gehobenen, internationalen Standards, dessen Anforderungen die regionalen und lokalen Möglichkeiten übersteigen, forciert diese Entwicklung. Dieser Prozeß wird von einer nationalen Entwicklungs- und Tourismusplanung getragen, die von gesamtwirtschaftlichen Interessen geleitet ist und den regionalen Potentialen und Erfordernissen zu wenig Beachtung schenkt.

Die Entscheidungsträger vor Ort haben nur einen unbedeutenden Einfluß auf diese Entwicklungen. Sie werden in den Planungsprozeß kaum integriert, haben keine Entscheidungskompetenz und sind vorrangig für die Realisierung der auf nationaler Ebene getroffenen Entscheidung zuständig.

Zudem ergaben die Untersuchungen, daß die Konzentration der Fremdenverkehrswirtschaft auf einige wenige Orte an der Westküste der Insel einer ausgleichsorientierten Gesamtentwicklung der Region entgegenwirken. Die bestehenden räumlichen Disparitäten werden verstärkt. Der internationale Tourismus, vor allem der des gehobenen Standards, forciert darüber hinaus die sozialen Ungleichgewichte. Die einkommensschwachen Bevölkerungsgruppen finden keinen direkten oder indirekten Zugang zu den Erwerbsmöglichkeiten im Tourismus.

Lediglich das Kunsthandwerk, das sich in den ländlichen Räumen Mittel- und Ostlomboks konzentriert und vornehmlich von landlosen und landarmen Bevölkerungsgruppen betrieben wird, wirkt der Verschärfung regionaler und sozialer Disparitäten entgegen. Die tourismusbedingte Nachfrage nach handwerklichen Produkten trägt zu erweiterten Absatzmöglichkeiten und damit zu zusätzlichen Einkommen für die Handwerker bei. Der Vergleich der zwei Untersuchungsgemeinden hat dabei allerdings verdeutlicht, daß diese positiven Impulse wesentlich vielfältiger sind, wenn vor Einsetzten der touristischen Nachfrage bereits von den Handwerkern getragene Produktions- und Vermarktungsstrukturen bestehen und eine einseitige Ausrichtung auf die touristische Nachfrage vermieden wird.

Abschließend werden Empfehlungen für eine integrierte, regionsorientierte Tourismusentwicklung auf Lombok formuliert, die einer weiteren Abkopplung des Tourismus von der Gesamtentwicklung der Region entgegen wirken können. Ihnen liegt die Forderung nach einer Abkehr von den traditionellen Strategien der Tourismusentwicklung in Indonesien zugrunde. Notwendig ist vor allem eine Tourismusplanung und -politik, die sich an den Möglichkeiten und Bedürfnissen der Regionen orientiert und weniger an internationalen Standards. Regionstypische, alternative Reiseangebote gewinnen am Welttouristikmarkt zunehmend an Bedeutung. Hier liegt für die Region Lombok eine besondere Chance, die eine langfristige Konkurrenzfähigkeit beinhaltet und zugleich zu einer Intensivierung der regionalen Verküpfungseffekte beitragen kann.

SUMMARY

Under Indonesia's national tourism and development plan the island of Lombok was designated a "new tourist development region" in the mid 1980s. This led to a quantitative and qualitative improvement of the tourism-related infrastructure in that region. As a result, tourist arrivals have increased considerably since the late 1980s.

The subject of the present thesis was to find out to what extent the various types of international tourism havecontributed to regional development in Lombok, what kind of interrelationship there is between tourism and economicactivities in the region and to what extent tourism promotes the use and exploitation of the regional potential. In order to determine how far tourism has been integrated into ther egional and local economies, depending on the different types of tourism, three tourist centres were selected for these empirical studies: Senggigi (an example of upper to medium-standard tourism), Gili Air (medium to simple-style tourism) and Kuta (simple-style tourism).

For each of the three above-mentioned locations data on the following aspects were collected: the type and volume of demand created by the tourist trade concerning labour, the food and beverages (incl. tobacco) industry, as well as handicraft products. It was then shown to what extent that demand was met locally, regionally or supra-regionally.

The development of the infrastructure required by the tourist trade was evaluated as to its impact on the overall development of the region and its usefulness for local residents.

Two villages with predominantly handicraft businesses were studied with a view to the possible changes that occurred as a result of the tourists' demand for handicraft products and the extent to which this had resulted in increased sales and, therefore, higher earnings for local craftsmen.

On a more general level the scope of action and influence that local and regional decision-makers had on the overall tourism planning was studied in order to find out if a region-oriented and self-determined regional development was at all possible.

The studies showed that it is mainly the quality of tourist development that determines the degree to which demands can be met on a local or regional basis and whether regional resources can be fully utilized.

Upper-standard tourism meeting international standards like that in Senggigi has only a minor impact on regional development. The demand for labour and for food and beverages is mainly met on a national basis, the main reasons for this being that regional supplies do not meet the tourists' requirements with respect to quality and quantity and that international upper-standard tourism is not geared to what the region has to offer. Thus, tourism there is hardly integrated into the regional or local economy, and the benefits of that type of tourism for both local residents and the regional economy are very slight.

By contrast, medium-standard to simple-style tourism as it exists in Gili Air benefits the local population directly by stimulating the economy in various respects both regionally and locally. This type of tourism creates demands, the nature and volume of which are easily met under local conditions. It was also noted that small-scale economic links are strong and varied, if the tourist development is supported and initiated by the local population, if there are few external interests and if there are diversified economic structures, rather than a one-sided orientation towards tourism.

Since the third village studied, Kuta, lacked the above features, the simple-style tourism as practised there had only a weak impact on local communities.

Regardless of the type of tourism, it generally appeared that an integration of the tourist trade into regional development requires planning measures that consider the interests of the region as a whole. It has to be ensured from an early stage that local residents are able to profit directly or indirectly from the economic opportunities offered by tourism. This requires the promotion of those economic activities which are closely connected with the tourist industry.

These considerations have been neglected in Lombok in the past, and as a result the tourist trade has been increasingly cut off from the overall regional development. The potential use of the tourist trade as a supporting and complementary instrument of regional development policy has not fully been explored. This development has been aggravated by the one-sided orientation towards upper-standard tourism meeting international standards, the demands of which cannot be met locally or regionally. This process is supported by a national development and tourism planning which is guided by overall economic interests and takes too little regard of the regional potential and requirements.

Local decision-makers have hardly any say in this field. They are virtually excluded from the planning process, they have no decision-making powers and are mainly responsible for implementing the decisions taken on a national level.

Furthermore, the studies showed that the fact that the tourist industry is concentrated in a few places on the island's western coast prevents a balanced overall development of the region. Existing spatial disparities are increased. Moreover, international tourism, particularly that of the upper-standard type, aggravates social inequalities. Low-income groups of the population are barred from direct or indirect access to the earning opportunities offered by the tourist industry.

The handicraft industry which is located mainly in the rural areas of middle and eastern Lombok and essentially consists of craftsmen who own little or no land at all, is the only industry which counteracts this aggravation of regional and social disparities. Tourist demand for handicraft products increases sales and creates additional revenue for local craftsmen. A comparison of the two communities studied, however, showed that those positive impulses were much stronger if production and marketing structures had already been established by the craftsmen before the arrival of the tourist trade and if a one-sided dependence on tourist demand is avoided.

Finally, recommendations are given for an integrated regionally oriented tourist development in Lombok which avoids any further separation of the tourist industry from the overall regional development. They are based on a rejection of the traditional strategies of tourist trade development in Indonesia. What is required above all is a tourism policy which is oriented to the potential and requirements of the regions rather than to international standards. Alternative travel emphasizing indigenous features of the regions is gaining in importance on the global tourist market. This opens up special chances for the region of Lombok, and provides continued competitiveness and better integration into the regional economic activities.

1. EINFÜHRUNG

"Mehr und mehr Länder der Dritten Welt[1] werden vom internationalen Tourismus[2] berührt. Die Sehnsucht der Bewohner aus den "reichen Industrieländern des Nordens" nach dem "Exotischen" und nach fremdartigen Kulturen, nach "unberührten Völkern und Landschaften", nach dem Fernen und dem Abenteuer und insbesondere nach dem "ewigen Sommer" des Südens ist eine Triebfeder der globalen Expansion des Tourismus."[3]

Der internationale Tourismus hat sich in den letzten drei Jahrzehnten zu einer bedeutenden Wachstumsbranche mit bemerkenswert beständigen Zuwächsen entwickelt. Vor diesem Hintergrund ist es nicht verwunderlich, daß eine wachsende Zahl der Dritte-Welt-Länder versucht, am Welttourismus teilzuhaben und diesem Wirtschaftsbereich eine besondere Bedeutung beimißt. Dabei sind es vor allem die Deviseneinnahmen, die Beschäftigungseffekte sowie die Kopplungseffekte mit vor- und nachgelagerten Wirtschaftsbereichen, auf die sich die Erwartungen konzentrieren. In Anbetracht der wachsenden Auslandsverschuldung wird dabei gerade den Deviseneinnahmen eine besondere Bedeutung beigemessen. Verbunden hiermit ist eine Tourismuspolitik, die vornehmlich von gesamtwirtschaftlichen und weniger von regionalwirtschaftlichen Interessen geleitet ist. Hieraus resultiert eine zunehmend exogen bestimmte Entwicklung, die sich nur wenig an den in der Region vorhandenen Potentialen und Möglichkeiten orientiert.

1.1 Einleitung und Problemstellung

Im Jahre 1950 wurden weltweit 25,3 Millionen Touristenankünfte aus dem Ausland registriert. 1970 lag die Zahl bei 159,7 Millionen und 1992 bei 475,6 Millionen. Im gleichen Zeitraum stiegen die Einnahmen aus dem internationalen Tourismus von 21 Milliarden auf 278,7 Milliarden US$. Konzentrierte sich der internationale Tourismus in den 50er und frühen 60er Jahren hinsichtlich der Ziel- wie der Herkunftsländer der Gäste, überwiegend auf Europa und Nordamerika, so gewannen ab Mitte der 60er Jahre die Länder der Dritten Welt zunehmend an Bedeutung. Auch wenn nach wie vor etwa 2/3 aller registrierten Touristenankünfte auf den grenzüberschreitenden Tourismus innerhalb von Europa und Nordamerika sowie zwischen diesen

---

[1] Der schon in den 50er Jahre auftauchende Begriff "Dritte Welt" wird in der vorliegenden Arbeit verwendet im Verständnis seiner ursprünglichen Bedeutung als Suche nach einer eigenständigen Rolle der Länder, die zwischen den Militärblöcken und den konkurrierenden Systemen von Kapitalismus und Sozialismus nach dem Zweiten Weltkrieg ihre Unabhängigkeit erlangten (NOHLEN/NUSCHELER: 1992).

[2] Der Begriff Tourismus, der in der vorliegenden Arbeit synonym mit dem Begriff Fremdenverkehr verwendet wird, wird nach Kaspar "als Gesamtheit der Beziehungen und Erscheinungen, die sich aus der Reise und dem Aufenthalt von Personen ergeben, für die der Aufenthaltsort weder hauptsächlicher und dauernder Wohn- noch Arbeitsort ist" verstanden (KASPAR 1982:18). Der internationale Tourismus bezeichnet den grenzüberschreitenden Tourismus. Da die vorliegende Arbeit sich - sofern nicht anders vermerkt - mit dem internationalen Tourismus beschäftigt, werden die Begriffe Tourismus und internationaler Tourismus synonym verwendet.

[3] VORLAUFER (1988: 603)

beiden Regionen entfällt, hat der Tourismus in die Länder der Dritten Welt in den 70er und 80er Jahren enorme Zuwachsraten zu verzeichnen. Am stärksten erhöhte sich dabei der Anteil der in den asiatisch/pazifischen Dritte-Welt-Ländern registrierten Touristenankünfte.
Dabei sind diese Länder vor allem Zielgebiete für Gäste aus den westlichen Industrieländern. Als Quellgebiete internationaler Gäste haben sie bisher eine untergeordnete Bedeutung, wobei auch hier eine Zunahme zu verzeichnen ist. Vor allem wächst der Anteil der Gäste aus den südost- und ostasiatischen Ländern wie Malaysia, Singapur, Thailand, Taiwan und Korea.[4]
Wissenschaftliche Arbeiten[5], vor allem seit Ende der 70er Jahre, haben gezeigt, daß eine touristische Entwicklung in Ländern der Dritten Welt, die den regionalen Potentialen und Ressourcen keine Beachtung schenkt, regionale und soziale Disparitäten verstärkt, zu wachsenden Abhängigkeitsstrukturen führt, und die erhofften ökonomischen Impulse und Verflechtungen aus regionaler Sicht eher unbedeutend sind. Vielmehr findet eine Bevorzugung wirtschaftlich bereits aktiver Regionen und der einkommensstarken Bevölkerungsgruppen statt.
Im Mittelpunkt der wissenschaftlichen Diskussion zum Dritte-Welt-Tourismus steht derzeit die Frage nach den Möglichkeiten zur Integration des Tourismus in die Entwicklung von Regionen auf der Grundlage der regional verfügbaren Potentiale und Ressourcen.
Dem liegt die Forderung nach einem Abbau der Abhängigkeiten von externen Faktoren und damit verbunden die Nutzung und Inwertsetzung der internen Faktoren zugrunde. Dieses Postulat resultiert aus der Erkenntnis, daß maßgeblich von außen initiierte und getragene touristische Entwicklungen, die sich nicht an den regionalen Wirtschafts-, Lebens- und Gesellschaftszusammenhängen orientieren, zumeist nur sehr selektiv und eingeschränkt zur Verbesserung der ökonomischen Lebensbedingungen breiter Bevölkerungsschichten beitragen.
Einigkeit besteht darüber, daß die fremdenverkehrswirtschaftliche Planung nicht wie bisher isoliert, sondern im Rahmen einer regional orientierten Entwicklungsplanung zu vollziehen ist, um die Verflechtungen zwischen der Tourismuswirtschaft und den sonstigen Wirtschaftsbereichen der Regionen zu intensivieren[6]. Unklar ist jedoch derzeit noch, welche Faktoren maßgeblich für eine Integration des Tourismus sind, und wie konkrete Strategien zur Realisierung einer solchen touristischen Entwicklung aussehen können.
Die vorliegende Arbeit ist vor diesem Hintergrund ein Beitrag, der die Möglichkeiten und Grenzen einer Integration des internationalen Tourismus in die Entwicklung einer Region am Beispiel der Insel Lombok in Indonesien aufzeigt.
Dabei wird die Annahme zugrunde gelegt, daß der internationale Tourismus ein Entwicklungsfaktor für bestimmte Regionen sein kann, sofern er nicht isoliert von den vorhandenen Wirtschafts- und Gesellschaftsstrukturen implementiert wird. Darüber hinaus wird davon ausgegangen, daß eine touristische Entwicklung und damit auch eine Regionalentwicklung, die auf die Potentiale einer Region ausgerichtet ist, zu einer sektoral, regional und sozial ausgewogenen

---

[4] WTO (1993)
[5] DRESS (1979); MAY (1985); SCHERRER (1986); SCHÜRMANN (1979); VORLAUFER (1979)
[6] MAURER (1992); BMZ (1993)

Entwicklung beiträgt. Dabei schließt eine derart regional orientierte Betrachtungsweise regionsexterne Faktoren nicht aus. Wesentlich ist, eine Entwicklung zu initiieren, die langfristig zu einer selbstbestimmten und sich selbsttragenden Regionalentwicklung beiträgt. Eine "evolutionäre Entwicklung" aus der Region heraus, die soweit wie möglich aus regionalen Wirtschaftsaktivitäten resultiert, könnte der geeignete Weg sein. In diesem Verständnis ist der Tourismus ein Teil der regionalen Wirtschaft, der maßgeblich von den regionalen Potentialen getragen werden muß.

Im Rahmen der Arbeit werden die derzeitigen Verflechtungen des Tourismus mit der lokalen und regionalen Wirtschaft auf der Insel Lombok aufgezeigt. Der Bedarf des Tourismus in den Bereichen Arbeitskräfte, Nahrungs- und Genußmittel, handwerkliche Produkte und Infrastruktur wird dabei dem regionalen Angebot gegenübergestellt. Zunächst wird dargelegt, in welchen Bereichen eine regionale Bedarfsdeckung erfolgt, und wo eine externe Bedarfsdeckung notwendig ist. Darüber hinaus wird analysiert, welche Veränderungen für die genannten Bereiche mit der tourismusbedingten Nachfrage verbunden sind. Von Interesse ist dabei vor allem, welche Bevölkerungsgruppen und welche Regionen von den tourismusbedingten Implikationen betroffen sind, und inwieweit dies zu ökonomischen, sozialen und strukturellen Veränderungen in der Wirtschaft und der Gesellschaft führt.

Es wird dabei eine differenzierte Betrachtung nach unterschiedlichen Tourismusarten vorgenommen, da die Intensität und Möglichkeiten der Integration des Tourismus in die Regionalentwicklung in starkem Maße von der Art des Tourismus und den jeweiligen regionalen Gegebenheiten abhängig sind. Zu diesem Zwecke wurden drei Gemeinden auf der Insel Lombok ausgewählt, die sich hinsichtlich ihrer touristischen Erschließung wie auch hinsichtlich ihrer naturräumlichen und sozio-ökonomischen Rahmenbedingungen unterscheiden.[7]

Die übergeordneten forschungsleitenden Fragestellungen der Arbeit sind:

♦ Welchen Beitrag kann der internationale Tourismus für die Regionalentwicklung auf Lombok leisten? Wie läßt sich der Tourismus in die Regionalentwicklung integrieren?
♦ Wie sieht der Beitrag unterschiedlicher Tourismusformen für die regionale Entwicklung aus? Lassen sich bestimmte Tourismusformen bestimmten Regionen zuordnen?
♦ Kann der internationale Tourismus zu einer Nutzung und Inwertsetzung endogener Potentiale beitragen, und welche Rahmenbedingungen sind maßgeblich bzw. erforderlich?

Aufbauend auf den Erkenntnissen der Regionalstudie, werden für die Region Lombok strategische Maßnahmen formuliert, die einer Integration des Tourismus in die Gesamtentwicklung der Region zuträglich sein können.

---

[7] Siehe Kapitel 1.4 und 4.6

1.2 Daten- und Literaturlage[8]

Statistisches Datenmaterial zum Tourismus in Indonesien und Lombok wird vom Generaldirektorat für Tourismus in Jakarta, von der regionalen Tourismusbehörde in Mataram sowie von den Statistischen Ämtern auf nationaler und regionaler Ebene in unterschiedlichen Publikationen veröffentlicht.

Hervorzuheben ist die vom Generaldirektorat für Tourismus (DGT) in Jakarta jährlich erscheinende Statistik zur Entwicklung der internationalen Touristenankünfte in Indonesien.[9] Sie beinhaltet - differenziert nach den Provinzen - Angaben zur Herkunft, Aufenthaltsdauer, Altersstruktur, Reiseform, Reisezeit und Ausgabenstruktur der ausländischen Gäste. Es werden alle internationalen Urlaubs- und Geschäftsreisenden erfaßt, die direkt über die internationalen Flug- und Seehäfen einreisen und mindestens 24 Stunden im Land verbleiben. Ergänzt werden diese Daten durch die von den Hotels zur Verfügung gestellten Übernachtungszahlen. Darüber hinaus sind die Beherbergungsbetriebe nach Art der Unterkunft, Größe und Ausstattung erfaßt.

Angaben über aktuelle Planungen und Entwicklungen im Bereich des Tourismus, über Ausbildungsmaßnahmen und nationale wie internationale Tagungen und Kongresse enthält die ebenfalls jährlich vom DGT in Jakarta herausgegebene Veröffentlichung "Tourism in Indonesia".[10]

Das Statistische Amt in Jakarta stellt in einer öffentlich zugänglichen Bibliothek Daten und Veröffentlichungen aller Ministerien zur Verfügung. Zusätzlich werden für bestimmte Bereiche Spezialstatistiken herausgegeben. Hervorzuheben sind hier folgende jährlich erscheinende Veröffentlichungen:[11]

- Statistical Pocket Book for Indonesia
- Welfare Indicators in Indonesia
- State und Local Government Financial Statistics
- Hotel and other Accomodations in Indonesia
- Tourist Expenditure and Opinion survey.

Die regionale Tourismusbehörde der Provinz Nusa Tenggara Barat gibt jährlich eine Statistik zur touristischen Entwicklung heraus.[12] Diese beinhaltet sehr differenzierte Angaben zu den Beherbergungsbetrieben nach Größe, Ausstattung und Preisen. Erfaßt sind zudem alle Restaurants, Reisebüros, Transportunternehmen und sonstige touristische Einrichtungen. Differenziert nach den Bezirken und nach den touristischen Zentren, enthält die Publikation

---

[8] Die Darlegung der Daten- und Literaturlage konzentriert sich auf die Veröffentlichungen zur Untersuchungsregion Lombok und Indonesien, die für die Arbeit von Bedeutung sind. Allgemeine Literatur zum Thema "Dritte-Welt-Tourismus" wird in Kapitel 2.1 diskutiert.
[9] DIRECTORATE GENERAL OF TOURISM (1989-1994)
[10] DIRECTORATE GENERAL OF TOURISM (1992/93)
[11] BIRO PUSAT STATISTIK (1991/92)
[12] DINAS PARIWISATA PROPINSI DAERAH TINGKAT I NUSA TENGARRA BARAT (1989-1993)

Angaben zur Struktur der internationalen Touristenankünfte. Grundlage dieser Daten sind die Angaben der Hotels. Auf der Ebene der Bezirke enthält die Veröffentlichung zudem Angaben über die Beschäftigten in der Tourismusbranche. Differenzierte Angaben über die Beschäftigtenstruktur liegen allerdings nicht vor.

Weitere Informationen zur Gesamtentwicklung der Region Lombok stellt das regionale Amt für Statistik zur Verfügung. Wie auf nationaler Ebene werden hier die Veröffentlichungen aller regionalen Behörden zusammengetragen und darüber hinaus Spezialstatistiken herausgegeben. Hervorzuheben sind folgende jährlich erscheinende Veröffentlichungen[13], die Daten zur Bevölkerungs-, Wirtschafts- und Sozialstruktur enthalten:

- Statistical Pocket Book of Nusa Tenggara Barat
- Hotel dan Akomodasi Lainnya NTB
- Lombok Barat Dalam Angka
- Lombok Tengah Dalam Angka
- Lombok Timur Dalam Angka.

Auf der Ebene der Gemeinden gibt die von den Bürgermeistern erstellte Gemeindestatistik Auskunft über die Entwicklungen und Strukturen auf lokaler Ebene.

Insgesamt liegt von der Quantität her umfassendes Datenmaterial über den Tourismus wie auch über andere Wirtschaftsbereiche und Entwicklungen vor. Die Qualität der Daten muß jedoch teilweise als unzureichend bezeichnet werden, weil die Erhebungsmethoden vielfach uneinheitlich und zudem schlecht dokumentiert sind. Dennoch sind sie ausreichend, um die Entwicklungen und Prozesse zu verdeutlichen.

Über Lombok liegen im Gegensatz zur benachbarten Insel Bali keine wissenschaftlichen Arbeiten vor, die sich mit der touristischen Entwicklung beschäftigen. Die Publikationen zum Tourismus auf Bali sind jedoch für vergleichende Interpretationen sowie zur Einordnung der gesamten touristischen Entwicklung von Bedeutung. Hervorzuheben sind dabei die Arbeiten von DRESS, WÄLTY, RODENBURG und RADETZKI-STENNER[14], die sich vor allem auch mit Fragen der Tourismus- und Regionalentwicklung sowie mit dem Einfluß unterschiedlicher Tourismusarten auseinandergesetzt haben. Insbesondere die Arbeiten von RODENBURG und RADETZKI-STENNER lassen interessante Vergleiche zu den Entwicklungen auf Lombok zu.

Unter den Arbeiten, die sich mit der Entwicklung auf Lombok beschäftigten, sind die von LEEMANN und RÖLL[15] hervorzuheben, vor allem ihre Untersuchung zu den Agrarproblemen

---

[13] KANTOR STATISTIK PROPINSI NTB (1984-1993)
[14] DRESS (1979); WÄLTY (1990); RODENBURG (1989); RADETZKI-STENNER (1987)
[15] LEEMANN/RÖLL (1984; 1985; 1987, 1988)

auf Lombok. Auch wenn sich diese Studie nur peripher mit Fragen des Tourismus beschäftigt, so ist sie eine wichtige Grundlage für die vorliegende Arbeit.
In besonderer Weise stellt sie die historischen und aktuellen Entwicklungsprobleme des ländlichen Raumes auf Lombok dar, die für die Beurteilung und Einordnung des Tourismus von außerordentlicher Bedeutung sind.

1.3 Die Insel Lombok als Untersuchungsregion

Im Rahmen der vorliegenden Arbeit wird am Beispiel der Insel Lombok exemplarisch dargelegt, ob und wie sich der internationale Tourismus in die Entwicklung einer Region integriert und welche Rahmenbedingungen maßgeblich sind.
Für die Auswahl der Untersuchungsregion waren folgende Voraussetzungen erforderlich, um der Fragestellung nachgehen zu können:

- In der Region muß der internationale Tourismus eine Bedeutung haben.
- Unterschiedliche Tourismusarten müssen vorhanden sein.
- Die Region muß über Potentiale und Ressourcen sowie über eine ausreichende Größe verfügen, die Verflechtungen innerhalb der Region überhaupt ermöglichen.

Die Insel Lombok wird diesen Anforderungen in besonderer Weise gerecht.
Lombok gehört im Rahmen der nationalen Tourismusplanung seit Mitte der 80er Jahre zu den neuen touristischen Entwicklungsregionen in Indonesien. Es vollzieht sich derzeit ein Prozeß der quantitativen und qualitativen Erweiterung des gesamten touristischen Angebotes. Hiermit geht eine Zunahme exogener Einflüsse in der Region wie auch eine Veränderung der Bewertung und Nutzung der endogen vorhandenen Potentiale und Ressourcen einher. Die lange Zeit im Schatten von Bali stehende Insel Lombok hat sich in den letzten Jahren, maßgeblich durch den Tourismus, zu einer dynamischen Region entwickelt, in der sich erhebliche Veränderungen vollziehen.
Das Fundament der Ökonomie und Gesellschaft ist der Agrarsektor. Das Angebot an landwirtschaftlichen Produkten ist insgesamt ausreichend und vielfältig, wobei regional erhebliche Unterschiede bestehen. Der Agrarsektor ist allerdings mit gravierenden strukturellen Problemen behaftet. Der industriell-gewerbliche Sektor ist bisher wenig entwickelt. Dennoch ist gerade das traditionelle Handwerk eine wichtige zusätzliche Einkommensquelle für die Existenzsicherung. Die geringe regionale Nachfrage und die begrenzten Absatzmöglichkeiten stehen bis heute jedoch einer Ausweitung dieses Wirtschaftsbereiches entgegen.
Das Arbeitskräftepotential in der Region übersteigt das Arbeitsplatzangebot weit, Unterbeschäftigung und Arbeitslosigkeit kennzeichnen den Arbeitsmarkt.
Diese Rahmenbedingungen sowie die Erfahrungen während des ersten Forschungsaufenthaltes auf Lombok, wo unter anderem wichtige Kontakte zur regionalen Tourismusbehörde geknüpft wurden, führten zur Entscheidung für die Untersuchungsregion Lombok.

1.4 Auswahl der Untersuchungsgemeinden Senggigi, Gili Air und Kuta

Um differenzierte Aussagen zum Beitrag unterschiedlicher Tourismusformen für die regionale Entwicklung in Abhängigkeit von regions- und lokalspezifischen Rahmenbedingungen machen zu können, wurden die drei Untersuchungsgemeinden Senggigi, Gili Air und Kuta ausgewählt. Kriterien für die Wahl dieser Orte, waren neben der Art des Tourismus, die sozio-ökonomischen und vor allem die naturräumlichen Rahmenbedingungen. Die Orte sind dabei den von LEEMANN/RÖLL[16] unterteilten drei Raumeinheiten, die zugleich in besonderer Weise die sozio-ökonomischen Lebensbedingungen bestimmen, zuzuordnen:

- *Senggigi* liegt in der Ebene von Cakranegara. Die mittleren Jahresniederschlagsmengen von 1500 bis 2500 mm und die vergleichsweise kurze Trockenzeit von Mai bis Oktober ermöglichen eine intensive landwirtschaftliche Nutzung. Der internationale Tourismus des gehobenen und mittleren Standards mit einem vielfältigen Angebot ist dominant.
- *Gili Air* ist der nördlichen Gebirgszone zuzuordnen, mit einer mittleren Jahresniederschlagsmenge von mehr als 2500 mm. Die Regenzeit von Oktober bis Mai ermöglicht eine intensive landwirtschaftliche Nutzung. Bewässerter Reis-, Obst- und Gemüseanbau wird betrieben. Auf der Insel selbst ist wegen der sandigen Böden und der geringen Wasserressourcen lediglich eine Bewirtschaftung mit Kokospalmen möglich. Der Tourismus auf Gili Air ist durch einen einfachen und mittleren Standard gekennzeichnet. Über die Beherbergungsbetriebe hinaus gibt es nur ein geringes touristisches Angebot.
- *Kuta* liegt in der südlichen Hügelzone, die wegen der ausgedehnten Trockenzeiten und der mittleren Jahresniederschläge von unter 1000 mm zu den Agrarungunstregionen zählt. Die Reisfelder können nur in der kurzen Regenzeit bewässert werden, ansonsten wird Trockenfeldbau betrieben. Buschformation und entwaldete, erosionsgefährdete Hügel prägen das Landschaftsbild. Der Tourismus in der Gemeinde weist einen sehr einfachen Standard auf.

Gemein ist allen drei Orten, daß die touristische Entwicklung Anfang der 80er Jahre von einem einfachen Standard ausging. Heute gehören sie im Rahmen des Tourismuskonzeptes für Lombok zu den touristischen Entwicklungsregionen.

1.5 Arbeitsweisen und Methoden

Der Mangel an Daten und Literatur zu den Auswirkungen des internationalen Tourismus auf die Regionalentwicklung der Insel Lombok erforderte eigene empirische Erhebungen. Inbesondere fehlten differenzierte Materialien zur Struktur des touristischen Arbeitsmarktes, zu den Vernetzungen zwischen der Landwirtschaft und dem Tourismus sowie zum Einfluß des Tourismus auf das regionale Kunsthandwerk.

Art und Umfang der angewandten Methoden und Arbeitsweisen sowie der Ablauf der Forschungsaufenthalte werden im folgenden dargelegt und bewertet.

---

[16] LEEMANN/RÖLL (1987:4)

1.5.1 Art und Umfang der empirischen Erhebungen

Als Untersuchungsmethode wurden Interviews mit standardisiertem Fragebogen und teilstrukturierten Gesprächsleitfäden gewählt[17] und mit folgenden direkt und indirekt im Tourismus involvierten Personen und Gruppen durchgeführt:

- Hotelbesitzer und Hotelangestellte in den Gemeinden Senggigi, Kuta und Gili Air
- Bürgermeister der Gemeinden Senggigi, Gili Air, Sukarare und Penujak
- Kunsthandwerker in Penujak und Sukarare
- Leiter und Mitarbeiter der Tourismus-, Landwirtschafts-, Industrie-, Arbeits-, Entwicklungs- und Investitionsbehörde der Provinz Nusa Tenggara Barat
- Studenten der privaten Tourismusschulen in Mataram.

Darüber hinaus wurde während der jeweils 1-2wöchigen Aufenthalte in den Untersuchungsgemeinden die teilnehmende Beobachtung angewandt, um unter anderem Art und Umfang der alltäglichen Kontakte zwischen Touristen und ansässiger Bevölkerung zu erfassen. Bei den Kunsthandwerkern erwies sich die Methode als vorteilhaft, um alltägliche Arbeits- und Tagesabläufe, die im Rahmen eines Interviews in der Form nicht zu erfassen sind, kennenzulernen.
In den touristischen Zentren Senggigi, Kuta und auf Gili Air wurden zudem Flächen- und Nutzungskartierungen durchgeführt, da für die Orte keine geeigneten Karten vorlagen.
Im folgenden werden kurz Art, Umfang und Verlauf der Interviews mit den oben genannten Gruppen und Personen skizziert, um einen Eindruck von den konkreten methodischen Vorgehensweisen zu vermitteln.

- Befragung der Hotelbesitzer/Manager

Mit einem standardisierten Fragebogen[18] wurden in den drei Untersuchungsgemeinden Interviews mit 40 Hotelbesitzern und Managern geführt.

---

[17] FRIEDRICHS (1985)
[18] Siehe Fragebogen im Anhang

Tabelle 1: Hotels in den Untersuchungsgemeinden und Umfang der Erhebung 1993

Hotelart nach Orten	Hotels insgesamt	Befragte Hotels		
		absolut	Anteil in %	Bettenangebot
Senggigi Hotel Bintang[19]	5	5	100	614
Senggigi Hotel Melati[20]	9	8	90	266
Gili Air Hotel Melati	21	19	90	189
Kuta Hotel Melati	9	8	90	145

Quelle: Dinas Pariwisata Propinsi Daerah Tingkat I Nusa Tenggara Barat 1993

Neben der Erfassung von allgemeinen Daten, wie Größe, Zimmerangebot, Gründungsjahr, Besitzverhältnisse, Gästestruktur und Auslastungsquoten, standen Fragen nach den Verflechtungen mit der Region im Vordergrund.

Dies beinhaltete Fragen nach der regionalen Herkunft der Angestellten und den Arbeitsbedingungen sowie nach den Voraussetzungen im Bereich der Schul- und Berufsausbildung für eine Beschäftigung im jeweiligen Hotel.

Die Verflechtungen mit der regionalen Landwirtschaft wurden durch Fragen nach Art und Umfang der Nachfrage nach Nahrungs- und Genußmitteln, den Bezugsregionen und Wegen sowie der gesamten Ausgabenstruktur in diesem Bereich ermittelt.

Exakte Angaben zur monatlichen oder jährlichen Ausgabenstruktur konnten nur die Hotels der Kategorie Bintang in Senggigi machen. Die Hotels Melati führten hierüber lediglich unvollständig Buch, so daß ihre Zahlen mit erheblichen Unsicherheiten behaftet sind. Problemlos konnten jedoch alle Hotels die Bezugsregionen und -wege der jeweils benötigten Produkte benennen.

Darüber hinaus wurden die Hotelbesitzer gebeten, die Gesamtentwicklung des Tourismus im jeweiligen Ort und für die Region Lombok zu beurteilen.

Mit den Besitzern der Hotels wurden über den Fragebogen hinaus Gespräche geführt, die sich inhaltlich auf konkrete lokale und regionale Aspekte und Probleme der touristischen Entwicklung

---

[19] In Indonesien werden die Hotels Bintang und Melati unterteilt. Die Hotels Bintang zählen zu den internationalen Hotels des gehobenen Standards. Die Hotels Melati weisen einen einfachen bis mittleren Standard auf. Es gibt keine eindeutig festgelegten Kriterien für die jeweilige Einordnung. Folgende Ausstattungsmerkmale müssen als Minimum erfüllt werden, um als Hotel Bintang eingestuft zu werden: mindestens 50 Betten, Zimmer mit Air Condition, Fernseher, fließendes Wasser und WC, Restaurant, Bar und gewisse Freizeitangebote. Die Einordnung erfolgt über das Generaldirektorat für Tourismus in Jakarta (DIRECTORATE GENERAL OF TOURISM 1992b: 2)

[20] Siehe Fußnote 19

bezogen wie auch grundsätzlich die Frage der Auswirkungen des internationalen Tourismus in Ländern der Dritten Welt thematisierten.

- Befragung von Hotelangestellten

In den drei Untersuchungsgemeinden wurden Befragungen[21] mit 174 Hotelangestellten durchgeführt.
Die Auswahl der Befragten erfolgte auf der Grundlage der Angaben der Hotelbesitzer zur Beschäftigtenstruktur. Entscheidende Auswahlkriterien waren dabei die regionale Herkunft, die Tätigkeit im Hotel und die demographischen Merkmale Alter und Geschlecht.
Abgesehen von zwei Hotels Bintang in Senggigi wurden alle Befragungen persönlich durchgeführt. Es lag ein standardisierter Fragebogen in indonesischer Sprache vor. Die Befragungen wurde zumeist nach der Arbeitszeit im Hotel durchgeführt, wobei die Hotelbesitzer nicht anwesend waren.

Tabelle 2: Hotelangestellte in den Untersuchungsgemeinden und Umfang der Erhebung 1993

Hotelart nach Orten	Angestellte insgesamt	befragte Angestellte	
		absolut	Anteil in %
Senggigi Hotel Bintang	800	80	10
Senggigi Hotel Melati	198	38	19
Gili Air Hotel Melati	121	31	25
Kuta Hotel Melati	61	25	41

Quelle: Dinas Pariwisata Propinsi Daerah Tingkat I Nusa Tenggara Barat 1993

Neben demographischen Merkmalen wurden die soziale und regionale Herkunft der Angestellten, ihre Tätigkeiten und Arbeitsbedingungen im Hotelbereich sowie ihre Schul- und Berufsausbildung erfaßt. Darüber hinaus wurden sie gebeten ihre jetzige Tätigkeit sowie den Tourismus auf Lombok zu beurteilen.
Die Interviews dauerten im allgemeinen ca. 30 Minuten. In den meisten Fällen schloß sich an die Befragung ein längeres Gespräch an, das wichtige, über den Fragebogen hinausgehende Informationen ergab.

---

[21] Siehe Fragebogen im Anhang

- Gespräche mit den Bürgermeistern

Um Informationen über die Entwicklung und heutige Struktur der Gemeinden zu bekommen, wurden mit den Bürgermeistern in Senggigi, Penujak, Sukarare und auf Gili Air Interviews geführt. Der Bürgermeister in Kuta war zu keinem Interview bereit, dennoch konnten durch Gespräche mit der Bevölkerung und den Hotelbesitzern die notwendigen Informationen zum Ort gewonnen werden. Die Interviews wurden mit einem teilstrukturierten Gesprächsleitfaden geführt. Die Gespräche beschränkten sich zunächst jeweils auf statistische Daten und Informationen zur Entwicklung im Ort. Nach kurzer Zeit ergab sich jedoch ein offenes Gespräch, in dem über Probleme und Konflikte im Zusammenhang mit dem Tourismus diskutiert wurde.

- Gespräche mit den Amtsleitern der regionalen Behörden

Um über die Statistiken hinaus einen Eindruck von der regionalen Politik und Planung zu gewinnen, wurden mit den Leitern und Mitarbeitern der Tourismus-, Landwirtschafts-, Industrie-, Arbeits-, Entwicklungs- und Investitionsbehörde Gespräche geführt. Im Mittelpunkt stand dabei die Frage nach der Zusammenarbeit der Behörden, vor allem in Hinblick auf die touristische Entwicklung. Die Gespräche wurden mit einem Gesprächsleitfaden geführt. Die Interviews waren zumeist mit einer Führung durch die Abteilungen der jeweiligen Behörde verbunden, bei denen kurze Gespräche mit den Mitarbeitern geführt wurden. Damit konnte ein Eindruck von der Organisation, Struktur, den Hierarchien sowie vom Ausbildungsstand der Mitarbeiter gewonnen werden, was für die Beurteilung der regionalen Entscheidungs- und Planungskompetenzen von besonderer Relevanz ist.

- Gespräche und Interviews in den Handwerksdörfern

Ursprünglich war eine Befragung der Handwerker mit einem standardisierten Fragebogen vorgesehen, der jedoch nicht angewandt wurde. Zum einen konnten in Sukarare der Leiter der Kooperative und der Bürgermeister hinreichend Auskunft über Art und Umfang der Produktion sowie über die Veränderungen in den letzten Jahren geben. In Penujak kamen diese Informationen vom Leiter des Lombok Craft Projektes, vom Bürgermeister und vom Lehrer. Zum anderen erwies es sich als wesentlich ergiebiger, die Handwerker bei der Arbeit zu besuchen und währenddessen relativ freie und wenig vorstrukturierte Gespräche mit ihnen zu führen. So konnten die täglichen Arbeits- und Lebensabläufe sowie die familiäre und dörfliche Gemeinschaft direkt miterlebt werden. Dabei ergaben sich aus der Beobachtung und den Gesprächen immer wieder neue Fragen und Zusammenhänge, die mit einem standardisierten Fragebogen so nicht hätten erfaßt werden können.
Die Erhebungen in den Handwerksdörfern wurden während eines jeweils einwöchigen Aufenthaltes durchgeführt.

- Interviews mit Studenten und Dozenten der Tourismusfachschulen in Mataram

In Tourismusfachschulen in Mataram wurden Gespräche und Interviews mit Lehrern und 100 Studenten geführt. Den Interviews mit den Studenten lag ein standardisierter Fragebogen zugrunde, der überwiegend Fragen zur sozialen und regionalen Herkunft enthielt und damit einhergehend Fragen zur Finanzierung des Schulbesuches. Darüber hinaus wurden die Schüler gebeten, ihre späteren Berufsaussichten einzuschätzen und ihre konkreten Wünsche in Hinblick auf spätere Tätigkeiten darzustellen. Die Interviews waren jeweils mit dem Besuch einer Unterrichtsstunde verbunden, so daß ein eigener Eindruck von der Art und Qualität der Ausbildung gewonnen werden konnte.

- Kartierungen in den Untersuchungsgemeinden

Für alle drei Orte lagen Karten aus dem Tourismusentwicklungskonzept für Lombok von 1987 vor. Da sich jedoch in der Zwischenzeit einige Veränderungen ergeben hatten und die Kartierungen von 1987 zudem sehr unpräzise und teilweise falsch waren, wurde eine neue Kartierung auf der alten Kartengrundlage durchgeführt. Im Mittelpunkt des Interesses stand dabei weniger die exakte Erfassung der einzelnen Grundstücke, sondern vielmehr die Verteilung und Relation von touristischer und sonstiger Nutzung im Ort.

1.5.2 Rahmenbedingungen des wissenschaftlichen Arbeitens in Indonesien

Für das Verständnis der vorliegenden Arbeit werden im folgenden einige Erfahrungen und Rahmenbedingungen wissenschaftlichen Arbeitens in Indonesien dargelegt, die zugleich eine kritischen Betrachtung des eigenen methodischen Vorgehens sind.

Forschungen ausländischer Wissenschaftler in Indonesien mit eigenen empirischen Erhebungen sind vielfach nur mit der Genehmigung von LIPI (Indonesisches Institut für Wissenschaft und Forschung) möglich. Die Erlangung dieser Genehmigung gestaltet sich außerordentlich schwierig, ist abhängig von der Art der Forschung[22] und kann bis zu einem Jahr dauern. Unbedingt erforderlich ist dabei ein exakter Arbeitsplan sowie ein indonesischer Counterpart, was zumeist ein Ministerium, eine Universität oder LIPI selbst ist. Nach dem Eintreffen in Indonesien wird eine Forschungserlaubnis erteilt, und alle entsprechenden Behörden werden informiert. Dieser Weg erleichtert den Zugang zu nicht publizierten Materialien wie auch die Gesprächsbereitschaft in allen Behörden. Zugleich ist damit jedoch eine erhebliche Lenkung und Kontrolle der Forschungstätigkeit verbunden.

---

[22] Insbesondere bei Forschungen mit einem politischen Schwerpunkt ist die Erlangung einer Genehmigung außerordentlich schwierig. Zudem kann die Zusammenarbeit mit Gruppen oder die Veröffentlichung von Texten, die sich kritisch zu Geschehnissen wie z.B. dem Timorkonflikt in Indonesien äußern, sich negativ auf das Antragsverfahren auswirken.

Ein weiterer Weg, um Forschungen in Indonesien durchzuführen, ist die Einladung durch eine Privatperson. Dabei wird keine offizielle Forschungserlaubnis erteilt, jedoch können dennoch Erhebungen durchgeführt werden. Für die vorliegende Arbeit wurde dieser zweite Weg gewählt, um eine gewisse Unabhängigkeit von den staatlichen Stellen in Jakarta zu bewahren. Um jedoch die Forschungstätigkeit abzusichern, wurde in Jakarta das Ministerium für Tourismus über das Forschungsvorhaben informiert und ein Empfehlungsschreiben erbeten. Dieses ermöglichte den Zugang zu allen verfügbaren Daten und Statistiken sowie die Gespräche mit den Vertretern der staatlichen Behörden.

Die empirischen Arbeiten auf Lombok wurden während dreier Forschungsaufenthalte durchgeführt. Der erste einmonatige Aufenthalt diente vor allem dem Kennenlernen der Region und dem Knüpfen von Kontakten. Auf dieser Basis erfolgte die Auswahl der drei Untersuchungsgemeinden.

Während des zweiten sechsmonatigen Aufenthaltes von September 1992 bis Februar 1993 wurden die wesentlichen empirischen Arbeiten durchgeführt. Die Befragungen in den touristischen Zentren waren mit einem jeweils zweiwöchigen Aufenthalt in den Orten, die Untersuchungen in den Handwerksdörfern mit einem jeweils einwöchigen Aufenthalt verbunden. Der dritte Forschungsaufenthalt von August bis September 1993 diente der Beschaffung noch fehlender Materialien sowie der Ergänzung und Überprüfung der gewonnenen Ergebnisse.

Die Teilung des Forschungsaufenthaltes in drei Phasen hat sich als sehr vorteilhaft erwiesen, weil in den dazwischenliegenden Zeiten der Auswertung und Überarbeitung neue Erkenntnisse und Fragestellungen eingearbeitet werden konnten. Dies hat nicht zu einer grundsätzlichen Veränderung der eigentlichen Fragestellungen geführt, doch in vielen Bereichen zu einer differenzierteren Betrachtung und zu einer Ergänzung, beruhend auf den jeweiligen Ergebnissen der vorherigen Aufenthalte.

Während der Forschungsaufenthalte wurde die Erfahrung gemacht, daß der Zugang zu Informationen und die grundsätzliche Gesprächsbereitschaft maßgeblich davon abhängen, inwieweit die üblichen Umgangsformen und bestehenden Hierarchien eingehalten und beachtet werden. So muß auf allen Ebenen bei dem Besuch staatlicher Behörden zunächst der Amtsleiter aufgesucht werden, bevor Gespräche mit den Mitarbeitern geführt werden. Bei den Umgangsformen ist von entscheidener Bedeutung, daß nicht sofort das eigentliche Anliegen vorgetragen wird, sondern zunächst gilt es, ein Gespräch zu führen, das dem Kennenlernen dient. Im Mittelpunkt stehen dabei zumeist das Familienleben, die eigene berufliche Situation sowie allgemeine Geschehnisse.

Die Gespräche haben auf den ersten Blick inhaltlich wenig mit dem eigentlichen Forschungsgegenstand zu tun. Dennoch sind sie durchaus von großer Bedeutung. Zum einen kann durch sie der Gesprächspartner in seiner sozialen, regionalen, ethnischen, religiösen, politischen und beruflichen Herkunft eingeordnet werden, was zur Bewertung der gemachten Aussagen wichtig ist. Zum anderen verschaffen die informellen, persönlichen Gespräche einen intensiven Einblick in die Kultur und Gesellschaft der Region.

Es zeigte sich zudem, daß mehrere Gespräche mit den jeweiligen Vertretern der Behörden sinnvoll sind. Während bei den ersten Besuchen zumeist nur die offiziellen Daten, Materialien und Standpunkte dargelegt werden, ergeben weitere Termine darüberhinausgehende Informationen. Vor allem werden dabei auch kritische und persönliche Stellungnahmen abgegeben, die vielfach ein anderes und erweitertes Bild der Situation schaffen.

Die genannten Regeln der Gesprächsführung gilt es in besonderer Weise auch bei der Anwendung von standardisierten Fragebögen zu beachten und einzuhalten. Ohne vorherige Gespräche und ein gegenseitiges Kennenlernen sind solche Befragungen wenig aussagekräftig. Wenn jedoch eine Art Vertrauensverhältnis aufgebaut werden kann, sind die Interviews sehr ergiebig und verlaufen in einer überaus freundlichen, interessierten und hilfsbereiten Atmosphäre.

Diese Erfahrungen haben während des Forschungsaufenthaltes zu einer Erweiterung des methodischen Vorgehens geführt. Zwar wurden die geplanten standardisierten Befragungen durchgeführt, standen jedoch weniger im Vordergrund. Sie dienten vornehmlich der quantitativen Erfassung bestimmter Sachverhalte und ermöglichen damit den Vergleich der Untersuchungsgemeinden. Für die Arbeit wichtige Zusammenhänge wurden jedoch in den relativ frei geführten Gesprächen erfaßt, die jeweils in Gedächtnisprotokollen festgehalten wurden.

Eine weitere wichtige Rahmenbedingung für das Arbeiten auf Lombok war, daß die Autorin während ihres Aufenthaltes in einer indonesischen Familie wohnte, deren Familienvorstand Mitarbeiter der regionalen Tourismusbehörde war. Dies verschaffte ihr Zugang zu Materialien, Gesprächsterminen und Veranstaltungen, was ansonsten so nicht möglich gewesen wäre. Ebenso wichtig erscheint jedoch, daß der Alltag einer indonesischen Familie miterlebt werden konnte, eine Erfahrung, die zu einem erweiterten und differenzierten Verständnis der Gesellschafts- und Lebensstrukturen der auf Lombok lebenden Menschen beitrug. Vor allem sind die engen sozialen und familiären Bindungen deutlich geworden, die insbesondere für die einkommensschwachen Bevölkerungsgruppen entscheidend für die Sicherung des Existenzminimums sind. Dies sowie die zahlreichen Gespräche und Zusammenkünfte mit Nachbarn, Verwandten und Freunden trugen zu einer Relativierung der eigenen theoretischen Sichtweise des internationalen Tourismus auf Lombok bei. Ohne diese Erfahrungen wären viele Aussagen sicher anders interpretiert worden.

2. THEORETISCHE GRUNDLAGEN DER ARBEIT

Die wissenschaftlichen Diskussion zum Dritte-Welt-Tourismus ist gekennzeichnet durch eine Abkehr von exogenen hin zu integrierten, regionsbestimmten und endogenen Ansätzen der Tourismusentwicklung. Ein verändertes Entwicklungsverständnis und die Konzepte einer Regionalentwicklung, die auf den Potentialen der Regionen basieren, haben Eingang in die wissenschaftliche und theoretische Betrachtung des internationalen Tourismus in die Länder der Dritten Welt gefunden. Sie bestimmen die derzeitige Diskussion und die Bemühungen, integrierte Tourismuskonzpte zu entwickeln und umzusetzen.

2.1 Die Diskussion des Dritte-Welt-Tourismus

2.1.1 Der wissenschaftliche Diskurs seit den 60er Jahren

In der Diskussion um die Auswirkungen und die Bedeutung des internationalen Tourismus in Länder der Dritten Welt vollzog sich seit den 60er Jahren ein tiefgreifender Wandel. In Anlehnung an die Studien des Bundesministeriums für wirtschaftliche Zusammenarbeit (BMZ) von 1981 und 1993[1], werden im folgenden die Euphoriephase, die Kritikphase und die Umbruch- und Strategiephase unterscheiden, um die veränderte Betrachtungsweise zu verdeutlichen.[2]

Abb. 1: Phasen und Themen der Diskussion und Kritik des Dritte-Welt-Tourismus

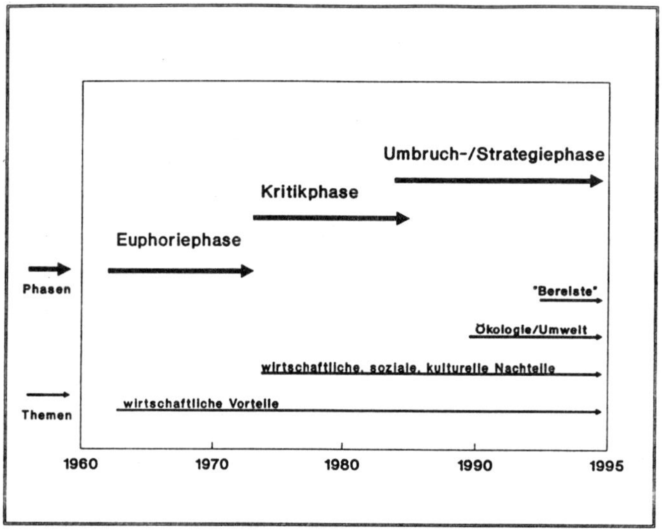

Quelle: Verändert nach BMZ 1993, S. 27

---
[1] BMZ MATERIALIEN (1981, 1993)
[2] Siehe Abb. 1

- **Die Euphoriephase**

Die Euphoriephase umfaßt die Zeit, in der sich der internationale Tourismus in Ländern der Dritten Welt zu etablieren begann.[3] Es lagen erst wenige exakte Forschungsergebnisse zum Tourismus in der Dritten Welt vor. Daher lehnte man sich an die Erkenntnisse aus den westlichen Industrieländern an und brachte diese in Verbindung mit den Entwicklungsländern. Die Phase war gekennzeichnet von einer überwiegend positiven bis hin zu einer euphorischen Bewertung des Tourismus, der überwiegend unter ökonomischen Gesichtspunkten betrachtet wurde[4]. Entsprechend dem modernisierungstheoretischen Paradigma sah man den Tourismus als ein Instrument zur Entwicklung, wobei Entwicklung mit wirtschaftlichem Wachstum im Sinne einer nachholenden Entwicklung gleichgesetzt wurde.[5] Folgende Argumente standen dabei im Mittelpunkt der Diskussion:

- ♦ Der Fremdenverkehr bringt den Ländern der Dritten Welt Deviseneinnahmen und leistet damit einen wesentlichen Beitrag zum Ausgleich der negativen Handelsbilanz.
- ♦ Der Fremdenverkehr als arbeitsintensiver Wirtschaftsbereich führt zu einer Steigerung von Beschäftigung und Einkommen sowohl direkt in der Fremdenverkehrswirtschaft als auch in vor- und nachgelagerten Wirtschaftsbereichen.
- ♦ Der Fremdenverkehr führt zu einer Diversifizierung der Wirtschaft.
- ♦ Aufgrund seines spezifischen räumlichen Ordnungsmusters ist der Fremdenverkehr ein effizientes Instrument zum Abbau regionaler Disparitäten.

Über diese an ökonomischen Faktoren orientierte Argumentation hinaus wurde immer wieder auf den Beitrag des Fremdenverkehrs zur Völkerverständigung verwiesen. HUNZIKER bezeichnete den Tourismus als *"vornehmstes Instrument unseres Jahrhunderts in der Völkerverständigung"*.[6] Weitere soziale, kulturelle und ökologische Aspekte wurden kaum thematisiert.

Auch internationale Organisationen wie die Weltbank und die Vereinten Nationen sahen den Tourismus als einen wichtigen Faktor zur wirtschaftlichen Entwicklung eines Landes.

Die Argumentation war dabei einer weltmarktbezogenen und wachstumsorientierten Entwicklungstheorie verpflichtet. Das Überangebot an Arbeitskräften, das niedrige Lohnniveau und der geringe Bildungsstand in Ländern der Dritten Welt wurde für die Entwicklung des Tourismus, im Sinne der Nutzung komparativer Kostenvorteile, als durchaus zuträglich angesehen.[7] Die wirtschaftliche und gesamtgesellschaftliche Entwicklung der Länder der Dritten Welt sollte durch Ausnutzung der komparativen Kostenvorteile und Belebung des Exportsektors

---

[3] 1960 lag die Zahl der internationalen Touristenankünfte in Ländern der Dritten Welt bei 6 Millionen (7 % aller Touristenankünfte weltweit). 1970 wurden bereits 16,1 Millionen Ankünfte in Dritte-Welt-Ländern registriert, was einem Anteil von 10 % aller Ankünfte entsprach. (WTO: 1993)
[4] BMZ MATERIALIEN (1993)
[5] VORLAUFER (1990)
[6] HUNZIKER (1961: 90)
[7] FRENTRUP (1969: 24)

vorangetrieben werden. Dem Tourismus wurde vor diesem Hintergrund als Devisenbringer eine bedeutende Rolle zugesprochen. Nach MEINKE haben die Staaten der Dritten Welt in der Tourismusbranche "eine Konkurrenzfähigkeit, die sie in anderen Produktionsbereichen nur unter Aufbringung ungleich größerer Anstrengungen erbringen können."[8]

- Die Kritikphase

Anfang bis Mitte der 70er Jahre setzte eine Ernüchterung ein, und es machte sich eine zunehmende Kritik am Dritte-Welt-Tourismus breit. Einerseits hatten sich die ökonomischen Erwartungen nicht erfüllt, andererseits traten vermehrt sozio-ökonomische, kulturelle und politische Folgen in Erscheinung, die vorher keine Beachtung gefunden hatten. Die entwicklungspolitischen Erwartungen an den Tourismus wurden vor diesem Hintergrund in Frage gestellt.[9] Man erkannte, daß das Zusammenwirken unterschiedlicher Faktoren in dem jeweiligem Land ausschlaggebend für die Entwicklungschancen des Tourismus ist.[10] Der Soziologe RUF[11] gelangte zu einer durchweg negativen Einschätzung des Dritte-Welt-Tourismus. Er stellte im ökonomischen Bereich die Deviseneffekte in Frage und zweifelte die arbeitsmarktpolitischen Wirkungen an. Er verwies dabei auf die hohen Investitionskosten zum Aufbau der Tourismuswirtschaft und auf die inflations- und preissteigernde Wirkung. Darüber hinaus thematisierte er die Einflüsse des Tourismus auf Sozialordnung und Wertesysteme sowie auf die Verstärkung der Abhängigkeiten der Dritte-Welt-Länder von den Metropolen. RUF plädierte jedoch nicht für eine völlige Abschaffung des Tourismus in Entwicklungsländern, sondern kam zu folgender abschließender Beurteilung:

" Der Tourismus als eine tertiäre und sekundäre ökonomische Aktivität in einem Lande mit entsprechenden Ressourcen, wenn er außerdem nicht der Kontrolle ausländischer Kapitale unterliegt und wenn letztlich das Gastland auch ohne diesen Tourismus seine Entwicklungsstrategien ungehindert verfolgen kann, wird diese negativen Auswirkungen nicht haben können."[12]

Erstmals wurde die Thematik Abhängigkeit durch den Tourismus diskutiert. Es bildeten sich dabei in der Diskussion zwei Lager heraus. Während die eher an den Modernisierungstheorien orientierten Vertreter trotz erkannter Nachteile für einen geplanten und angepaßten Ausbau des Tourismus plädierten, da dieser ein wichtiger Wirtschaftsfaktor sei, wurde von den

---

[8] MEINKE (1968: 30)
[9] VORLAUFER (1990)
[10] Diesen Wandel gilt es im Kontext der entwicklungstheoretischen Diskussion, auf die in Kapitel 2.2 eingegangen wird, zu sehen.
[11] RUF (1978)
[12] RUF (1978: 112)

Dependenztheoretikern auf die wachsende Abhängigkeit der Dritten Welt von den Metropolen durch den "Tourismus der Reichen in die Länder der Armen" verwiesen.[13]
Auch wenn sich die grundsätzlichen Positionen von Modernisierungs- und Dependenztheoretikern in Hinblick auf die Diskussion der Abhängigkeit nach wie vor sehr kontrovers gegenüberstanden, so zeichnete sich doch Ende der 70er Jahre ein gewisser Konsens bei folgenden Punkten ab[14]:

- Der Tourismus kann nicht per se als Devisenbringer bezeichnet werden. Ein Großteil der Devisen versickert durch tourismusbedingte Importe und durch den Kapitaltransfer ausländischer Gesellschaften. Die Sickerrate[15] ist in Abhängigkeit von der Größe des Landes, der Wirtschaftsstruktur und der Art der touristischen Entwicklung zu sehen.
- Die Investitionskosten zur Errichtung eines Arbeitsplatzes im Fremdenverkehrsgewerbe können genauso hoch sein wie in anderen Wirtschaftsbereichen. Die Beschäftigungseffekte sind in Relation zum investierten Kapital zu betrachten.[16]
- Ein gesamtwirtschaftliches Wachstum durch den Tourismus bedeutet nicht automatisch eine Steigerung des Einkommens für den einzelnen. Die Verteilung der Einkommen ist in die Bewertung einzubeziehen.
- Ein tourismusinduzierter Infrastrukturausbau kann nur positiv bewertet werden, wenn er zugleich an den Bedürfnissen der Bevölkerung orientiert ist.
- Verflechtungen des Tourismus mit anderen Wirtschaftsbereichen sind in starkem Maße abhängig von der regionalen Wirtschaft.

Insgesamt wird in dieser Phase deutlich, daß die Chancen und Risiken durch den Tourismus verstärkt im Kontext der nationalen und regionalen Wirtschafts- und Gesellschaftsstruktur der jeweiligen Länder gesehen werden. Neben der inzwischen differenzierteren Betrachtung der ökonomischen Aspekte des Dritte-Welt-Tourismus wurden seit Mitte der 70er Jahre vermehrt sozio-kulturelle Auswirkungen diskutiert. Zunächst setzten sich besonders Soziologen und Ethnologen mit dieser Problematik auseinander, während Geographen und Ökonomen sie dagegen eher peripher behandelten.
Problematisch erwiesen sich die Erfassung und vor allem die Quantifizierung der sozialen und kulturellen Prozesse. Diese wurden dadurch erschwert, daß sich viele Länder der Dritten Welt, unabhängig vom Fremdenverkehr, in einem von außen induzierten Prozeß des Wandels befinden. Einigkeit bestand aber darin, daß vom Tourismus schneller und aggressiver Einflüsse auf die sozio-kulturellen Strukturen der Gesellschaften ausgehen.[17]

---

[13] VORLAUFER (1990)
[14] VORLAUFER (1979); SCHÜRMANN (1979); DRESS (1979); DE KADT (1979)
[15] Mit der Sickerrate wird der Devisenabfluß durch tourismusbedingte Importe sowie durch Kapitaltransfer ausländischer Unternehmen im Bereich des Tourismus bezeichnet (VORLAUFER 1990: 10).
[16] Eine Studie der Internationalen Arbeitsorganisation (ILO) kommt 1978 zu dem Ergebnis, daß jedes moderne Hotelzimmer in Ländern der Dritten Welt durchschnittlich 21.800 US$ Investitionen erforderlich macht, rein statistisch jedoch nur 1,5 Arbeitsplätze schafft. Daraus resultiert, daß jeder Arbeitsplatz im Hotelgewerbe 14500 US$ kostet (zitiert nach RÖLL 1981:183).
[17] BMZ (1993); MAURER (1992); SCHERRER (1986)

Zusammenfassend kann festgehalten werden, daß die Kritikphase die Diskussion um den Dritte-Welt-Tourismus versachlichten. Man rückte sowohl von der einseitigen ökonomisch orientierten Betrachtungsweise der 60er und frühen 70er Jahre ab als auch von einer ausschließlich an modernisierungstheoretischen Ansätzen orientierten Bewertung. Die sich abzeichnende Beachtung der ökonomischen wie sozio-kulturellen Rahmenbedingungen auf nationaler und regionaler Ebene sowie die gleichzeitige Thematisierung nationaler und globaler Abhängigkeitsverhältnisse bestimmten Ende der 80er Jahre die Diskussion.

- Die Umbruch- und Strategiephase

Die Chancen und Risiken des Dritte-Welt-Tourismus sind durch zahlreiche Forschungs-arbeiten, aber auch durch eine wachsende Anzahl von internationalen Tagungen und Kongressen transparenter geworden. Dogmatische Positionen sind einer differenzierteren Betrachtung gewichen. Sowohl die These, der Tourismus leiste automatisch einen positiven Entwicklungsbeitrag, als auch die Postulierung des Gegenteils haben sich als unhaltbar erwiesen. Die Diskussion der 80er Jahre wurde ebenso maßgeblich beeinflußt von der wachsenden Kritik aus den Dritte Welt Ländern[18] wie auch durch die geführten Diskussionen über den umwelt- und sozialverträglichen Tourismus. Damit wurde unter anderem der Aspekt der ökologischen Auswirkungen des Tourismus in die Diskussion gebracht, der abgesehen von wenigen Fallstudien, bis dahin kaum Beachtung fand.
Die ökologischen Schäden, die der Tourismus verursacht, sind unübersehbar. Mehr noch als bei der Diskussion um sozio-kulturelle Auswirkungen, wird bei dieser Debatte auf die wirtschaftlichen Vorteile des Tourismus verwiesen, die die Umweltschäden bei weitem aufwägen. Dabei wird ausgeführt, daß andere Wirtschaftsbereiche noch größere ökologische Schäden anrichteten als die Tourismusbranche[19].
Wissenschaftliche Arbeiten wie die von MAY[20], SINGH u.a.[21], SCHERRER[22] und anderen zeigen die Hinwendung und das Bemühen zur Entwicklung umwelt- und sozialverträglicherer sowie partizipatorischer Formen des Tourismus. In einer Studie des BMZ heißt es dazu:

" Touristische Entwicklung bedarf einer langfristigen Planung mit klarer Zielsetzung im Sinne der Schaffung von angepaßten, sozial- und umweltverträglichen Tourismusstrukturen. Sie muß in erster Linie zum wirtschaftlichen und gesellschaftlichen Nutzen breiter, benachteiligter Bevölkerungsteile erfolgen. "[23]

---

[18] Siehe Kapitel 2.1.2
[19] MAURER (1992)
[20] MAY (1985)
[21] SINGH U.A. (1989)
[22] SCHERRER (1988)
[23] BMZ MATERIALIEN (1993: 215)

Hinsichtlich der Forderung nach "angepaßteren Tourismusstrategien", widmen sich zahlreiche Arbeiten der 80er Jahre der raum-zeitlichen Ausbreitung der Tourismuswirtschaft. Im Mittelpunkt stehen dabei Fragen nach den Trägern dieser Prozesse, der Intensität der touristischen Entwicklung und der Herkunft des verwendeten Kapitals. BUTLER[24] identifiziert einen Sechs-Phasen-Zyklus für touristische Regionen. Die erste Phase (Exploration) ist charakterisiert von wenigen Individualtouristen, die keine spezifische Infrastruktur benötigen. In der zweiten Phase (Involvement) beginnt die lokale Bevölkerung unterschiedliche Dienstleistungen für die Touristen zur Verfügung zu stellen, die Zahl der Touristenankünfte nimmt zu. In den Phasen drei und vier (Development and Consolidation) wird die lokale Bevölkerung mehr und mehr von den touristischen Aktivitäten ausgeschlossen, Investitionen von außerhalb tragen den Ausbau der touristischen Infrastruktur. Die fünfte Phase (Stagnation) ist gekennzeichnet von einer Stagnation der Touristenankünfte, es finden keine weiteren Investitionen statt. Nach dieser Phase setzt entweder ein weiterer Rückgang ein oder, induziert durch die Schaffung neuer Attraktionen, eine Verjüngung.

Das Modell von BUTLER erscheint vor allem wegen der aufgezeigten Korrelationen von Touristenankünften, touristischer Infrastruktur und der Herkunft des investierten Kapitals im raum-zeitlichen Verhältnis interessant.

GORMSEN[25] hat sich in seinen Arbeiten zu Mexiko ebenfalls mit den Prozessen der Ausbreitung des Tourismus und der Analyse der damit einhergehenden Veränderungen der Wirtschafts- und Sozialstrukturen in den betroffenen Regionen befaßt. Er benennt anhand verschiedener Tourismusformen und dem entsprechenden Investitionsvolumen drei Grundtypen:
- den Pioniertourismus mit sehr geringen lokalen Investitionen
- den Binnentourismus mit privaten inländischen Investitionen
- den Massentourismus mit massiven nationalen und internationalen Investitionen.

Bei einer Analyse mexikanischer Seebäder kommt er zu dem Ergebnis, daß alle drei Typen nebeneinander bestehen können. Während BUTLER von einer evolutionären Entwicklung der touristischen Zielgebiete ausgeht, verweist GORMSEN auf die vor allem seit Anfang der 70er Jahre, mit der Ausbreitung des Massentourismus sich vollziehende parallele Ausbreitung unterschiedlicher Phasen und Tourismusformen.

Die Betrachtung von Ausbreitungsphasen hat weitere empirische Arbeiten angeregt, die sich mit bestimmten Reiseformen und deren Auswirkungen auf die Länder der Dritten Welt befassen, sowie eine Diskussion zur Belastbarkeit und Fremdbestimmung touristischer Zielgebiete hervorgerufen.

---

[24] BUTLER (1980)
[25] GORMSEN (1983A)

RADETZKI-STENNER[26] kommt in seiner Untersuchung über die Auswirkungen des Einfach-Tourismus auf eine ländliche Region der Insel Bali zu der Erkenntnis, daß in wesentlichen Bereichen mit dem Einfach-Tourismus, im Vergleich zum Tourismus oberer Kategorien, Effekte einhergehen, die im Sinne einer ausgewogenen und nachhaltigen Entwicklung zu werten sind. Er verweist aber zugleich auf die grundlegende Skepsis der Entscheidungsträger gegenüber der Umsetzung "angepaßterer Tourismusstrategien" und führt dies auf ein wachstumsorientiertes Denken zurück, das mit angepaßteren Tourismusstrategien scheinbar nicht einhergeht. Trotz dieser ernüchternden Erkenntnis erscheint die Forderung von MAY berechtigt, losgelöst von rigiden Modellvorstellungen und dogmatischen Interpretationen, selbstbestimmte Tourismusstrategien zu entwickeln, die nicht wie konventionelle Tourismusstrategien die strukturelle Unterentwicklung verstärken, sondern flankierend zu einer Überwindung beitragen sollen[27].

Diese Forderung spiegelt den derzeitigen Forschungsbedarf wieder und ist zugleich ein Grundanliegen der vorliegenden Studie.

2.1.2 Dritte-Welt-Tourismus aus der Sicht der Dritten Welt

VORLAUFER[28] verweist in einem Aufsatz auf die Kritik aus Ländern der Dritten Welt an den westlichen Tourismuskritikern:

"Viele der von den "westlichen" Tourismuskritikern und damit aus der Sicht der "Reichen" vorgebrachten Argumente gegen den Fremdenverkehr werden von großen Teilen der Eliten in zahlreichen Ländern als neokolonialistischer Versuch gewertet, sie von den "Segnungen" der westlichen Zivilisation auszuschließen, den Zustand sozio-ökonomischer Rückständigkeit der Dritten Welt zu verfestigen."

Der Vorwurf des Neokolonialismus durch den internationalen Tourismus hat durchaus seine Berechtigung. Allerdings erscheint die Reduzierung auf die "westlichen Tourismuskritiker" nicht gerechtfertigt. Vielmehr gilt es zu hinterfragen, inwieweit die Eliten und Entscheidungsträger in den Ländern der Dritten Welt neokolonialistische Tendenzen unterstützen bzw. forcieren, da sie zum Erhalt ihrer Machtpositionen beitragen.

Vor diesem Hintergrund werden im folgenden ausgewählte kritische Stimmen zum Dritte-Welt-Tourismus aus den Ländern der Dritten Welt dargelegt. Dabei handelt es sich vor allem um Stimmen der lokalen Bevölkerung, die direkt von touristischen Projekten betroffen ist. Bereits in den 50er Jahren gab es aus verschiedenen Ländern der Dritten Welt Kritik am Tourismus, jedoch

---

[26] RADETZKI-STENNER (1987: 7) definiert den "Einfach-Tourismus" als Tourismus unterer und mittlerer Kategorie. Kennzeichnend im Vergleich zum Tourismus oberer Kategorien ist eine in der Regel weniger ausgeprägte Konzentration, die Touristen dieser Kategorie sind eine heterogene Gruppe.
[27] MAY (1985: 335)
[28] VORLAUFER (1990: 6)

fand diese kaum Beachtung. Die Anliegen der Betroffenen wurden erstmals 1972 auf einer Kirchenkonferenz in der Karibik einer breiteren Öffentlichkeit zugänglich. Gefordert wurde damals "mehr Sensibilität von Seiten der westlichen Touristen und der Tourismusindustrie."[29] In Asien wurden die Auswirkungen des Tourismus 1975 auf dem Workshop der Christian Conference of Asia in Penang/Malaysia thematisiert. Am Ende der Tagung stand die Erkenntnis, daß der Tourismus aus der Sicht der Bevölkerung der Dritten Welt in höchstem Maße ambivalent ist. Er sei beides gleichzeitig: Vor- und Nachteil, Hoffnung und Bedrohung, Wohltäter und Räuber. Ein inzwischen weltweit verbreiteter "Code of Ethnics for Tourists" wurde veröffentlicht, der in 12 Punkten auf Möglichkeiten hinweist, wie sich Touristen auf Menschen eines Gastlandes einstellen und mit dessen Kultur bewußt und sensibel umgehen können[30]. Deutlich wird, daß in dieser Zeit insbesondere sozio-kulturelle Aspekte und dabei vor allem das Verhalten der Touristen in Ländern der Dritten Welt im Vordergrund standen.

Umfassende Kritik am Ferntourismus äußerten die Dritte-Welt-Länder auch während des internationalen Workshops "Third World Tourism" 1980 in Manila. Bei dieser Tagung wurde nicht mehr viel Positives am Tourismus entdeckt. Die Grunderkenntnis war, daß der Tourismus den Ländern der Dritten Welt mehr Schaden als Nutzen bringt. Die Forderungen an den Tourismus waren deshalb sehr grundsätzlicher Art. Ein Umdenken und eine Umstrukturierung im Tourismus wurden gefordert, wobei nicht Profitmaximierung und krasser Materialismus den Grundsatz bilden, sondern das Recht der Menschen auf der ganzen Welt auf eine humane Entwicklung. Insbesondere die World Tourism Organisation (WTO), aber auch alle anderen Beteiligten der Tourismusbranche sahen sich aufgefordert, sich an den Bemühungen um einen menschlicheren internationalen Tourismus zu beteiligen. Um die gesteckten Ziele mit Nachdruck verfolgen zu können, wurde die Bildung internationaler Netzwerke angeregt.[31]

1982 wurde in Port Moresby/Papua Neu Guinea die "Ecumential Coalition on Third World Tourism" (ECTWT), die ihren Sitz in Bangkok hat, gegründet. Durch die Unterstützung von Initiativen der Bereisten und eine Netzwerkbildung in den wichtigen touristischen Zielgebieten der Dritten Welt sowie die Veranstaltung von Tagungen und Kongressen versucht die Organisation, über Probleme zu informieren und kritischen Initiativgruppen Gehör zu verschaffen. 1984 fand in Chiang Mai die erste Konferenz der ECTWT mit dem Thema "Alternative Tourism with a Focus on Asia" statt. Bestimmt war die Konferenz von der Suche nach neuen Strategien in der Tourismusentwicklung und der Diskussion um die zahlreichen Probleme einer Umsetzung alternativer Tourismusformen.

Auf der Konferenz "Third World People and Tourism" 1986 in Bad Boll stellten Vertreter aus der Dritten Welt die Chancen und Risiken des Tourismus aus ihrer Sicht dar. Gefordert wurden eine "Neue-Tourismus-Ordnung", die Entwicklung eines alternativen Tourismus, der die Ideale

---

[29] ECTWT (1986)
[30] BMZ (1993: 49)
[31] MAURER (1992)

Gerechtigkeit, Partizipation und Lebensfähigkeit einschließt sowie die direkte Beteiligung der lokalen Bevölkerung an Entscheidungs- und Planungsprozessen.

Weltweit Schlagzeilen machte die Bürgerinitiative der "Wachsamen Goaner". Sie protestierten erstmals im November 1987 am Flughafen Dabolin gegen deutsche Chartertouristen. Auf Flugblättern klärten sie die Touristen über die Probleme des Tourismus in Goa auf: kultureller Ausverkauf, Drogenmißbrauch, Kriminalität, Prostitution, Nudismus, Enteignungen für Hotelbauten, Wassermangel und ökologische Zerstörung[32]. Auf Java in Indonesien wehrten sich, wenn auch vergeblich, 400 Bauern gegen die Umsiedlung aus ihren Dörfern, als die Regierung einen Touristenpark um den Tempelkomplex von Borobudur anlegte. Auf der Insel Penang in Malaysia verhinderte eine Bürgerinitiative ("Consumers Association of Penang") die Realisierung eines touristischen Großprojektes. Als Alternative wird derzeit ein umweltorientierten Nutzungsplan für die Region erarbeitet.[33]

Es ließen sich noch weitere Beispiele für derartigen Widerstand finden. Gemein ist fast allen Protesten, daß sich die lokale Bevölkerung, oftmals resultierend aus einer existentiellen Bedrohung ihrer Lebenszusammenhänge, gegen touristische Projekte wehrt. Sie fordert ein Mitspracherecht und eine Beachtung ihrer Interessen, ohne sich generell gegen den Tourismus auszusprechen. Dieser berechtigten Forderung gilt es Beachtung zu schenken. Dabei liegt ein Großteil der Verantwortung bei den Entscheidungsträgern vor Ort, aber auch bei allen anderen am Tourismus Beteiligten. Abschließend sei darauf verwiesen, daß die dargestellte Problematik kein spezifisches Phänomen der Dritte-Welt-Länder ist, und daß trotz wachsenden Unmuts noch kein grundlegender Wandel in der Tourismuspoltik und -entwicklung stattgefunden hat. KRIPPENDORF[34] stellt dazu fest:

"Allen Mahnungen zum Trotz geht in zahlreichen anderen Gebieten die rücksichtslose Verwandlung von Natur in Tourismusgelände und von Landleuten in Tourismusbedienstete nach bekannten und leider vom Markt bisher kaum bestraften Mustern munter weiter. Aus bloßer Ignoranz oder wider besseres Wissen werden dort die gleichen Fehler begangen."

2.2 Tourismus und Entwicklung

Die Bedeutung des internationalen Tourismus wird zumeist daran gemessen, ob und wie er einen Beitrag zur Entwicklung des jeweiligen Landes leistet. Aus diesem Grund bedarf es zunächst einer Klärung und Abgrenzung des Entwicklungsbegriffes sowie einer allgemeinen Einordnung des Fremdenverkehrs in entwicklungspolitische Fragestellungen.

---

[32] TÜTTING (1989: 20)
[33] LUGER (1989: 7)
[34] KRIPPENDORF (1988: 23)

2.2.1 Zum Entwicklungsbegriff

Bis heute gibt es keine klare, exakte und vor allem operationale Definition des Entwicklungsbegriffes. Ursache hierfür ist das nicht statische Wesen von Entwicklung sowie die Abhängigkeit von individuellen und kollektiven Wertvorstellungen in Raum und Zeit.[35] Vor diesem Hintergrund besteht keine Notwendigkeit einer allgemeingültigen und umfassenden Begriffsdefinition. Vielmehr gilt es, gewisse zentrale Eigenschaften von Entwicklung zu identifizieren.

Der vorliegenden Arbeit wird das von NOHLEN/NUSCHELER beschriebene "Magische Fünfeck" mit den Elementen Wachstum, Arbeit, Gleichheit/Gerechtigkeit, Partizipation und Unabhängigkeit/Eigenständigkeit als Entwicklungsverständnis zugrunde gelegt. Es soll durch die übergeordneten Elemente Solidarität und Nachhaltigkeit ergänzt werden.

Diese Ergänzungen gehen u.a. auf den 1987 durch den Brundtland Bericht in die internationale Diskussion eingebrachten strategischen Begriff des "sustainable development" zurück.[36] Besondere Beachtung verdient die Strategie trotz aller offenen Fragen und aller Skepsis,[37] weil hier die ökologische Dimension des Entwicklungsprozesses in den Vordergrund gestellt wird und eine in Fragestellung des bisherigen Wachstumsdenkens erfolgt. Der Begriff "sustainable", der im allgemeinen mit nachhaltig bzw. dauerhaft übersetzt wird, impliziert, daß es derzeit Entwicklungsziele und -wege gibt, die auf Dauer nicht bestehen können, weil sie das ökologische Gleichgewicht zerstören und damit eine nachhaltige Gesamtentwicklung verhindern. Wichtig scheint die explizite Forderung nach Solidarität im Rahmen des Konzeptes, das heißt Solidarität mit allen gegenwärtigen und in Zukunft lebenden Menschen[38]. SIMONIS schreibt in einem Aufsatz zum Verständnis von Solidarität:

"Es ist die Verantwortung der gegenwärtigen Generation, zukünftiges Leben nicht durch unumkehrbare Entscheidungen, durch Akkumulation negativer Effekte der Produktion in Form des Umweltverbrauches und der Umweltbelastung zu gefährden. Diesem ethischen Prinzip stehen allerdings kurzsichtige und politische Macht- und Besitzinteressen gegenüber."[39]

Solidarität muß insbesondere als Verantwortung der Industrieländer für die weltweiten Entwicklungsprobleme verstanden werden und beinhaltet damit die Forderung nach Veränderungen in den Industrieländern. Es waren und sind die Industrieländer, die maßgeblich zu

---

[35] NOHLEN/NUSCHELER (1992: 55 F)
[36] Die Diskussion um das Konzept des "sustainable development" findet auch bei Nohlen/Nuscheler Beachtung. Sie haben vor diesem Hintergrund den Begriff Wachstum nicht nur als armutsverminderndes, sondern auch als umweltverträgliches Wachstum präzisiert (NOHLEN/NUSCHELER 1992: 66).
[37] Kontroverse Diskussionen, Begriffsverwirrungen und Mißinterpretationen gibt es vor allem bei der Frage, ob und wie dauerhafte Entwicklung mit dauerhaftem Wachstum vereinbar sind.
[38] HARBOTH (1992)
[39] SIMONIS (1989: 5)

irreversiblen Umweltzerstörungen beitragen, die ohne jegliche Verantwortung für heutige und zukünftig lebende Menschen die Natur ausbeuten.

Hinzu kommt, daß sie dieses in keiner Weise nachhaltige und solidarische Verhalten in die Länder der Dritten Welt exportieren. HARBOTH sagt vor diesem Hintergrund:

"Solange die Industrieländer nicht mit Selbstkritik und gutem Beispiel, das heißt mit deutlichen und nachvollziehbaren Korrekturen der eigenen Fehlentwicklungen vorangehen, werden die Entwicklungsländer jeden Appell zur Selbstbeschränkung als heuchlerisch und zynisch zurückweisen".[40]

Die Kritik von Wissenschaftlern aus der Dritten Welt am Entwicklungsbegriff ist von daher und auch grundsätzlich berechtigt. Sie betrachten den Entwicklungsbegriff als eine Rechtfertigung der Übertragung westlicher Gesellschaftsmodelle auf die Länder der Dritten Welt. Die indische Wissenschaftlerin SHIVA[41] kritisiert insbesondere die Anwendung der unter besonderen Bedingungen in den westlichen Industrieländern entstandenen Kategorien für wirtschaftliche Entwicklung auf die Länder der Dritten Welt. Darüber hinaus verweist sie auf die unzulässige Gleichsetzung von kulturell wahrgenommener Armut mit konkreter, materieller Armut sowie die irreführende Gleichsetzung von wachsender Warenproduktion mit besserer Befriedigung der Grundbedürfnisse.

Der Inder SAKAR[42] verwendet den Begriff Entwicklung nicht mehr im Zusammenhang mit wirtschaftlichen Komponenten, sondern nur noch im Sinne der Entwicklung der Beziehungen von Menschen und Völkern zueinander, der Entwicklung von Frieden, Freundschaft und Kooperation sowie der Entwicklung von Freiheit, darunter auch die Freiheit von Ausbeutung und Unterdrückung.

Die vorangestellten Forderungen und Ausführungen haben zuweilen einen utopischen Charakter und sind von derzeitigen Realitäten weit entfernt. Utopien und Visionen sind jedoch notwendig zur Orientierung sowie zur konstruktiven Bewertung und Veränderung existierender Strukturen.

2.2.2 Der Tourismus als Entwicklungsfaktor

Es stellt sich die Frage, inwiefern bzw. ob überhaupt der internationale Tourismus mit dem vorangestellten Entwicklungsverständnis in Einklang gebracht werden kann. Gibt es im internationalen Tourismus Elemente, die zu einer Entwicklung im oben genannten Sinne beitragen können? Hier soll eine erste allgemeine Einordnung des Tourismus in die entwicklungstheoretische und politische Diskussion vorgenommen werden.

Kennzeichnend für die Bewertung des internationalen Tourismus als Entwicklungsfaktor in Ländern der Dritten Welt ist, daß die Bundesregierung Deutschland seit Mitte der 70er Jahre die

---

[40] HARBOTH (1992: 246)
[41] SHIVA (1989: 25)
[42] SAKAR (1991: 29)

Förderung von Tourismusprojekten im Rahmen der Entwicklungszusammenarbeit nicht als vorrangige Aufgabe ihrer Entwicklungspolitik ansieht. Hintergrund hierfür waren die vielerorts erkannten negativen Auswirkungen sowie die Orientierung der Entwicklungspolitik an den Grundbedürfnissen. Hier erschien der Tourismus nicht das geeignete Instrument, ihm wurden eher gegenläufige Tendenzen zugesprochen.[43] Auch die entwickelten Konzepte und Strategien der Ländlichen Regionalentwicklung[44] und der Hilfe zur Selbsthilfe[45] mit ihrem partizipatorischen und armutsorientierten Ansatz hatten wenig Gemeinsamkeiten mit den Strategien der Tourismusentwicklung in den meisten Ländern der Dritten Welt.

Im Zuge der Diskussion um angepaßtere Tourismusstrategien, die maßgeblich auch von der entwicklungstheoretischen Diskussion beeinflußt wurde, hat sich hier in den letzten Jahren ein gewisser Wandel vollzogen.

So beauftragte das BMZ 1992 das Deutsche Institut für Entwicklungspolitik, eine Synopse zu entwicklungspolitischen Möglichkeiten und Auswirkungen des Tourismus zu erstellen. Im Mittelpunkt der Analyse sollte dabei die Bewertung der wirtschaftlichen Nachhaltigkeit touristischer Entwicklung unter Einbeziehung sozial- und umweltverträglicher Normen stehen. Die Studie kommt zu einer insgesamt sehr positiven Einschätzung des internationalen Tourismus, insbesondere im Bereich der wirtschaftlichen Komponenten. Die sozialen Auswirkungen werden als "marginal" bezeichnet, die ökologischen als "beherrschbar und regulierbar". In der abschließenden Empfehlung für eine entwicklungspolitische Zusammenarbeit wird darauf verwiesen, daß umwelt- und sozialverträgliche Formen des Tourismus die Nachhaltigkeit erhöhen. Die staatlichen Planungsinstanzen in den Ländern seien allerdings mit der Förderung und Implementierung solcher Tourismusformen oft überfordert. Hier sollten unterstützende Maßnahmen der Entwicklungszusammenarbeit ansetzen.[46]

In einer BMZ Studie heißt es zur Orientierung der Entwicklungszusammenarbeit der Bundesregierung im Bereich Tourismus:

"Tourismus kann und darf zwar auch in Zukunft kein Schwerpunkt der Entwicklungszusammenarbeit sein (es gibt noch wichtigere Probleme zu lösen). Tourismus sollte aber auch kein "Stiefkind" sein. Sein Stellenwert sollte behutsam angehoben werden,... Durch gezielte Unterstützung der Entwicklung und Erprobung angepaßter, sozial- und umweltverträglicher, partizipatorischer Tourismusmodelle...."[47]

---

[43] HASSELBLATT (1976: 14)
[44] Dem Konzept der Ländlichen Regionalentwicklung liegen die Prinzipien Armutsbezug, Zielgruppenorientierung, Partizipation und Nachhaltigkeit zugrunde (GTZ :1993)
[45] Hilfe zur Selbsthilfe ist ein Instrument im Rahmen der Entwicklungszusammenarbeit, das bereits in den 60er und 70er Jahren diskutiert und auch umgesetzt wurde. Aber erst in den 80er Jahren wurde dieser Ansatz auch von offizieller Seite konsequent angewandt (SCHOLZ 1993: 285).
[46] LEFFLER (1992)
[47] BMZ (1993: 219)

Offensichtlich wird angepaßteren Tourismusformen, auch wenn sie bisher selten umgesetzt wurden, eher eine Nachhaltigkeit zugesprochen als den bisherigen, eher an den Bedürfnissen der Reisenden als an denen der Bereisten orientierten Tourismusformen. Erfahrungen aus den wenigen umgesetzten angepaßten Projekten, wie dem "Annapurna Conservation Area Project" in Nepal oder dem ländlich integrierten Projekt der "Campements aus der Casamance in Senegal" - die auch durchaus mit Problemen behaftet sind - scheinen diese Annahme zu stützen. Unabhängig davon bleibt die grundsätzliche Frage, ob und wie der derzeitige internationale Tourismus im Rahmen des zugrundegelegten Entwicklungsverständnisses einzuordnen ist.[48]

Die Elemente Partizipation, Eigenständigkeit/Unabhängigkeit sowie armutsorientiertes und umweltverträgliches Wachstum scheinen im Zusammenhang mit dem Tourismus sehr fragwürdig. In vielen Ländern kann allgemein nicht von einer Partizipation der lokalen oder regionalen Bevölkerung gesprochen werden. Ursache hierfür sind eine oftmals zentralistische Struktur und wenig ausgeprägte politische Kompetenzen auf regionaler und lokaler Ebene. Darüber hinaus stehen im Vordergrund der Tourismusentwicklung nicht lokal- und/oder regionalwirtschaftliche Interessen, sondern ein gesamtwirtschaftliches Wachstum. Von daher wird die Notwendigkeit der Partizipation nicht gesehen. Nach WOOD besteht darüber hinaus eine Allianz zwischen den ausländischen Investoren und der herrschenden Klasse, was deren Machterhaltung forciert und einer partizipatorischen Entwicklung entgegensteht.

Der Tourismus aus den Industrieländern in die Dritte Welt forciert bestehende Abhängigkeitsstrukturen auf unterschiedlichen Ebenen. Es besteht eine grundsätzliche Abhängigkeit der internationalen Tourismuswirtschaft von den ausländischen Gästen, vor allem in Ländern, wo der Binnentourismus eine untergeordnete Rolle spielt. Dabei können vielfach unkalkulierbare Faktoren in den Herkunftsregionen der Gäste wie in den Zielländern zu einem schlagartigen Rückgang der Gästezahlen und damit zu erheblichen Einbußen in diesem Wirtschaftsbereich führen.[49] Ein besonderes Konfliktfeld liegt dabei in dem Aspekt der politischen Instabilitäten in den Zielregionen. Politische Konflikte werden bei starker ökonomischer Abhängigkeit vom Tourismus unterdrückt, um das Image eines stabilen, konfliktfreien Reiselandes zu erhalten.[50] Es besteht eine nicht zu vernachlässigende Dependenz von den Reiseveranstaltern und multinationalen Hotelketten. Deren vorrangiges Kriterium für die Wahl der angebotenen Länder ist die Gewinnmaximierung. Über ihre Vermarktungsstrategien können sie die Reiseströme in die Länder lenken, wo sie die größten Gewinne erzielen. Die Reiseländer

---

[48] Die folgenden Ausführungen basieren - soweit nicht anders vermerkt - auf den Veröffentlichungen von Gormsen (1983a); VORLAUFER (1983a/1979); MAY (1985); DE KADT (1979); WIRTH (1976); MAURER (1992); SCHERRER (1988)

[49] ARNOLD (1983: 641) benennt als unkalkulierbare Faktoren das Auftreten von Seuchen und Naturkatastrophen, politische Konflikte und wirtschaftliche Rezessionen.

[50] WOOD nennt in seinem Aufsatz als Beispiel die innenpolitischen Konflikte auf den Bermudas von 1977 (WOOD 1979: 283). Für Indonesien sei der Konflikt in Timor genannt, wobei das massive Vorgehen der Militärs sicher nicht vorrangig im Zusammenhang mit dem Tourismus zu sehen ist.

haben auf diese Prozesse nahezu keinen Einfluß.[51] Neben diesen Abhängigkeiten von den Herkunftsländern der Gäste, zeichnet sich eine zunehmende Abhängigkeit der Regionen vom inländischen Kapital der Oberschichten ab. Dieser Prozeß findet sich in den genannten raumzeitlichen Modellen zur Ausbreitung des Tourismus von Gormsen und Butler wieder.

Der internationale Tourismus, als einer der expansivsten Wirtschaftsbereiche, trägt unzweifelhaft zu einem wirtschaftlichen Wachstum im Sinne einer Vermehrung von Gütern und Dienstleistungen bei sowie zur Schaffung von Arbeitsplätzen. Allerdings gilt es zu hinterfragen, wer von diesem Zuwachs profitiert und inwieweit damit eine gesamtgesellschaftliche Wohlstandsvermehrung verbunden ist.

Die Nachhaltigkeit im Sinne einer umwelt- und ressourcenschonenden Entwicklung, geht mit der bisherigen touristischen Entwicklung nur selten einher. Mit dem Ausbau des Tourismus erfolgt allein durch die Bereitstellung der touristischen Infrastruktur ein massiver Flächenverbrauch. Oftmals ist damit eine Zerstörung der natürlichen Lebensbedingungen der lokalen Bevölkerung verbunden. Dadurch ändern sich die Landnutzungssysteme, was häufig zu einer starken Beeinträchtigung des intakten Ökosystems und letztendlich zur Degradation führen kann.[52]

Abschließend kann festgehalten werden, daß der derzeitige Tourismus in vielen Bereichen den zugrundegelegten Elementen von Entwicklung entgegensteht. Allerdings gilt es, diese allgemeinen Aussagen zum einen auf einer kleinräumigeren Ebene zu betrachten, zum anderen im Kontext der jeweiligen regionalen Wirtschafts- und Gesellschaftsstruktur. Dem internationalen Tourismus soll an dieser Stelle nicht jegliche Entwicklungsrelevanz abgesprochen werden. Die vorangestellten Ausführungen verstehen sich vielmehr als kritische Grundlage für die vorliegende Regionalstudie.

2.3 Tourismus und Regionalentwicklung

Die Bedeutung des Tourismus für die Regionalentwicklung ist maßgeblich davon abhängig, inwieweit die regionsinternen Potentiale Grundlage der Regional- und Tourismusplanung sind. Dies erfordert eine endogene Entwicklungsstrategie, die den Tourismus als komplementäre Funktion versteht.

---

[51] VORLAUFER (1990); ARNOLD (1983)
[52] MAURER (1992: 79)

2.3.1 Das Konzept der endogenen Regionalentwicklung[53]

Das Konzept der endogenen Regionalentwicklung[54] resultierte aus der Kritik an den bis Mitte der 70er Jahre verfolgten Strategien der Regionalentwicklung, die nicht zu einem nachhaltigen Abbau regionaler Disparitäten geführt hatten. Diese Strategien waren zu zentralistisch ausgerichtet, orientiert an einer räumlichen Arbeitsteilung und an einer Spezialisierung der Regionen. In strukturschwachen, peripheren Regionen sollten Entwicklungsrückstände durch Ansiedlung von außerhalb sowie durch eine außerregionale Nachfrage, hier insbesondere die Nachfrage nach Erholung, ausgeglichen werden.[55] Regionale Disparitäten wurden hiermit nicht verringert, dies wurde vor allem in Zeiten wirtschaftlicher Stagnation deutlich. Hinzu kam das Erkennen wachsender Agglomerationsnachteile sowie eine Sensibilisierung für ökologische Belange.

Disparitäten und exogen abhängige Regionalstrukturen finden sich weltweit zwischen Zentren und Peripherien. Es stellt sich die Frage, worin die Persistenz dieser Disparitäten begründet liegt und welche Maßnahmen und Strategien dem entgegengesetzt werden können. Kritiker der Modernisierungstheorien[56] sehen in den verfolgten Konzepten der Wachstumspole, die von sogenannten "trickle-down" und "spread-over" Effekten ausgehen, eine wesentliche Ursache für disparitäre und abhängige Strukturen. Diese von außen und oben initiierten Strategien der Entwicklung mit einer funktionalen und arbeitsteiligen Orientierung sowie regionaler Spezialisierung führen ihrer Ansicht nach zu einer wachsenden Abhängigkeit.

Sie setzen dem auf dependenztheoretischen Gedanken basierende Konzepte einer autozentrierten, endogenen, eigenständigen Entwicklung der Länder und Regionen entgegen. Diese auf Entwicklung von unten, auf partizipatorischen und dezentralistischen Prinzipien basierenden Ansätze, sehen in den damit erhofften "trickle-up" Effekten einen nachhaltigeren Weg zum Abbau von Disparitäten.[57] Sie haben die entwicklungstheoretische Diskussion und die entwicklungspolitische Arbeit der 70er und 80er Jahre maßgeblich geprägt.

Im folgenden werden die zentralen Ziele, Rahmenbedingungen und Probleme des Konzeptes der endogenen Regionalentwicklung dargelegt. Wesentliche Aspekte finden Eingang in die Analyse und Bewertung des internationalen Tourismus auf Lombok als Faktor der Regionalentwicklung.

Im Mittelpunkt des Konzeptes steht die Nutzung und Inwertsetzung regional verfügbarer Potentiale sowie die Schaffung oder Verstärkung regionaler Wirtschaftskreisläufe. Die

---

[53] Der in Arbeiten zu Entwicklungsländern i.a. verwendete Begriff "autozentrierte Entwicklung", der von Senghaas und Elsenhaas in den 70er Jahren in die Diskussion gebracht wurde, wird im Rahmen dieser Arbeit nicht benutzt, weil mit dem Begriff oftmals Mißverständnisse einhergingen. Entwicklung wurde als nachholende Entwicklung interpretiert und autozentrierte Entwicklung häufig mit "Autonomie" oder "Autarkie" verwechselt (RAUCH/REDDER 1987:110). Die Verwendung des Begriffes "Endogene Entwicklung" scheint mit weniger derartigen Mißinterpretationen behaftet zu sein.
[54] Die Begriffe eigenständige und endogene Regionalentwicklung werden synonym verwandt.
[55] HAHNE (1984: 54)
[56] Im Verständnis der Modernisierungstheorien sind vor allem endogene Faktoren für die Unterentwicklung verantwortlich. Dependenztheoretiker sehen demgegenüber die exogenen Faktoren als maßgebliche Ursache für die Unterentwicklung (NOHLEN/NUSCHELER 1992)
[57] BOHLE (1988); NOHLEN/NUSCHELER (1992)

Entwicklungsziele einer Region sollen auch dort definiert und verfolgt werden. Angestrebt wird im Bereich der Ökonomie eine diversifizierte Wirtschaftsstruktur auf der Grundlage der vorhandenen Ressourcen, die Anwendung umweltverträglicher, angepaßter und energiesparender Technologie sowie die Förderung innerregionaler Produktionskreisläufe mit entsprechenden Produktionsverflechtungen und Kooperationen.[58] Ziel ist die Schaffung multifunktionaler Raumgebilde.

In der Diskussion um endogene Regionalkonzepte wird immer wieder die räumliche Dimension kontrovers diskutiert. Legt man dem Konzept das Prinzip der Subsidiarität zugrunde, so steht die räumliche Abgrenzung zunächst nicht im Vordergrund. Die Entscheidung über die Möglichkeiten der Wahrnehmung bestimmter Aufgaben muß unter Berücksichtigung der spezifischen lokalen Verhältnisse unter Beteiligung der lokalen Bevölkerung entschieden werden.[59] Eine grundsätzlich notwendige Voraussetzung zur Implementierung einer eigenständigen Regionalentwicklung ist somit die Partizipation der regionalen und lokalen Bevölkerung an den Planungs- und Entscheidungsprozessen.

Entscheidungsmöglichkeiten auf regionaler Ebene erfordern zudem regionale politische Kompetenzen. Es setzt auf allen Ebenen Menschen voraus, die sich für kollektive Ziele einsetzen und individuelle Ansprüche unterordnen, die von unten nach oben gerichtete Prozesse fördern. Gerade hier setzen die kritischen Fragen an das Konzept an. BRUGGER[60] spricht in diesem Zusammenhang von dialektischen Spannungen zwischen Demokratie und Effizienz, zwischen Diskussion und Entscheidung, zwischen Partizipation und Verantwortlichkeit. Entscheidender scheinen aber die oftmals gegensätzlichen Interessen zwischen der nationalen und regionalen wie auch zwischen der regionalen und lokalen Ebene und die scheinbar damit verbundenen Sachzwänge zu sein.

Eine daraus resultierende Abkehr von den Konzepten hieße jedoch, sich den Rahmenbedingungen zu unterwerfen und diese zu akzeptieren. Dies erscheint wenig sinnvoll. Vielmehr muß es darum gehen, auf lokaler Ebene Menschen die Möglichkeiten zu geben, sich am Entwicklungs- und Entscheidungsprozess zu beteiligen und zugleich auf globaler Ebene Veränderungen herbeizuführen.

Das Konzept der endogenen Regionalentwicklung, das hier in seinen zentralen Aussagen skizziert wurde, versteht sich als ein Weg zu einer eigenständigen und nachhaltigen Entwicklung auf regionaler Ebene, der allerdings von übergeordneten Ebenen unterstützt und getragen werden muß.

---

[58] HAHNE (1984: 53)
[59] RAUCH/REDDER (1987: 112)
[60] BRUGGER (1984: 13)

2.3.2 Tourismus als Faktor der Regionalentwicklung

Dem Tourismus wird seit jeher eine besondere Bedeutung als Instrument der Regionalentwicklung zugesprochen. Dies resultiert aus der räumlichen Ausbreitung des Fremdenverkehrs in Europa, der sich vor allem in peripheren Räumen als Ausgleich zu den Agglomerationsräumen vollzog. Dieser räumliche Ausbreitungsprozeß ist allerdings nur bedingt auf die Länder der Dritten Welt zu übertragen.[61] Darüber hinaus wurde dem Fremdenverkehr, wegen seiner Multifunktionalität und der damit verbundenen vielfältig möglichen Verflechtungen mit vor- und nachgelagerten Wirtschaftsbereichen, eine besondere Bedeutung zum Abbau regionaler Disparitäten und zur Entwicklung peripherer Regionen zugesprochen.

Erstaunlich ist vor diesem Hintergrund, daß lange Zeit, weder in wissenschaftlichen Arbeiten noch bei der Umsetzung touristischer Vorhaben, diesen positiven Erscheinungen besondere Aufmerksamkeit geschenkt wurde. Erst im Zuge der Diskussion um integrierte Projekte und Planungen schien sich hier ein gewisser Wandel zu vollziehen. Es stellt sich die Frage, worin das Ignorieren bzw. Vernachlässigen solcher Verflechtungen begründet lag. Ein entscheidender Grund ist, daß der Tourismus lange Zeit als eine bzw. die einzige Entwicklungschance für periphere Regionen angesehen wurde und nicht als komplementäre Funktion. Der Ausbau des Tourismus resultierte oftmals aus einer scheinbaren Not- oder Zwangssituation heraus in Regionen mit beschränkten Ressourcen.[62] Dies führte zu einer einseitigen Ausrichtung der Regionalwirtschaft auf den Tourismus. Eine Bestandsanalyse in den Regionen reduzierte sich auf das touristische Potential und auf das Arbeitskräftepotential; weitere Potentiale der Region wurden nur unzureichend mit einbezogen.

Es wurde davon ausgegangen, daß Verflechtungen mit der lokalen Wirtschaft sich mehr oder weniger automatisch ergeben und damit zugleich eine Erschließung und Inwertsetzung des Hinterlandes erfolgt.[63] Untersuchungen der späten 70er und frühen 80er Jahre zeigten allerdings, daß diese Effekte, wenn überhaupt, nur sehr selektiv eintraten. Im folgenden wird anhand einiger ausgewählter Beispiele dargelegt, daß der Tourismus zwar Möglichkeiten der Verflechtungen mit der regionalen Wirtschaft bietet, diese jedoch aus verschiedenen Gründen nicht eintreten bzw. sich als sehr problematisch darstellen.

VORLAUFER führt in seinen Arbeiten zu Kenia und Sri Lanka sehr differenzierte Untersuchungen über den Tourismus als Faktor der nationalen und regionalen Entwicklung durch. Für Sri Lanka kommt er zu dem Ergebnis, daß die durch die touristische Nachfrage ausgelösten Sekundäreffekte für die Regionen bisher zu keiner merklichen Ausweitung oder Diversifikation der Produktion beitrugen. Auf der Grundlage von Bedarfsanalysen der Hotels im Bereich

---

[61] Ein limitierender Faktor in vielen Dritte Welt Ländern bei der räumlichen Ausbreitung des Fremdenverkehrs ist die Verkehrsinfrastruktur. Diese ist vor allem in den Agglomerationsräumen vergleichsweise gut ausgebaut, in den Peripherien nicht.

[62] ARNOLD (1983: 638) schreibt dazu in einem Beitrag zum Fremdenverkehr in Tunesien "Die Entscheidung Tunesiens, sein Fremdenverkehrsgewerbe auszubauen, entsprang also v.a. der Zwangslage, seine beschränkten Ressourcen (Strände, Klima, menschliches Potential) optimal auszunutzen."

[63] VORLAUFER (1990)

Nahrungsmittel stellte er fest, daß die Nachfrage der Hotels zu keiner spürbaren Anhebung der Einkommen der Agrarbevölkerung im Nahbereich der touristischen Zentren führte. Er kommt zu der abschließenden Folgerung, *"daß fremdenverkehrswirtschaftliche Planung nicht wie bisher weitestgehend isoliert, sondern im Rahmen einer integrierten Entwicklungsplanung zu vollziehen ist."*[64]

Im Bereich des Kunsthandwerkes scheinen die Rahmenbedingungen, wie Untersuchungen in Sri Lanka, Tunesien, Mexiko und Kenia ergaben, für regionale Verflechtungen wesentlich besser. Das Kunsthandwerk trägt zudem in besonderer Weise zu einer Inwertsetzung von ländlichen Gemeinden auch außerhalb der touristischen Zentren bei. Gleichfalls hat der Tourismus maßgeblich zu einer Ausweitung des Exportes von Kunsthandwerk und Textilien beigetragen.[65] Die Kunsthandwerksproduktion ist jedoch von einer extrem ungleichen Einkommensverteilung geprägt. Ein weiterer Problembereich ist die Ausrichtung des Kunsthandwerkes auf die Bedürfnisse der Fremden und deren Konsumgewohnheiten, die eine Unabhängigkeit im Sinne gesellschaftlicher und kultureller Selbstbestimmung verhindert.[66]

Ein weiterer Wirtschaftsbereich, der im Zusammenhang mit der touristischen Entwicklung hervorgehoben wird, ist die Bauwirtschaft, insbesondere wegen des hohen Bedarfs an Arbeitskräften und der Rückkopplungseffekte mit dem regionalen Bausektor. Vernachlässigt wird aber zumeist, daß die regionale Bauwirtschaft mit großen Projekten häufig überfordert ist. Dies trifft besonders für Beherbergungseinrichtungen des gehobenen Standards zu. Hochwertige Installationen wie Klimaanlagen, Aufzüge und Großküchen sind regional nicht verfügbar, oftmals nicht einmal auf nationaler Ebene.[67] Aber auch die Verfügbarkeit von einfachem Baumaterial ist oft nicht ausreichend. Bei den benötigten Arbeitskräften handelt es sich um einen kurz- bis mittelfristigen Bedarf, der durchaus zu einem großen Teil regional gedeckt werden kann.[68]

Mit dem Ausbau des Tourismus geht unbestreitbar in vielen Regionen eine Verbesserung der allgemeinen Infrastruktur einher. Problematisch ist allerdings, daß sich ein Großteil der Infrastrukturmaßnahmen nicht an den Bedürfnissen der Bevölkerung orientiert, sondern an denen der Touristen. Somit werden sie den regionalen Erfordernissen vielfach nicht gerecht. Schürmann verweist auf die hohen Kosten der Infrastrukturmaßnahmen, die auch bei anschließender privatwirtschaftlicher Nutzung, im allgemeinen vom Staat oder von den Regionen getragen werden.[69] Der Wissenschaftler SHIVJI aus Tansania sagt zu der Thematik Tourismus und Infrastruktur:

---

[64] VORLAUFER (1979: 159)
[65] RODENBURG (1989)
[66] GORMSEN (1990: 47)
[67] ARNOLD (1983: 640)
[68] VORLAUFER (1979)
[69] SCHÜRMANN (1979: 222)

"Die aufwendigen Straßen führen nicht zu unseren Dörfern, sondern in abgelegene, fast unbewohnte Gegenden, wo sich die Parks mit den wilden Tieren befinden. Der Vergleich mit der Kolonialzeit drängt sich auf, als alle unsere Straßen von den nützlichen Anbaugebieten zu den Ausfuhrhäfen von Tanga, Dar es Salaam und Lindi führten."[70]

Die aufgeführten Beispiele verdeutlichen, daß der Tourismus vielfältige Verflechtungsmöglichkeiten mit der regionalen und lokalen Wirtschaft haben könnte. Die eingangs erwähnte Bewertung des Tourismus als Faktor der Regionalentwicklung hat somit eine Berechtigung. Sie verliert jedoch jeglichen Gehalt, wenn der Tourismus wie bisher unabhängig von den vorhandenen Strukturen und Potentialen gesehen und ausgebaut wird.

Zukünftige Entwicklungen im Bereich des Tourismus sollten sich an den regional und lokal vorhandenen Ressourcen orientieren und in die regionale Wirtschafts- und Gesellschaftsstruktur eingebunden werden. Nicht der Tourismus sollte im Mittelpunkt stehen, sondern vielmehr die Gegebenheiten in der Region.

2.4 Zusammenfassung

Die vorangestellten theoretischen Ausführungen verdeutlichen, daß sowohl in der Debatte zum Dritte-Welt-Tourismus wie auch in der entwicklungstheoretischen und regionalplanerischen Diskussion der vergangenen Jahre eine Hinwendung zu eigenständigen, selbstbestimmten und nachhaltigen Entwicklungen und Strategien stattgefunden hat. Die Erfahrungen der 60er und 70er Jahre haben zu einem Abrücken von monokausalen Betrachtungen beigetragen. Vor allem werden die Interessen, Lebens- und Arbeitszusammenhänge sowie die vielfältigen Potentiale der Länder und Regionen in Überlegungen zur Bewertung des Tourismus in Ländern der Dritten Welt mit einbezogen. Die Kritikphase der 70er und 80er Jahre, die im Kontext der entwicklungstheoretischen Diskussionen und der Ökologiebewegung zu sehen ist, hat zu einem Umdenken geführt.

Die Diskussion um umwelt- und sozialverträgliche und integrierte Tourismusformen findet auch bei Reiseveranstaltern, Reisenden und Entscheidungsträgern in den Reiseländern vermehrt Beachtung. Auch wenn dies noch nicht zu einem grundlegenden Wandel in der Tourismuspolitik geführt hat, sollte diesen Ansätzen Aufmerksamkeit geschenkt werden. Es gilt, auf der Grundlage differenzierter empirischer Arbeiten, Konzepte und Strategien zu erarbeiten, die zu einer nachhaltigen Entwicklung des Tourismus beitragen und damit einen Beitrag zur gesamtgesellschaftlichen Wohlstandsvermehrung darstellen.

Unter Zugrundelegung des in Kapitel 5.2 erläuterten Entwicklungsverständnisses sowie dem Konzept einer endogenen Regionalentwicklung, wird im Rahmen der vorliegenden Arbeit der internationale Tourismus als Teil der Regionalentwicklung auf der Insel Lombok analysiert und bewertet.

---

[70] Zitiert nach MAURER (1992: 66)

3. INDONESIEN - RAHMENBEDINGUNGEN DER UNTERSUCHUNG

In Indonesien werden wirtschaftliche, gesellschaftliche und kulturelle Entwicklungen auf regionaler und lokaler Ebene in besonderer Weise von der nationalen Politik und Planung bestimmt. Dabei ist vor allem die touristische Entwicklung von der nationalen Politik abhängig. Aus diesem Grunde ist eine kurze Darlegung der nationalen Rahmenbedingungen für das Verständnis der Entwicklungen auf Lombok dienlich.

3.1 Der Naturraum

Indonesien ist mit einer West-Ost-Ausdehnung von 5.100 km und einer Nord-Süd-Ausdehnung von 1.900 km beiderseits des Äquator der weltweit größte Archipelstaat. Das gesamte Hoheitsgebiet erreicht mit den Meeresflächen nahezu 7 Mill. qkm. Von den insgesamt 13.000 Inseln gelten ca. 3.000 als besiedelt. Die Lage beiderseits des Äquators sowie die Durchdringung mit Meeresflächen bestimmen das Klima. Indonesien liegt im Bereich der inneren Tropen mit gleichmäßig hohen Temperaturen, hoher Luftfeuchtigkeit und reichlich Niederschlägen.

Zu differenzieren ist zwischen den äquatornahen, immerfeucht-tropischen Regionen, in deren Bereich Sumatra, Kalimantan, das westliche Java, die Molukken und Irian Jaya liegen, wo ganzjährig hohe Niederschläge fallen und den wechselfeucht-monsunalen Regionen mit Zentral- und Ostjava, Bali und den Kleinen Sundainseln. Hier tritt vor allem nach Osten eine ausgeprägte Trockenzeit auf. Vereinzelt, wie in Südlombok, Nordtimor und Süostsulawesi, erhöhen sich diese weitgehend niederschlagsfreien Perioden bis auf 7 Monate pro Jahr. Eine lokale Differenzierung erhält das Klima darüber hinaus durch die Vulkane und Gebirge. Je nach Exposition und Höhenlage können extreme, kleinräumige Unterschiede auftreten, besonders hinsichtlich der Niederschläge.[1]

Geotektonisch ist das Sunda-Shelf, eine Fastebene, die nicht mehr als 100 m unter den Meeresspiegel getaucht ist, das Zentrum Indonesiens. Die heutige stark zergliederte Gestalt und der Großformschatz Indonesiens sind junger, vor allem tertiärer und quartärer Entstehung. In einem großen Bogen umzieht das große Sundagebirgssystem die Inseln Indonesiens. Dieses erstreckt sich vor allem am Südrand der Sundainseln gegen den Indischen Ozean.[2] Die markantesten Landschaften bilden die Vulkane und ihre Schwemmkegel und -ebenen. Sie sind Gunst- und Ungunstraum zugleich. Sie werden durch ihre nährstoffreichen Böden und ihre sichere Wasserversorgung zu den Gunsträumen landwirtschaftlicher Nutzung. Kennzeichnend für sie ist eine extrem dichte Besiedlung. Diesen Vorzügen stehen allerdings die Risiken der vulkanischen Ausbrüche gegenüber. Indonesien erlitt in der Neuzeit zahlreiche große Vulkankatastrophen.[3]

---

[1] UHLIG (1988)
[2] ROEDER (1979)
[3] UHLIG (1988: 493 FF)

3.2 Politische und administrative Rahmenbedingungen

Seit Bestehen der Republik Indonesien sind die Bemühungen um die Schaffung und Erhaltung der Einheit des Nationalstaates und die Stärkung der nationalen Identität politische Oberziele aller Regierungen gewesen. Diese Aufgabe gestaltet sich außergewöhnlich schwierig und erfordert erhebliche staatliche Mittel, die allein zum politischen Zusammenhalten der Teilregionen aufgewendet werden müssen. Die Schwierigkeiten dieses "Nation-Building-Prozesses" liegen in der Größe und Struktur des Staatsgebietes sowie in der ethnischen Vielfalt und der religiösen Heterogenität begründet. Die heutige staatsräumliche Einheit ist weder historisch noch natur- oder ethnogeographisch vorgezeichnet, sieht man von der Kolonialzeit ab.[4] Die Bestrebungen zur Schaffung eines Einheitsstaates führten bereits 1945 unter Sukarno[5] zur Annahme der "fünf Prinzipien" (Pancasilia) als offizielle Staatsphilosophie und Weltanschauung der indonesischen Nation. Zu ihnen zählen der Glaube an einen Gott, Humanität, die Einheit Indonesiens, Demokratie und soziale Gerechtigkeit. Die Pancasilia-Philosophie ist als Normen- und Wertesystem zu verstehen, das das gesellschaftliche Leben in vielen Bereichen bestimmt. Besondere Priorität lag seit jeher im dritten Prinzip, der Einheit Indonesiens.[6]

Indonesien besteht aus 27 Provinzen[7] mit den drei Sonderregionen Groß-Jakarta, Yogyakarta und Aceh.

Kennzeichnend für den administrativen Aufbau ist das hierarchische System der dezentralisierten und dekonzentrierten Verwaltung. Alle untergeordneten Ebenen sind jeweils der darüberliegenden verpflichtet, sie unterstehen dem Innenministerium und damit der Zentralregierung. Die Leiter der jeweiligen Gebiets-körperschaften haben eine Doppelfunktion. Sie sind einerseits für die Koordination aller Maßnahmen auf der jeweiligen Ebene zuständig und müssen diese andererseits mit den Interessen der Zentralregierung abstimmen. Zu diesem Zwecke sind ihnen die sogenannten Regierungseinheiten (Kanwil) zugeordnet, deren Aufgabe die Koordination von Regierungsvorhaben mit denen der Provinzen ist.[8]

An der Spitze der Provinzen steht der Gouverneur, der vom Provinzparlament vorgeschlagen und vom Präsidenten für fünf Jahre ernannt wird. Das gewählte Provinzparlament und der Gouverneur sind vor allem für die Erstellung des Provinzhaushaltes zuständig.

---

[4] DÜRR (1982)
[5] Sukarno war nach der Unabhängigkeit der erste Staatspräsident der Republik Indonesien. 1965 wurde er durch den heute noch amtierenden Suharto abgelöst.
[6] ROEDER (1979)
[7] Siehe Karte 1
[8] Die vertikalen Beziehungen der Kanwil-Einheiten von der lokalen zur zentralen Verwaltung scheinen bei der Durchführung und Koordination von Vorhaben Vorrang vor den horizontalen Beziehungen auf lokaler/regionaler Ebene zu haben. Die Kanwil-Einheiten werden auch als verlängerter Arm der Zentralregierung in die Provinzen und Landkreise bezeichnet.

Karte 1: Indonesien nach Provinzen

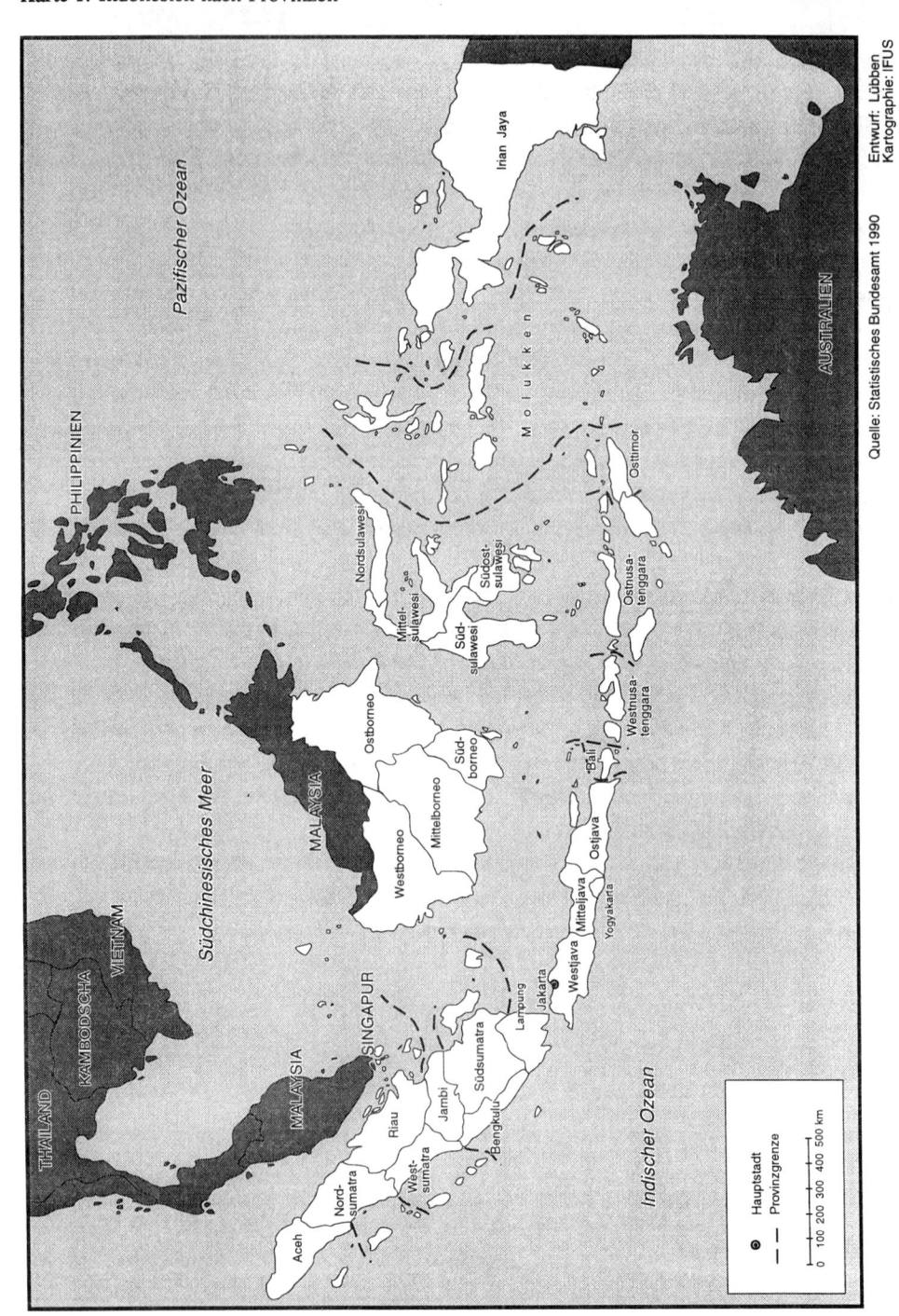

Die wichtigsten öffentlichen Einrichtungen auf Provinzebene sind die Planungsbehörde, die Finanzbehörde und die Entwicklungsbehörde. Sie haben Koordinierungsaufgaben, bewirtschaften den Haushalt und erstellen den Fünfjahresplan für die Provinzen. Die einzelnen Teilaufgaben, wie z.B. Landwirtschaft und Tourismus, werden von den "Dinas" wahrgenommen.
Die Provinzen sind wiederum in Bezirke und bezirksfreie Städte unterteilt. Der Aufbau der Bezirke ist nahezu identisch mit denen der Provinzen. Die Behörden der Bezirke unterstehen der Fachaufsicht und den Weisungen der Provinzen.[9]
Die unterste Ebene des Verwaltungsaufbaus sind die ländlichen und städtischen Gemeinden. An der Spitze steht der sogenannte Lurah oder Kepala Desa (Bürgermeister). Zwischen der Bezirks- und Gemeindeebene existieren noch Gemeindeverbände (Kecamatan) von 10-20 Gemeinden. Diese Unterbezirke besitzen wenig Befugnisse und sind eher als Bindeglied zwischen den Gemeinden zu verstehen.
Die Haushalts- und Entwicklungspläne der verschiedenen Gebietskörperschaften werden zunächst auf Provinzebene koordiniert. Anschließend erfolgt eine Abstimmung aller Provinzpläne auf nationaler Ebene. Das Aufstellungsverfahren für den Staatshaushalt sowie die Abstimmung mit den Entwicklungsplänen und Zielen auf allen Verwaltungsebenen ist ein sehr zeit- und personalaufwendiger Vorgang. Eine detaillierte Erläuterung kann hier nicht erfolgen. Wichtig ist jedoch, daß die Provinzen und die untergeordneten Ebenen zwar über einen eigenen Haushalt verfügen, dieser jedoch bis zu 75% aus Zuschüssen der Zentralregierung besteht. Hieraus wie aus dem dargelegten Verwaltungsaufbau resultiert eine große Abhängigkeit der Regionen von den Entscheidungen auf nationaler Ebene.
In Indonesien existiert somit ein dezentralistischer Verwaltungsaufbau. Jedoch verfügen die Verwaltungen auf Gemeinde- und Landkreisebene bisher über nur eingeschränkte Handlungs- und Entscheidungskompetenzen.

3.3 Bevölkerungsstruktur und -verteilung

Mit einer Bevölkerungszahl von 179,379 Mill.[10] gehört Indonesien nach der VR China und Indien zu den bevölkerungsreichsten Staaten Asiens. Die Gesamtbevölkerung hat sich von 1960 bis 1990 nahezu verdoppelt. Kennzeichnend für die Bevölkerungsstruktur ist der hohe Anteil der unter 15-jährigen an der Gesamtbevölkerung, der 1990 bei 35% lag.
Kennzeichnend sind darüber hinaus extreme Unterschiede in der regionalen Bevölkerungsverteilung. Allein auf Java, Bali und Madura leben 2/3 der Gesamtbevölkerung auf 7,2% der Fläche der Republik. Die durchschnittliche Bevölkerungsdichte Indonesiens liegt bei 94,2 E/qkm.
Eine differenzierte Betrachtung verdeutlicht jedoch die extremen regionalen Disparitäten. Im Ballungsraum der Großstadt Jakarta ergibt sich eine Bevölkerungsdichte von 15.593 E/qkm. Im

---
[9] DSE (1989: 47)
[10] Die Zahlen basieren auf dem Zensus von 1990 (BIRO PUSAT STATISTIK 1992A: 23)

ländlichen Ost- und Mitteljava liegen die Dichtewerte zwischen 1.500 und 2.000 E/qkm. Dem stehen extrem dünnbesiedelte Gebiete wie Irian-Jaya mit 3,8 E/qkm, die Molukken mit 24 E/qkm und Kalimantan mit 21 E/qkm gegenüber. Bereits in der Kolonialzeit wurde versucht, diesen Strukturen durch Umsiedlungsprogramme entgegenzuwirken. Die indonesische Regierung hat diese Programme (Transmigrasi) ab 1952 unter Sukarno wieder aufgenommen. Bis 1989 wurden 900.000 Familien durch die vom Staat unterstützten Transmigrasiprogramme aus den dichtbesiedelten Agrarräumen Javas, Balis und Lomboks in dünnbesiedelte Regionen, vor allem nach Sumatra, Borneo und Irian Jaya, umgesiedelt.[11] Diese sehr kontrovers diskutierten Umsiedlungsprogramme haben jedoch aus verschiedenen Gründen nicht zu einer nachhaltigen Umverteilung der Bevölkerung geführt.[12]

Indonesien ist ein Agrarland, in dem 70% der Bevölkerung in ländlichen Siedlungen leben. Der Anteil der in Städten lebenden Bevölkerung hat zwar in den letzten Jahrzehnten zugenommen, jedoch lag er 1990 bei nur 22%. Dabei entfiel ein Anteil von 70% der städtischen Bevölkerung allein auf Java.

Zusammenfassend kann festgehalten werden, daß die junge Altersstruktur sowie die regional ungleiche Bevölkerungsverteilung kennzeichnend für die Bevölkerung Indonesiens sind. Hier liegen zugleich bedeutende Konfliktbereiche hinsichtlich der zukünftigen Entwicklung des Landes. Die Umsiedlungsprogramme haben zur Lösung dieser Problematik wenig beigetragen. Notwendig erscheinen umfassendere und langfristigere Maßnahmen vor allem in den dünnbesiedelten, peripheren Regionen.

3.4 Wirtschaftliche Entwicklung und Probleme

Die Wirtschafts- und Gesellschaftsstruktur Indonesiens hat durch die 350jährige koloniale Vergangenheit tiefgreifende Veränderungen erfahren. Zum einen wurden durch die niederländische Zwangsbewirtschaftung[13], durch das Erheben von Bodensteuern und durch die schlecht oder unbezahlten Arbeitsverpflichtungen auf den Plantagen in weiten Teilen die auf Subsistenzwirtschaft ausgerichteten Wirtschafts- und Lebensformen der ländlichen Bevölkerung zerrüttet. Zum anderen wurde damit einhergehend eine weltmarktabhängige, rohstoffexportierende Wirtschaft aufgebaut. Insbesondere die Einschränkungen des Reisanbaus zugunsten von Exportkulturen führten zu einer strukturellen Veränderung sowie zu einer Verarmung der Bevölkerung. Der Grundstein für die bis heute existierenden regionalen Disparitäten wurde in der Kolonialzeit gelegt.

Die Wirtschafts- und Gesellschaftsstruktur Indonesiens war am Ende der Kolonialzeit gekennzeichnet von einem raschen Bevölkerungswachstum, von ethnischen, sozialen, religiösen und politischen Gegensätzen und Konflikten sowie von großen regionalen Disparitäten. Das Fehlen

---

[11] SCHOLZ (1992: 33)
[12] vgl. IMBAS (1988); KEBSCHULL (1986); SCHOLZ (1992)
[13] Die niederländischen Kolonialherren zwangen die Landbevölkerung 30-50% der agraren Nutzflächen mit Exportkulturen zu bewirtschaften (RÖLL 1981:13)

von Kapital und Führungskräften sowie die latenten innen- wie außenpolitischen Spannungen und Unabhängigkeitsbestrebungen einzelner Landesteile verhinderten eine Entwicklung des Landes bis in die 60er Jahre. Diese Konflikte endeten in dem Putsch von 1965 durch die Militärs. Der damalige Präsident Sukarno wurde durch den heute noch amtierenden General Suharto abgelöst. Mit diesem politischen Wandel ging eine grundlegende Änderung der Wirtschaftspolitik einher. Bis 1965 wurde eine Politik in Anlehnung an sozialistische Staaten verfolgt, eine Nationalisierung der Wirtschaft sowie eine partielle Abkopplung vom Weltmarkt. Mit der Einführung der Politik der "Neuen Ordnung"[14] seit 1968 erfolgte eine wirtschaftliche Öffnung des Landes. Eine marktwirtschaftlich orientierte Ökonomie und eine Integration in den Weltmarkt wurden im Rahmen der staatlichen Entwicklungsplanung angestrebt.

Im ersten Fünfjahresplan (Repelita I) von 1969-1974 standen im Agrarsektor die Steigerung der Reisproduktion sowie die Produktion landwirtschaftlicher Exportgüter im Mittelpunkt. 1970 lag der Anteil des Agrarsektors am BIP bei 45% und der Beschäftigtenanteil bei 63%. Auch wenn beide Größen von 1970-1990 zurückgegangen sind, so sind Wirtschaft und Gesellschaft Indonesien nach wie vor vom Agrarsektor geprägt. Kennzeichnend für die Agrarstruktur ist, daß ein Großteil (ca. 86%) der landwirtschaftlichen Nutzfläche auf bäuerliche Klein- und Kleinstbetriebe entfällt.[15]

Der gewerblich-industrielle Sektor wurde Ende der 60er Jahre von traditionellen Kleinbetrieben bestimmt, die vornehmlich für den lokalen und regionalen Bedarf produzierten. Der Anteil des sekundären Sektors am BIP lag 1970 bei 11% und der Beschäftigtenanteil bei 19%. Dieser Wirtschaftsbereich hatte in den letzten 30 Jahren enorme Zuwachsraten beim Anteil am BIP zu verzeichnen (1990=41%). Der Beschäftigtenanteil stieg jedoch nur vergleichsweise gering (1990=16,4%)[16].

Maßgeblich für diese Entwicklung waren die rasch steigenden Einnahmen aus dem Erdölexport in den 70er Jahren. Diese sowie ausländisches Kapital ermöglichten einen Ausbau des industriellen Sektors. Im Rahmen der Entwicklungsplanung wurde ein exportorientierter Industrialisierungsprozess angestrebt. Regional konzentrierten sich die in- wie ausländischen Investitionen auf die infrastrukturell gut erschlossene Insel Java. Es zeichnete sich bereits in den 70er Jahren eine dualistische Struktur der Wirtschaft ab. Das starke wirtschaftliche Wachstum im Zeitraum 1968 bis 1980 war allerdings nicht verbunden mit einer regional und sozial ausgewogenen Entwicklung. Die kolonial bedingten Disparitäten verschärften sich.

---

[14] Mit der "Neuen Ordnung" wird die Regierungspolitik seit der Machtübernahme durch General Suharto 1966 bezeichnet, eine Allianz aus zivilen Technokraten und den Militärs. Wichtigstes Ziel war der Aufbau der Wirtschaft mit Hilfe der zumeist im westlichen Ausland ausgebildeten indonesischen Fachleute sowie durch die Förderung in- und ausländischer Privatinvestitionen (DRESS 1979: 57; RÖLL 1981: 18).
[15] Die gesamte landwirtschaftliche Nutzfläche Indonesiens umfaßt 16,4 Mill. ha. 60% der bäuerlichen Kleinbetriebe entfallen auf die Agrargunsträume der Insel Java (UHLIG 1988)
[16] BIRO PUSAT STATISTIK (1992a)

Durch den Verfall der Erdölpreise Anfang der 80er Jahre sowie zahlreicher landwirtschaftlicher Exportgüter, hier insbesondere der Verfall der Kaffeepreise[17], geriet Indonesien in eine schwere wirtschaftliche Krise. Die Importe von Produktions- und Investitionsgütern für den angehenden Industrialisierungsprozess wurden durch den Verlust der Deviseneinnahmen unbezahlbar. Die Finanzierung der Entwicklungsmaßnahmen konnte angesichts der begrenzten eigenen finanziellen Mittel nur durch ausländische Hilfen erfolgen. Indonesien wurde zu einem der größten Kreditnehmer der Weltbank und sah sich gezwungen, auf deren Forderungen einzugehen. Eine weltbankkonforme Außenöffnung schien vor dem Hintergrund wachsender Zahlungsschwierigkeiten unumgänglich.[18] Positive Aspekte dieser Krise waren, daß sich die staatliche Entwicklungsplanung nun mehr auf die endogenen Potentiale des Landes konzentrierte und eine konsequentere Verringerung der Abhängigkeiten von den Erdölexporten anstrebte. Im dritten und vierten Entwicklungsplan (1979-84/1984-1989) wurden, aus dieser Krise resultierend, vermehrt Strategien der Regionalentwicklung mit dem Ziel einer mehr ausgleichsorientierten Entwicklung für das Land formuliert. Diese Umorientierung der indonesischen Wirtschaftspolitik sowie zahlreiche Deregulierungsmaßnahmen[19] in den 80er Jahren, haben zu einer Diversifizierung der Wirtschafts- und Exportstruktur des Landes beigetragen.

Das zentrale Problem ist jedoch nach wie vor die hohe Auslandsverschuldung. Mit 79 Mrd. US$ ist Indonesien das höchstverschuldete Land Asiens. 40% der Exporteinnahmen müssen zur Bedienung der Auslandsschulden bereitgestellt werden. Ein weiteres Problem stellten die wachsende Arbeitslosigkeit und die Unterbeschäftigung dar.

Auch wenn es in den letzten Jahren gelungen ist, die Wirtschaftsstruktur des Landes zu diversifizieren, die Abhängigkeiten von den Erdölexporten zu verringern und es erste Ansätze zu einer regional wie sektoral ausgeglichenere Wirtschaftsentwicklung gibt, so ist die indonesische Wirtschaft weit von einer stabilen und sozial ausgewogenen Struktur entfernt.

In diesem Kontext müssen die Bemühungen im Bereich des Tourismus gesehen werden. Diesem Wirtschaftsbereich wird wegen der erhofften Deviseneinnahmen und der Beschäftigungseffekte besondere Aufmerksamkeit geschenkt. Der Zwang zu Deviseneinnahmen sollte jedoch nicht maßgeblich Art und Umfang der touristischen Erschließung bestimmen. Die weitere Entwicklung in den verschiedenen Wirtschaftsbereichen und damit die Gesamtentwicklung des Landes hängt neben dem genannten Problem der Auslandverschuldung maßgeblich davon ab, inwieweit die Ansätze einer regional, sektoral und sozial ausgewogeneren Entwicklungsplanung umgesetzt werden.

---

[17] Indonesien war 1990 weltweit drittgrößter Kaffee-Exporteur nach Brasilien und Kolumbien. Bedingt durch die Reduzierung der Exportquoten 1983 und den Zusammenbruch des Quotensystems 1989 sind die Kaffeepreise um rund 50% gefallen. Verbunden hiermit war für Indonesien ein enormer Rückgang der Deviseneinnahmen aus dem Kaffee-Export. (JÄCKEL 1991: 158)

[18] JÄCKEL (1991: 166)

[19] Zu den 1983 ergriffenen Deregulierungsmaßnahmen gehörten eine Abwertung der Landeswährung, eine Liberalisierung des Bank-und Kreditwesens, Reduzierung der Subventionen für den Grundbedarf, Anhebung der Brenn- und Treibstoffpreise, eine Teilprivatisierung von staatlichen Unternehmen und eine Erweiterung der für ausländische Investitionen offenen Wirtschaftsbereiche.(REGIONAL INVESTMENT COORDINATION BOARD NTB 1992a: 31)

3.5 Der internationale Tourismus in Indonesien

Die folgende Darstellung des Tourismus in Indonesien dient der Einordnung der Entwicklungen auf Lombok in die Gesamtentwicklung. Dabei werden allgemeine Tendenzen der Entwicklung, Struktur und Planung des Fremdenverkehrs in Indonesien aufgezeigt.

3.5.1 Entwicklung und Struktur des internationalen Tourismus

Bereits in der Kolonialzeit hatte der Tourismus in Indonesien eine gewisse Bedeutung, die jedoch verglichen mit den heutigen Ausmaßen eher bescheiden war. Die Insel Bali, die vor dem zweiten Weltkrieg etwa 3.000 Gäste pro Jahr zählte und damals wie heute bekannter war als das Land Indonesien, war Ausgangspunkt der touristischen Entwicklung. Die Wirren des zweiten Weltkrieges, die Unabhängigkeitskämpfe sowie die politischen und wirtschaftlichen Probleme in der Sukarno-Ära verhinderten allerdings eine touristische Entwicklung Indonesiens bis Mitte der 60er Jahre. Nach der Machtübernahme durch General Suharto (1965) und die verkündete Politik der "Neuen Ordnung" begann die touristische Erschließung Indonesiens[20].

Ende der 60er Jahre fehlte nahezu jegliche touristische Infrastruktur. Mit maßgeblicher Unterstützung der Weltbank wurde diese in den 70er Jahren aufgebaut. Allein im Zeitraum von 1970 bis 1975 erhöhte sich die Zahl der Beherbergungsbetriebe von 122 auf 2.863.[21] Mit dem quantitativen Ausbau ging eine qualitative Erweiterung des Angebotes einher. Diese korrespondierte mit einer sich wandelnden Gästestruktur. So kamen in den 70er Jahren vermehrt Touristen mit einem mittleren und höheren Einkommen. Es erfolgte eine Konzentration und zugleich eine Kommerzialisierung im Tourismusangebot.[22] Zugleich vollzog sich eine Veränderung der Aktivitäten der lokalen Bevölkerung im Tourismussektor. Die Anforderungen an den modernen Tourismus überstiegen die Möglichkeiten der lokalen Bevölkerung, dies vor allem im Bereich der Investitionen. Diese wurden nun maßgeblich von auswärtigem und ausländischem Kapital bestimmt.[23] NORONHA schreibt dazu in einem Aufsatz zum Tourismus auf Bali:

"There has been a transition of ownership out of the Balinese hands, and the Balinese response to tourism is being increasingly orchestrated by outsiders - mainly Indonesians from Jakarta and transnational corporations."[24]

---

[20] WÄLTY (1990)
[21] RÖLL (1981)
[22] ZIMMERMANN (1990: 112) beschreibt diesen Prozess für Sanur auf Bali folgendermaßen: " So waren weder beschwerliche Fahrten noch die ursprünglich bei den einheimischen Tanz- und Musikveranstaltungen üblichen unbequemen Aufenthaltsgegebenheiten zufriedenstellend. Von wenigen Ausflügen abgesehen, die z.B. zu bekannten Tempelanlagen oder Kremationen unternommen wurden, verlagerte man deshalb die Tanz- und Theater-Shows mit balinesischen Gruppen in die Hotels selbst."
[23] DRESS (1979)
[24] NORANHA (1979: 183)

Wie aus Tabelle 3 ersichtlich wird, fand bis 1990 ein weiterer Ausbau der Beherbergungskapazitäten statt, jedoch mit einem gemäßigteren Ausmaß als in den 70er Jahren.

Tabelle 3: Beherbergungsbetriebe und Zimmerangebot in Indonesien 1970-1990

	1970	1975	1980	1985	1990
Beherbergungs-betriebe	122	2.863	3.601	5.018	5.140
Zimmer	1.320	512.000	695.000	971.000	1.243.000

Quelle: Biro Pusat Statistik 1992d, Statistisches Bundesamt 1990

Mit dem Ausbau der touristischen Infrastruktur war ein stetiger Anstieg der Touristenankünfte verbunden. Starke Zuwachsraten sind vor allem seit Ende der 80er Jahre zu verzeichnen. Von 1987 bis 1992 stieg die Anzahl der Gäste von 1,06 Millionen auf 3,06 Millionen.[25]

Abb. 2: Internationale Touristenankünfte in Indonesien 1970-1992

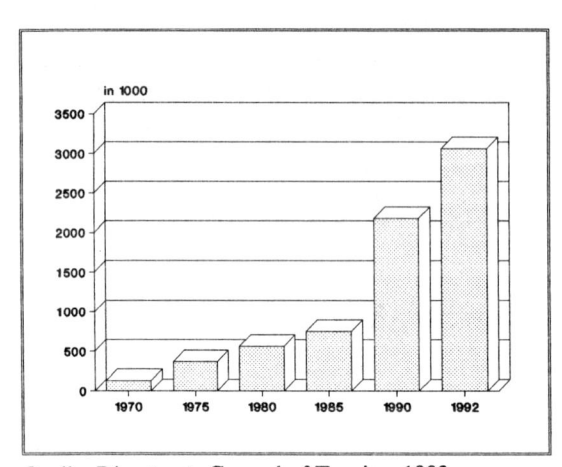

Quelle: Directorate General of Tourism 1993a
Entwurf: C. Lübben 1995

Waren bis 1980 Australien, Europa und Nordamerika die dominanten Herkunftsregionen der ausländischen Gäste, so vollzog sich danach ein Wandel. Die Gästezahlen aus diesen Regionen stiegen nach wie vor, ihr Anteil an der Gesamtzahl der Gäste verringerte sich jedoch. Ursache hierfür war ein Anstieg der Gäste aus dem asiatischen Raum, insbesondere aus Japan, Singapur

---

[25] DIRECTORATE GENERAL OF TOURISM (1993B)

und Malaysia. Seit Ende der 80er Jahre wächst zudem die Zahl der Gäste aus Taiwan, Korea und Thailand.

Abb.3: Internationale Touristen in Indonesien nach Herkunftsregionen 1987 und 1992

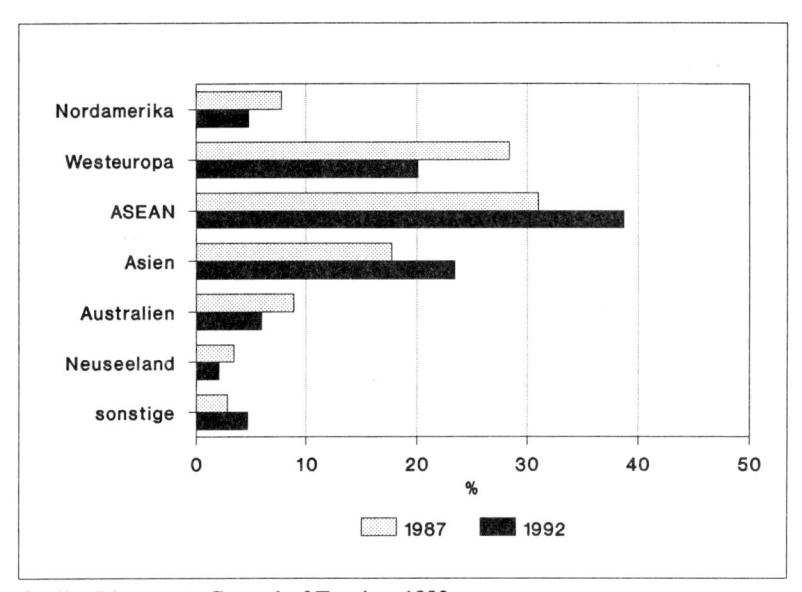

Quelle: Directorate General of Tourism 1993a
Entwurf: C. Lübben 1995

Die jahreszeitliche Verteilung der Touristenankünfte gestaltet sich in Indonesien wesentlich ausgeglichener als in vielen anderen Reiseländern der Dritten Welt, bedingt durch die gleichmäßig hohen Temperaturen das ganze Jahr über. Bestimmend für die Verteilung der Touristenankünfte sind die klimatischen Verhältnisse in den Herkunftsländern und die Ferienzeiten. Dabei tragen die Australier, aber auch die Gäste aus dem asiatischen Raum zu einer geringen Saisonalität bei.

3.5.2 Regionale Verteilung des internationalen Tourismus

DRESS stellt in seiner Arbeit zum Tourismus auf Bali von 1979 fest, " daß der Tourismus in Indonesien gesamtwirtschaftlich eine untergeordnete Rolle spielt, die Situation sich aus regionaler Sicht ganz anders darstellt. Dies, weil der Tourismus sich auf relativ wenige Standorte konzentriert, auf die Provinzen Bali, Yogyakarata, West-Java und Nordsumatra."[26]

---

[26] DRESS (1979: 66)

Diese von ihm benannten Provinzen waren die Ausgangspunkte der touristischen Entwicklung, innerhalb derer sich wiederum die Erschließung auf einige wenige Orte konzentrierte. Auch wenn in den letzten Jahren eine erhebliche Erweiterung der touristischen Zielgebiete stattfand, so konzentriert sich bis heute ein Großteil der touristischen Infrastruktur und damit auch der Gästezahlen auf die von Dress benannten Regionen.

Karte 2 zeigt für 1993 die Verteilung der Hotels nach Provinzen. Deutlich wird die Dominanz der Provinzen Westjava, Jakarta, Mitteljava, Bali und Nordsumatra, auf die 50% aller Unterkünfte entfielen. Der Anteil der ausländischen Gäste lag in diesen vier Provinzen bei 67%.[27]

Der Tourismus in Indonesien konzentriert sich somit in den bevölkerungsreichsten und ökonomisch wie infrastrukturell am weitesten erschlossenen Regionen. Maßgeblich für den regionalen Verteilungsprozess war und ist die gute Infrastrukturausstattung dieser Regionen, vor allem bezüglich der Verkehrsinfrastruktur, verglichen mit der schlechten infrastrukturellen Erschließung der "Außeninseln", die sich bis heute problematisch darstellt. Entgegen der in vielen Studien herausgestellten Orientierung des Tourismus an den Peripherien und den weniger erschlossenen Regionen, hat sich in Indonesien ein gegensätzlicher Prozeß vollzogen. Hiermit gehen Nutzungskonflikte sowie Konzentrationsprozesse einher, die dem Ausgleich regionaler Disparitäten entgegenstehen.

3.5.3 Der Tourismus im Rahmen der nationalen Entwicklungsplanung

Mitte der 60er Jahre wurde die Fremdenverkehrswirtschaft zu einem festen Bestandteil der Entwicklungspolitik in Indonesien. Im ersten Fünfjahresplan von 1969 wurde dem Tourismus als Instrument der Wirtschaftsförderung bereits ein hoher Stellenwert beigemessen, insbesondere als Devisenquelle, zur Schaffung von zusätzlichen Arbeitsplätzen sowie zum Ausbau der Infrastruktur. Regionale Schwerpunkte waren die Insel Bali, Java sowie der Norden Sumatras.[28]

Im zweiten und dritten Fünfjahresplan (1974-79/79-84) erfolgte eine Erweiterung der touristischen Zielgebiete auf Teilräume Sulawesis und der Molukken. Die Operationalisierung, Umsetzung und Kontrolle der in den nationalen Entwicklungsplänen formulierten Ziele obliegt dem Generaldirektorat für Tourismus in Jakarta. Auf der Grundlage der allgemeinen Ziele und Entwicklungspläne erstellt das Direktorat die Pläne selbst bzw. läßt sie von ausländischen Experten entwickeln.[29] Auf Provinz- und Bezirksebene sind die Ämter für Tourismus (Dinas Pariwisata) für die konkrete Umsetzung zuständig.[30]

---

[27] DIRECTORATE GENERAL OF TOURISM (1993B)
[28] RÖLL (1981)
[29] Für Bali erstellte die französische Beratungsgesellschaft SCETO einen Masterplan für die touristische Entwicklung. Das touristische Entwicklungskonzept für Lombok wurde 1987 von einer japanischen Beratungsgesellschaft erarbeitet (SCETO REPORT o.J.); (WTO 1987).
[30] RADETZKI-STENNER (1987); DIRECTORATE GENERAL OF TOURISM (1992a)

Karte 2: Beherbergungsbetriebe in Indonesien 1993

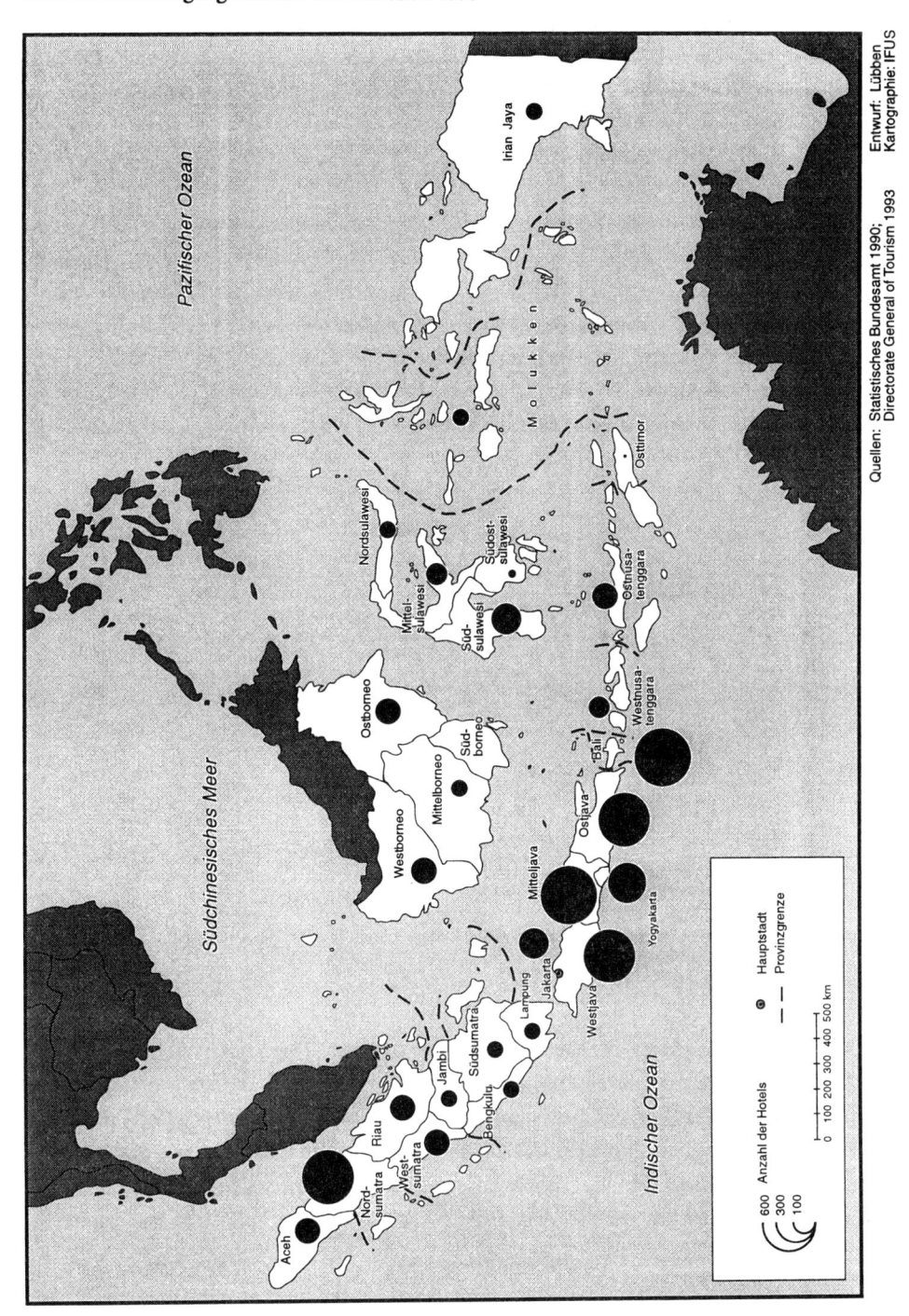

Vor dem Hintergrund der dargelegten unveränderten Konzentration der touristischen Entwicklung fand 1987 eine erneute Erweiterung der touristischen Zielgebiete statt. Zu den "Neuen touristischen Zielgebieten" gehören die Provinzen Aceh, Riau, Südsumatra, Lampung, Ost- und Westkalimantan, die Molukken und West- und Ost Nusa Tenggara. Hier sollen in Zukunft verstärkt Investitionen getätigt werden; insbesondere ist eine qualitative Erweiterung des Beherbergungsangebotes vorgesehen.[31]

Im Mittelpunkt der touristischen Entwicklung stand lange Zeit mehr ein gesamtwirtschaftliches als regionalwirtschaftliches Interesse. Dabei waren vor allem die Deviseneinnahmen von besonderer Bedeutung, was im Kontext des Industrialisierungsprozesses zu sehen ist. In den 70er Jahren waren allerdings die Deviseneinnahmen durch den Erdölexport und durch die Ausfuhren landwirtschaftlicher Produkte wesentlich bedeutender als die durch den Fremdenverkehr. Durch die Deviseneinbußen Anfang der 80er Jahre beim Erdölexport und beim Kaffee, erfuhren die Einnahmen aus dem Tourismus einen anderen Stellenwert.

Abb. 4: Deviseneinnahmen aus dem Tourismus in Indonesien 1970-1992 (in Mill. US$)

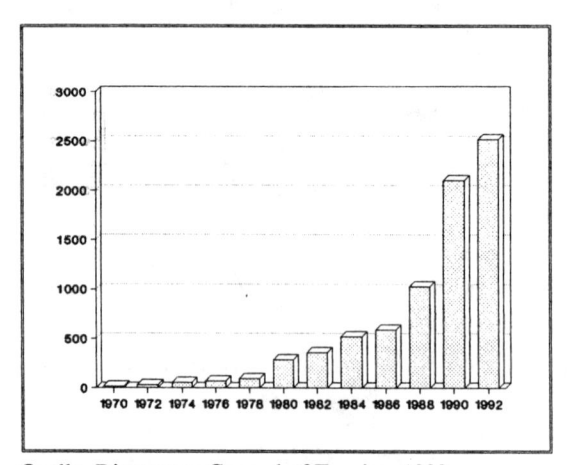

Quelle: Directorate General of Tourism 1993
Entwurf: C. Lübben 1995

Abb.4 zeigt die Entwicklung der Deviseneinnahmen aus dem Tourismus von 1970 bis 1992. Deutlich wird vor allem der starke Zuwachs seit Ende der 80er Jahre, der mit der Zunahme der Touristenankünfte korrespondiert. Bedeutend für den Stellenwert des Tourismus ist - neben den absoluten Deviseneinnahmen - die Entwicklung in Relation zu den Einnahmen aus dem gesamten Warenexport. Während sich die Einnahmen aus dem Tourismus von 1980 bis 1992 verfünfzehnfachten, stiegen die aus dem Export von Holz, Gas, Kautschuk und Kaffee im

---

[31] STATISTISCHES BUNDESAMT (1990)

gleichen Zeitraum nur gering. Die Einnahmen aus dem Erdölexport gingen sogar von 15,595 Millionen US$ auf 6,869 US$ zurück. Der Tourismus war 1992 nach Erdöl, Gas und Holz die bedeutendste Devisenquelle und hatte in den letzten Jahren die stärksten Zuwachsraten zu verzeichnen.[32]
Dabei handelte es sich allerdings um Bruttodeviseneinnahmen, d.h. Devisenabflüsse durch tourismusinduzierte Importe sowie der Kapitaltransfer ausländischer Unternehmen sind nicht mit einbezogen. Angaben über die Nettodeviseneinnahmen liegen nicht vor. Nach Vorlaufer ist davon auszugehen, daß in einem bevölkerungsreichen, großen Land wie Indonesien, mit einer relativ entwickelten und diversifizierten agrarischen und industriellen Produktion, der Devisenabfluß in der Regel unter 30% liegt.[33]
Neben den Deviseneinnahmen kommt dem Tourismus aus arbeitsmarktpolitischen Gründen eine besondere Bedeutung zu. Das verfügbare Datenmaterial ist jedoch sehr lückenhaft. Zudem liegen nur Daten für die direkt im Tourismus Beschäftigten vor. Nach Angaben des Statistischen Amtes waren 1992 insgesamt 121.094 Personen in Beherbergungsbetrieben beschäftigt. Davon entfielen 67.865 auf Hotels Bintang und 53.229 auf Hotels Melati. Entsprechend der regionalen Verteilung der Unterkünfte entfiel ein Großteil der Beschäftigten auf die Provinzen Westjava mit Jakarta, Bali, Nordsumatra und Mitteljava.[34]

3.6 Zusammenfassung

Indonesien hat vor allem in den letzten 15 Jahren enorme Zuwachsraten in der Tourismusbranche zu verzeichnen. Auch wenn im Vergleich zu anderen südostasiatischen Ländern die Gästezahlen geringer sind,[35] so sind die jährlichen Zuwachsraten doch beeindruckend. Konzentrierte sich die Entwicklung bis in die 80er Jahre vor allem auf einige ausgewählte Provinzen, so zeichnet sich in jüngster Zeit eine regionale Diversifizierung ab. Dieser maßgeblich staatlich gelenkte Prozeß ist im Kontext der sich wandelnden nationalen Entwicklungsplanung zu sehen, die der Regionalentwicklung zunehmend Beachtung schenkt. Hinzu kommen unverkennbare Überlastungserscheinungen in einigen traditionellen touristischen Zielgebieten, besonders auf Bali. Hier wird vermehrt versucht, die touristische Entwicklung über Bauvorschriften, Baustopps und Lizenzvergaben zu lenken und zu reglementieren.
In jüngster Vergangenheit werden zudem alternative Tourismusformen wie Natur-, Kultur- und Agrotourismus thematisiert.[36] Dies ist nicht unbedingt als grundlegender Wandel in der indonesischen Tourismuspolitik zu verstehen, da zugleich der Auf- und Ausbau touristischer Projekte gehobeneren Standards vorrangig gefördert wird. Vielmehr muß es als eine Reaktion auf

---

[32] DIRECTORATE GENERAL OF TOURISM (1992b); BIRO PUSAT STATISTIK (1992c)
[33] VORLAUFER (1990: 10)
[34] BIRO PUSAT STATISTIK (1992d)
[35] Die ausländischen Touristenankünfte in Malaysia lagen 1992 bei 5,497 Mill., in Thailand bei 5,208 Mill. und in Singapur bei 5,898 Mill. (WTO 1993).
[36] DIRECTORATE GENERAL OF TOURISM (1992a: 16)

sich verändernde Nachfragestrukturen interpretiert werden und stellt somit eine Erweiterung des touristischen Angebotes dar.

Unübersehbar ist jedoch in vielen Bereichen eine Hinwendung zur Beachtung regionaler Potentiale. Zu analysieren ist, ob und wie die in Ansätzen zu beobachtende regionale Ausrichtung der nationalen Entwicklungsplanung Eingang in die Tourismusentwicklung der bisher wenig oder nicht erschlossenen Regionen gefunden hat bzw. findet.

4. REGIONAL- UND TOURISMUSENTWICKLUNG AUF LOMBOK

Die Insel Lombok, die zusammen mit der Insel Sumbawa, seit dem 9.8.1958 zur Provinz Nusa Tenggara Barat zusammengeschlossen ist, wird im folgenden zunächst hinsichtlich der natürlichen, ökonomischen und sozio-kulturellen Raumausstattung vorgestellt. Die Darstellung dient als Grundlage für die Einordnung des internationalen Tourismus in die Regionalentwicklung.

4.1 Die naturräumlichen Rahmenbedingungen

Die natürliche Raumausstattung bestimmt in besonderer Weise die regional divergierende Nutzung und Entwicklung der Insel Lombok. Diese verursacht zugleich einen Großteil der komplexen sozio-ökonomischen Probleme. Maßgeblich sind die Topographie und damit verbunden die klimatischen Verhältnisse der Insel. LEEMANN und RÖLL[1] unterteilen folgende Reliefeinheiten: das nördliche Gebirge, die zentrale Tiefebene und die südliche Hügelzone.

Der flächen- und höhenmäßig dominierende Gebirgszug im Norden mit dem 3762 m hohen, aktiven Vulkan Gunung Rinjani prägt das Erscheinungsbild der Insel. Die pleistozänen Gesteine gehen auf Eruptionen des Gunung Rinjani und seiner Nebenkrater zurück. Die nur wenig verfestigten Lockergesteine sind durch eine gute Wasserzirkulation gekennzeichnet. Sie speisen die nach Süden abfließenden Flüsse auch in der Trockenzeit. Nach Norden haben sich die Flüsse aufgrund der hohen Reliefenergie schluchtenartig in den Untergrund eingetieft. In der Regenzeit führten sie reichlich Wasser, während sie in der Trockenzeit zumeist versiegen. Im Nordwesten des Gebirgszuges stehen harte Lavabrekzien an, die wenig wasserdurchlässig und nach Osten von vulkanischem Material überlagert sind. Der Kulminationsraum der Gebirgszüge ist zumeist vegetationslos oder mit Gras- und Buschformationen bewachsen. Dominant sind die ausgeprägten Primär- und Sekundärwälder und die Grasformationen.

In der zentralen Verflachung im Süden des Gebirgszuges, die sich von der West- zur Ostküste zieht, bestimmen ganzjährig bewässerte Reisfelder sowie Kokospalmenpflanzungen die Bodennutzung.

Die Tiefebene, die an die zentrale Verflachung des Gebirgszuges anschließt, erstreckt sich von der Westküste bei Mataram über Mittellombok bis an die Ostküste. Während der westliche Teil der Ebene sich nur 15-30 m über den Meeresspiegel erhebt, liegt der östliche Teil bis zu 200 m über dem Meeresspiegel. Die zentrale Tiefebene wird intensiv landwirtschaftlich genutzt, bewässerte Reiskulturen bestimmen das Landschaftsbild.

Der Süden Lomboks ist geprägt von stark abgetragenen Hügeln mit einer Höhe von 100 bis 200 m. Schwach ausgebildete Verwerfungen und Falten kennzeichnen diese Reliefeinheit. Die Hänge sind mit einem Gefälle von 15 bis 30% stark erosionsanfällig, was durch die Rodungen des

---

[1] LEEMANN/RÖLL (1987: 4)

Primärwaldes beschleunigt wurde. Landschaftsbestimmend sind Gras und Buschformationen. Es wird überwiegend Trockenfeldbau betrieben.[2]

Die grob skizzierte Topographie hat einen nachhaltigen Einfluß auf die kleinräumigen klimatischen Verhältnisse. Kennzeichnend sind die alternierenden Trocken- und Regenzeiten. Bedingt durch das Relief variieren die Niederschlagsmengen sowie die Dauer der Regenzeit jedoch regional sehr stark. Der nördliche Teil der Insel, um den Vulkan Rinjani, hat vergleichsweise hohe Niederschlagsmengen von 1500 bis zu 3000 mm zu verzeichnen. Demgegenüber liegen die mittleren Jahresniederschläge im östlichen Küstensaum sowie im Süden und äußersten Südwesten der Insel bei unter 1000 mm. Weite Teile der Tiefebene und des südlichen Hügellandes gehören ebenfalls zu den mit Niederschlägen weniger begünstigten Regionen mit 1000 bis 1500 mm Jahresniederschlag. Im Gegensatz zu den Niederschlägen sind die Temperaturschwankungen, sowohl die jahres- wie auch die tageszeitlichen, eher unbedeutend, abgesehen von den Gebirgsregionen. Die mittlere Jahrestemperatur liegt bei 26 Grad Celsius, die Spannweite zwischen dem Mittel des wärmsten und kältesten Monat zwischen 1,5 und 2,5 Grad. Die mittleren täglichen Temperaturschwankungen liegen zwischen 8 und 10 Grad.

Zusammenfassend kann festgehalten werden, daß der äußerste Südwesten, der Süden sowie der östliche Küstensaum zu den klimatisch wie edaphisch weniger begünstigten Regionen der Insel gehören, während große Teile der zentralen Tiefebene sowie die Süd- und Westflanken der Gebirgszüge, vor allem in Hinblick auf die landwirtschaftliche Nutzung, zu den Gunsträumen zählen. Aufgrund der ausgedehnten Trockenzeit und dem damit einhergehenden Wassermangel, scheinen der Süden, Südwesten, die östlichen Küstenräume und Teile der Nordküste weniger geeignet für eine touristische Entwicklung. Hier sind Nutzungskonflikte zwischen der Landwirtschaft und dem Tourismus zu erwarten.

Deutlich wird, daß die Insel Lombok hinsichtlich der naturräumlichen Ausstattung ein breites touristisches Potential aufweist. Zugleich haben die vorangestellten Ausführungen bereits angedeutet, daß dieses besonders in den Agrargunsträumen ausgeprägt ist.

4.2 Die regionale Bevölkerungsstruktur und -entwicklung

Nach dem Zensus von 1990 liegt die Bevölkerungszahl von Lombok bei 2,4 Millionen.[3] 96% der Bewohner Lomboks gehören der autochtonen Gruppe der Sasak an. Auch wenn sich nach offiziellen Angaben 96% der Bevölkerung zum Islam[4] bekennen, so handelt es sich hierbei nur um eine scheinbare Homogenität. Zu unterteilen sind drei Sasak-Gruppierungen Sasak-Boda, Wetu-Telu und Wetu-Lima, die von einem steigenden Grad fremder kultureller und religiöser, vor allem islamischer Einflüsse gekennzeichnet sind. Die Wetu-Lima sind Sunniten, die sich zu

---

[2] LEEMANN/RÖLL (1987: 5 ff)
[3] KANTOR STATISTIK PROPINSI NTB (1992: 26)
[4] Der Islamisierungsprozess setzte auf Lombok in der ersten Hälfte des 16.Jahrhunderts ein. Röll/Leemann unterscheiden dabei nach der Herkunft der Glaubensverkünder die tolerante Lehre der Javaner und die kompromißlose Lehre, die von Arabien, Süd-Sulawesi nach Lombok gebracht wurde (LEEMANN/RÖLL 1987: 42/43).

den fünf Pfeilern des Islam bekennen. Ihr Anteil hat in den letzten Jahrzehnten stark zugenommen. Die Wetu-Telu sind ebenfalls Moslime, wobei ihr Glaube stark von hinduistischem und buddhistischem Gedankengut sowie vom Sasak-Boda, der eigentlichen Basiskultur, geprägt ist. Insgesamt hat der Islam auf Lombok eine, im Vergleich zu arabischen Ländern, liberale Prägung.[5] Darüber hinaus kommt dem Glauben an Geister und an übernatürliche Kräfte in vielen Lebensbereichen immer noch eine besondere Bedeutung zu. Die Balinesen bilden auf Lombok die bedeutendste ethnische Minorität. Auf die vorwiegend in Westlombok lebenden Balinesen geht der Anteil von 3,4% Hindus zurück[6]. Der Anteil von Buddhisten und Christen ist mit 0,6% bzw. 0,3% sehr gering.

Die durchschnittliche jährliche Wachstumsrate der Bevölkerung lag im Zeitraum von 1960 bis 1990 bei 2,1%. Besonders starke Zuwächse waren von 1970-1980 zu verzeichnen, insbesondere in Westlombok.[7] Außergewöhnlich hohe Zuwächse hatten die Provinzhauptstadt Mataram (3,44%) und der angrenzende Unterbezirk Ampenan (4,17%). Auch wenn keine differenzierten Daten vorliegen, ist dennoch anzunehmen, daß ein Großteil dieses Zuwachses auf Wanderungsprozesse zurückzuführen ist. In der Provinzhauptstadt Mataram hat sich die Bevölkerungszahl von 1970 (48.846) bis 1990 (98.908) verdoppelt. In den Städten Mataram, Ampenan und Cakranegara, die inzwischen zu einer Agglomeration zusammengewachsen sind, leben auf einer Fläche von 56,6 qkm allein 275.310 Menschen. Hieraus resultiert eine Bevölkerungsdichte von 4.860,7 E je qkm. Die durchschnittliche Bevölkerungsdichte auf Lombok liegt dagegen bei 507,1 E je qkm.[8] Nach Java und Bali gehört Lombok zu den dichtbesiedelsten Regionen Indonesiens, wobei intraregional eine extrem ungleiche Bevölkerungsverteilung festzustellen ist.

Die Bevölkerungsverteilung korrespondiert weitestgehend mit der naturräumlichen Ausstattung sowie mit den wirtschaftlichen Aktivitäten und der infrastrukturellen Erschließung. Insbesondere der nördliche Küstensaum, das südliche Hügelland sowie der äußerste Südwesten sind dünn besiedelt. Dem stehen hohe Bevölkerungsdichten an der Westküste um Mataram und an der Südabflachung des Gebirgszuges gegenüber.

Ein weiteres Charakteristikum ist die Altersstruktur der Bevölkerung. Einem Anteil von 40% der unter 15jährigen stehen nur 7% der über 55jährigen gegenüber.[9] Bereits heute ergeben sich hieraus erhebliche Probleme auf dem Arbeitsmarkt, die sich in Zukunft noch verschärfen werden.

---

[5] Trotz der Liberalität des Islam auf Lombok, scheint dieser in den vergangenen Jahrzehnten einen wachsenden Einfluß zu haben. Ein Indikator hierfür ist die Zunahme der Pilgerreisen nach Mekka. 1970 lag die Zahl bei 368, 1982 bei 985 und 1991 bei 2.265. Dies könnte aber auch als Indikator für wachsenden Wohlstand interpretiert werden (KANTOR STATISTIK PROPINSI NTB 1992: 68)

[6] Der balinesische Bevölkerungsanteil geht auf die von 1692 bis 1740 bestehende Herrschaft des Königreiches von Karanasem auf Lombok zurück. Der balinesisch-hinduistische Glaube hatte allerdings nur einen partiellen Einfluß auf Religion und Kultur der Sasak (LEEMANN/RÖLL 1987:40).

[7] Von 1980 bis 1990 lag das durchschnittliche Bevölkerungswachstum in Indonesien bei 1,98% (BIRO PUSAT STATISTIK 1992a: 23).

[8] KANTOR STATISTIK PROPINSI NTB (1992: 33)

[9] KANTOR STATISTIK PROPINSI NTB (1992: 34)

Karte 3: Administrative Gliederung Lomboks 1993

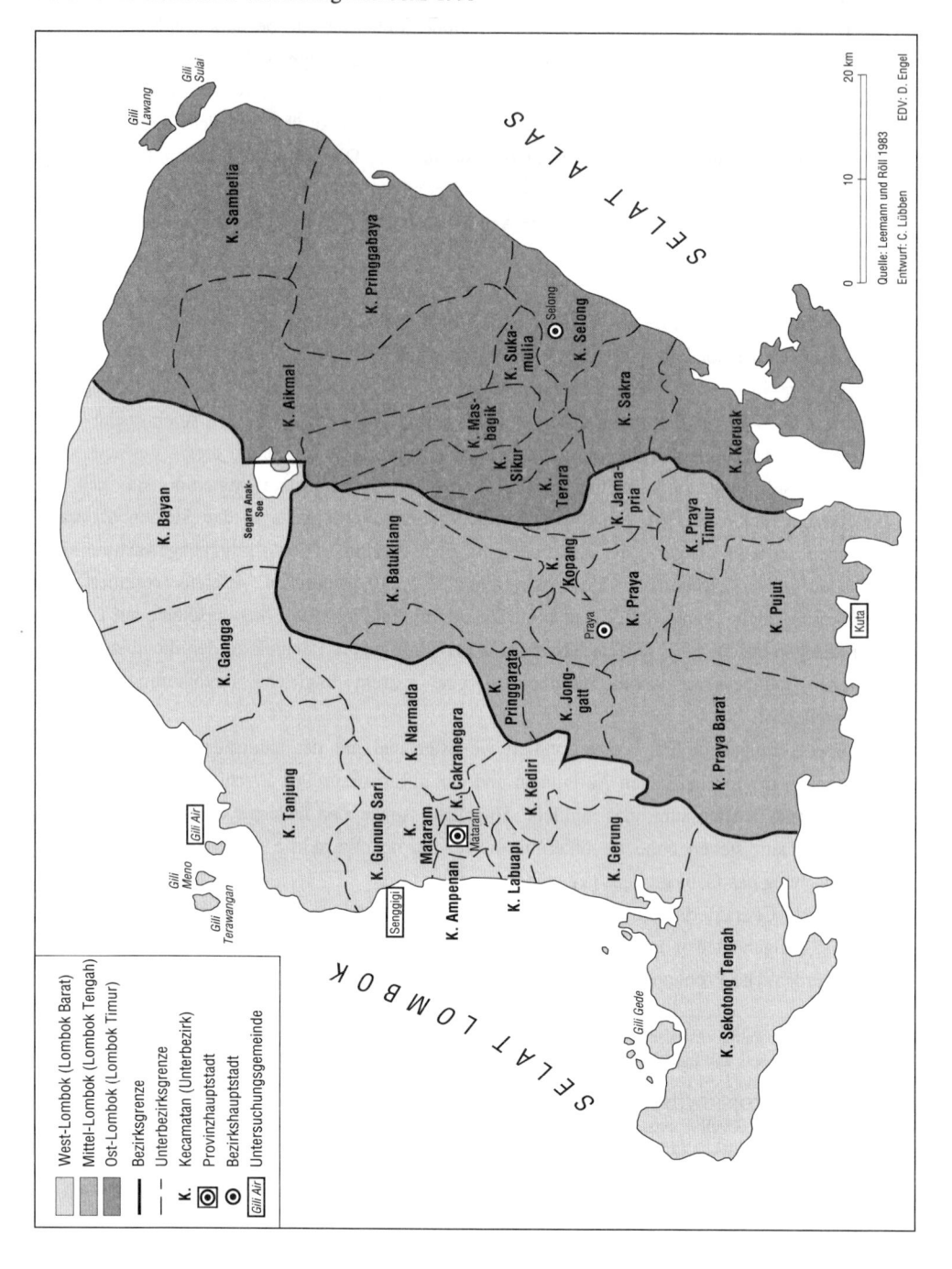

Karte 4: Bevölkerungsdichte auf Lombok nach Unterbezirken 1990

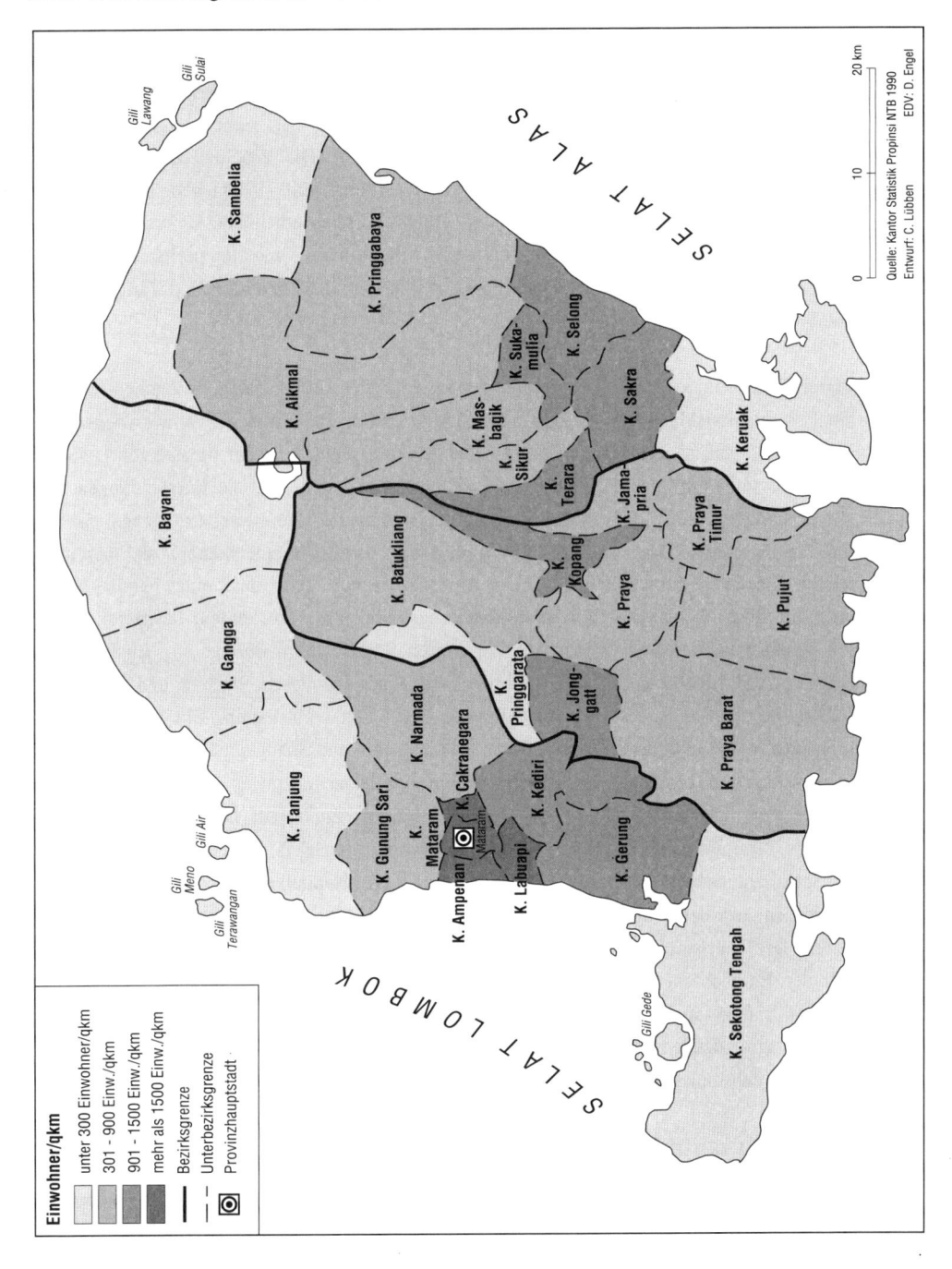

4.3 Sozio-ökonomische Strukturen und Entwicklungsprobleme

Das Fundament der Ökonomie und Gesellschaft auf Lombok ist der Agrarsektor. 1990 waren in diesem Wirtschaftsbereich 55% der Bevölkerung tätig. In den letzten 20 Jahren ist hier ein Rückgang von 67% (1970) auf 55% (1990) zu verzeichnen, der jedoch ausschließlich auf Zuwächse in den anderen Wirtschaftsbereichen zurückgeht. Die absolute Zahl der in der Landwirtschaft Tätigen hat weiter zugenommen. Allein von 1980 bis 1990 ist die Beschäftigtenzahl um knapp 300.000 gestiegen.[10] Regional treten erhebliche Unterschiede in der Bedeutung des Agrarsektors auf. Im südlichen Mittellombok wie in peripher gelegenen Bergdörfern im Nordosten der Insel steigen die Anteile der in der Landwirtschaft Tätigen bis auf 92 bzw. 98%.[11]

Der Agrarsektor Lomboks ist mit tiefgreifenden strukturellen und sozialen Problemen behaftet, die die Gesamtentwicklung der Region nachhaltig beeinflussen. Eines der schwerwiegendsten Probleme ist die wachsende Landarmut und Landlosigkeit.· Dem liegt ein Bündel von Ursachen zugrunde, die auf vorkoloniale und koloniale Zeiten zurückgehen. Für die Entwicklungen nach der Unabhängigkeit sind das rasche Bevölkerungswachstum, tiefgreifende Mängel in der Agrarverfassung sowie das Fehlen außeragrarischer Erwerbsmöglichkeiten als besonders gravierende Faktoren herauszustellen. Laut Agrargesetz von 1960 darf eine Familie mit 7 Personen auf Lombok maximal 7,5 ha Bewässerungs- und 9 ha Trockenfeld besitzen[12]. In der Realität zeichnen sich jedoch zunehmend Strukturen von Großgrundbesitz ab. Einer kleinen Schicht von Großgrundbesitzern steht die breite Masse der Landlosen, Pächter und Landarmen gegenüber, die am Rande des Existenzminimums leben und wirtschaften. Ein inzwischen undurchschaubares und unkontrollierbares Geflecht aus Pacht- und Schuldabhängigkeiten bestimmt den Agrarsektor auf Lombok. Dabei geht der Großgrundbesitz zunehmend mit Absentismus einher, der zwar historische Wurzeln hat, sich jedoch in den letzten Jahrzehnten durch eine zunehmende Kommerzialisierung von Grund und Boden verschärfte. Grundbesitz hat sich zu einem Spekulationsobjekt der neuen Elite entwickelt. Kapitalkräftige Unternehmen und Privatpersonen aus der Region, aber auch aus Bali und Java, haben große Flächenanteile aufgekauft. Der Tourismus forciert diese Prozesse auf Lombok in besonderer Weise.[13]

Resultat der Entwicklung ist, daß 1990 die durchschnittliche Größe der landwirtschaftlichen Betriebe bei 0,36 ha lag. Mancherorts sind 50% und mehr der Landbewirtschafter landlos. Dabei werden die agrarsozialen Probleme durch das vor allem im ländlichen Raum noch hohe Bevölkerungswachstum sowie durch die noch vorherrschende Realerbteilung verschärft[14].

---

[10] HUMAS PEMDA TK I NTB (1992: 4)
[11] LEEMANN/RÖLL (1987: 58)
[12] Für jedes weitere Familienmitglied sind weitere 10 bis maximal 50% der 7,5 ha Land gestattet. Für Familien mit 12 oder mehr Personen ist der Besitz von Bewässerungs- bzw. Trockenfeldland auf 11,25 bzw. 13,50 ha begrenzt.
[13] Siehe Kapitel 5.2.3.1
[14] LEEMANN/RÖLL (1984: 305)

Die seit den 70er Jahren initiierten Programme zur Erweiterung der landwirtschaftlichen Nutzflächen und zum Ausbau der Bewässerungssysteme sowie die Einführung neuer Hochertragsreissorten konnten diese strukturellen Probleme nicht beseitigen. Allerdings war mit den Maßnahmen eine durchaus bedeutende Verbesserung der Versorgung der Bevölkerung mit Grundnahrungsmitteln verbunden. Dennoch tritt vor allem in den Agrarungunsträumen ("daerah kritis"), den südlichen Teilen Mittel- und Ostlomboks, bei Mißernten infolge extremer Trockenheit akuter Nahrungsmittelmangel für die Bevölkerung ein. LEEMANN und RÖLL[15] weisen trotz der für jedermann sichtbaren Erfolge darauf hin, daß Armut, Hunger und Unterernährung in manchen Teilen Lomboks keineswegs der Vergangenheit angehören.

Grundlage der bäuerlichen Wirtschaft ist der Reisanbau. Die ganzjährig bewässerten Anbaugebiete konzentrieren sich vor allem auf die zentrale Tiefebene, während im Süden und Norden überwiegend Trocken- und Regenfeldbau betrieben werden.

Neben Reis gehören Sojabohnen, Mais, Cassava, Erdnüsse, Zwiebeln und Tabak zu den wichtigsten Anbauprodukten. Bei der Obstproduktion sind Durian, Mangos, Rambutan, Ananas und Bananen hervorzuheben. Die Viehzucht ist auf Lombok von eher untergeordneter Bedeutung. Die Potentiale im Bereich der Fischereiwirtschaft sind sehr vielfältig, werden bisher jedoch nur unzureichend genutzt.[16]

Die dargelegten strukturellen Probleme des Agrarsektors erfordern dringend tiefgreifende agrarreformerische Maßnahmen, und eine Einhaltung der bestehenden Gesetze hinsichtlich der Besitzgrößenstrukturen soll einer weiteren Verarmung der ländlichen Bevölkerung entgegenwirken.

Neben der Landwirtschaft sind die Wirtschaftsbereiche Industrie, Handel, Tourismus und Dienstleistungen mit Beschäftigtenanteilen zwischen 9,5 und 14,7% von Bedeutung. Diese sind in allen vier Bereichen in den letzten 20 Jahren gestiegen. Ein Großteil der Beschäftigungsmöglichkeiten entfällt auf Westlombok. Innerhalb der Region konzentrieren sich die Arbeitsplätze vor allem auf die Provinzhauptstadt Mataram als Standort der Provinz- und Landkreisverwaltung und auf die angrenzenden Städte Ampenan und Cakranegara. Dies trifft vor allem für die Bereiche Dienstleistungen und Handel/Tourismus zu.[17]

Die industriellen Arbeitsplätze weisen eine größere regionale Streuung auf. Allerdings konzentrieren sich die wenigen größeren Betriebe wiederum auf die Agglomeration Mataram. Den überwiegenden Teil bilden allerdings Kleinstbetriebe, die für den eigenen Bedarf oder für den regionalen Markt produzieren. Dabei wird ein Großteil von ihnen im Nebenerwerb betrieben und oftmals nur saisonal. Dennoch tragen sie nicht unbedeutend zum Einkommen der ländlichen Haushalte bei.

---

[15] LEEMANN/RÖLL (1984: 324)
[16] KANTOR STATISTIK PROPINSI NTB (1992: 77 ff)
[17] REGIONAL DEVELOPMENT PLANNING BOARD NTB (Bappeda) (1992: 8)

Durch den Tourismus sowie durch Programme der regionalen Behörden zur Förderung der Kleinindustrie, zeichnen sich hier in den letzten Jahren Veränderungen hinsichtlich der Produktionsstrukturen und Absatzmärkte ab.[18] Ziel ist es, den Export von handwerklichen Produkten aus Lombok im In- und Ausland zu fördern. Ähnlich wie auf der benachbarten Insel Bali wird versucht, durch den Tourismus den Export anzukurbeln. Zudem zwingen die dargelegten Probleme im Agrarsektor zur Schaffung außeragrarischer Erwerbsmöglichkeiten im ländlichen Raum. Das existierende traditionelle Handwerk scheint hier eine nicht ungeeignete Grundlage zu bieten.[19]

Trotz dieser in Ansätzen zu beobachtenden Transformationsprozesse, ist der Agrarsektor heute nach wie vor der dominante Wirtschaftsbereich auf Lombok. Dies verdeutlicht neben den genannten Beschäftigtenzahlen auch die Verteilung des Bruttoregionalproduktes (BRP). Nahezu 50% des erwirtschafteten BRP resultieren aus der Landwirtschaft. Auch wenn der industrielle Sektor in den letzten Jahren leichte Zuwächse verzeichnet, so ist der Anteil von knapp 3% nach wie vor sehr gering. Die Feststellung von H. Zollinger[20] aus dem Jahre 1851, daß sich die Industrie Lomboks im Anfangsstadium der Entwicklung befinde, besitzt auch heute noch Gültigkeit. Nicht produzierende Wirtschaftsbereiche wie Handel/Tourismus (16%), öffentliche Verwaltung (10%) und Bankwesen (9%) tragen demgegenüber in weitaus größerem Umfang zum erwirtschafteten BRP bei.[21]

Im Rahmen der nationalen wie regionalen Planung ist es versäumt worden, außerhalb von Java eine Diversifizierung der Wirtschaftsstrukturen zu fördern. Vernachlässigt wurde dabei vor allem die Förderung des produzierenden Gewerbes. Erst in jüngster Vergangenheit wird diesem Wirtschaftsbereich, und hier vor allem auch den vorherrschenden traditionellen Kleinbetrieben, Aufmerksamkeit geschenkt. Inwieweit hierbei vom Tourismus positive Impulse ausgehen können, wird im folgenden noch analysiert. Die Erwartungen an den Tourismus konzentrieren sich dabei vor allem auf die Bereiche Kunsthandwerk und Agroindustrie, wo die tourismusbedingte Nachfrage zu einer Erweiterung der Produktion und zu veränderten Absatzstrukturen führen könnte.

4.4 Regionale Entwicklungsplanung

4.4.1 Ziele und Maßnahmen

Die regionale Entwicklungsplanung auf der Ebene der Provinzen fällt in die Zuständigkeit der Planungsbehörde (Bappeda), der Entwicklungsbehörde (Biro Pembangunan) und der Finanzbehörde (Biro Keungan). Diese erarbeiten den Fünfjahresplan (Repelita) für die Provinz, sie übernehmen Planungs- und Koordinationsaufgaben und sind für die Bewirtschaftung des

---

[18] Siehe Kapitel 5.3
[19] DEPARTEMEN PERINDUSTRIAN PROPINSI NTB (1993a)
[20] ZOLLINGER zitiert nach LEEMANN/RÖLL (1987: 93)
[21] REGIONAL DEVELOPMENT PLANNING BOARD NTB (BAPPEDA) (1992: 9)

öffentlichen Haushaltes zuständig. Ihnen sind die sogenannten Dinas (Ämter) untergeordnet, die für die Umsetzung der jeweiligen Vorhaben in den einzelnen Ressorts wie Landwirtschaft, Erziehung, Straßenbau oder Tourismus verantwortlich sind.

Die regionale Politik und Planung wird maßgeblich von nationalen Interessen bestimmt. Eine eigenständige, selbstbestimmte und selbst verantwortete regionale Planung gibt es kaum. Den regionalen Behörden kommt eher eine koordinierende Funktion der regionalen Interessen zu sowie die Umsetzung und Durchführung der auf nationaler Ebene formulierten Ziele und Vorhaben. Die regionalen Handlungs- und Entscheidungs-kompetenzen sind sehr eingeschränkt·
Übergeordnete und langfristige Ziele und Maßnahmen der Regionalentwicklung werden in den Fünfjahresplänen (Repelita) festgelegt. Sie müssen in Einklang mit den auf nationaler Ebene formulierten Entwicklungsplänen stehen.

Im Mittelpunkt der regionalen Entwicklungspläne 1 bis 3 (1969-1984) für die Provinz Nusa Tenggara Barat stand der Agrarsektor. Priorität hatte die Steigerung der Nahrungsmittelproduktion.[22]

Darüber hinaus wurden verschiedene infrastrukturelle Programme mit ausländischer Unterstützung durchgeführt. Die Maßnahmen konzentrierten sich auf den Bereich Straßenbau und auf den Ausbau der Gesundheitsversorgung.

Nach LEEMANN/RÖLL ist es trotz der erzielten infrastrukturellen und ökonomischen Erfolge nicht gelungen, die weit verbreitete Armut im ländlichen Raum entscheidend zu reduzieren. Neben umfassenden agrarreformerischen Maßnahmen verweisen sie auf die Notwendigkeit der Schaffung außeragrarischer Erwerbsmöglichkeiten, primär durch arbeitsintensive und kapitalextensive Investitionen.[23] Diesen Erfordernissen trägt die regionale Entwicklungsplanung im Rahmen der letzten beiden Fünfjahrespläne vermehrt Rechnung. In Repelita 4 und vor allem 5 erfolgte eine Erweiterung der Maßnahmen. Neben der Ausweitung der landwirtschaftlichen Produktion werden vor allem dem Aufbau einer Agroindustrie, dem Handel und dem Tourismus besondere Bedeutung beigemessen. Die Programme der Vergangenheit haben zwar zu einer Verbesserung der allgemeinen Lebensbedingungen beigetragen, jedoch nicht unbedingt zu einem Abbau regionaler und sozialer Disparitäten. Vor diesem Hintergrund wurden in Repelita 5 als übergeordnete Ziele der Regionalpolitik, neben der Verbesserung der Lebensqualität, eine gerechtere Verteilung von Wohlfahrt und ein gleichmäßigeres Wachstum formuliert. Folgende drei Entwicklungsprioritäten wurden für die Provinz Nusa Tenggara Barat (NTB) im fünften Fünfjahresplan festgelegt:

1. *"The first package covers some development attempts that mainly support agrocultural product to keep NTB self sufficiency in food, non oil commodity export, market oriented products and agro industry products.*

---

[22] HUMAS PEMDA TK I NTB (1992: 11)
[23] LEEMANN/RÖLL (1987: 257)

2. *The second package covers some development attempts that supports tourism, industry and other services, business development and other activities that are oriented to the equality and lobor force distribution, such as transmigration and others.*
3. *The third package covers some development attempts that propose increasing quality of life such as education, health and family planning, religion and other social welfare and environment.[24]"*

Abgesehen vom Tourismus werden keine konkreten Maßnahmen und Strategien zur Realisierung der Ziele genannt. Vielmehr handelt es sich bei diesem Fünfjahresplan, ebenso wie bei den vorherigen, im wesentlichen um eine Zusammenstellung von Daten und Statistiken der Provinz nach verschiedenen Wirtschaftsbereichen. Es werden Prognosen über die Entwicklung der unterschiedlichen Wirtschaftsbereiche dargelegt, jedoch im allgemeinen keine Konzepte zur Umsetzung entwickelt. Dabei fehlt es vor allem auch an regionalen Strategien. So wird lediglich recht allgemein die Provinz in drei Regionen, Lombok, Westsumbawa und Ostsumbawa, eingeteilt. Für alle Regionen werden mehr oder weniger identische Bereiche genannt, auf die sich die Entwicklung konzentrieren soll. Eine Ausnahme bildet hier wiederum der Tourismus, für den konkrete Entwicklungszonen ausgewiesen werden.

Die regionale Entwicklungsplanung auf Lombok geht kaum über die Formulierung allgemeingültiger Ziele sowie über die Beschreibung des Ist-Zustandes hinaus.

Die dezentralen administrativen Strukturen in Indonesien sind bisher zumeist nicht mit politischen Entscheidungs- und Planungskompetenzen auf regionaler und lokaler Ebene verbunden. Hiermit einher geht eine Regionalpolitik, und dies trifft insbesondere für den Tourismus zu, die sich nur beschränkt an den Potentialen und Ressourcen der Region orientiert.

4.4.2 Tourismus im Rahmen der Entwicklungsplanung

Bis Anfang der 80er Jahre wurde dem Tourismus im Rahmen der regionalen Entwicklungsplanung keine Beachtung geschenkt. Die touristische Entwicklung vollzog sich ohne jegliche planerische Grundlage. Mit der Ausweisung der Insel Lombok als "Neue Touristische Entwicklungsregion" im Rahmen des nationalen Tourismusentwicklungsprogrammes Anfang der 80er Jahre vollzog sich hier ein grundlegender Wandel. Der Wirtschaftsbereich Tourismus wurde zum festen Bestandteil der Regionalplanung.

Grundlage für die auf regionaler Ebene formulierten Strategien ist dabei der im Auftrag des Tourismusministeriums in Jakarta von der WTO erstellte Masterplan für die touristische Entwicklung in der Provinz NTB von 1981 sowie der 1987 veröffentlichte "Tourism Development Plan Package A" für Lombok.[25]

---

[24] REGIONAL DEVELOPMENT PLANNING BOARD NTB (BAPPEDA) (1992:6/7)
[25] DINAS PARIWISATA PROPINSI DAERAH TINGKAT I NTB (1992); WTO (1987)

Auf Lombok wurden neun touristische Entwicklungsregionen ausgewiesen[26], deren Entwicklung sich dabei in zwei Phasen vollziehen soll. Von 1987 bis 1995 ist zunächst ein Ausbau der Ressorts Senggigi, Sire und Gili Air vorgesehen, in der zweiten Phase von 1996 bis zum Jahr 2000 dann die Erschließung der restlichen Gebiete.

Von Seiten der regionalen Behörden werden verschiedene Maßnahmen formuliert, die zur Entwicklung des Tourismus notwendig erscheinen. Im Bereich Marketing wird eine intensive Zusammenarbeit mit nationalen Reisebüros in den touristisch bereits erschlossenen Regionen angestrebt. Darüber hinaus wird, in Zusammenarbeit mit dem Ministerium für Tourismus in Jakarta, eine Erweiterung der Kooperationen mit internationalen Reiseveranstaltern als notwendig erachtet, um den Gruppen- und Pauschaltourismus auszubauen, der bisher eher eine untergeordnete Bedeutung spielte.

Um der regionalen Bevölkerung einen Zugang zu den Beschäftigungsmöglichkeiten im Tourismus zu verschaffen, sind Qualifizierungsmaßnahmen vorgesehen. Für die Kunsthandwerker aus der Region sollen Kurse angeboten werden, die sie für die Souvenirproduktion qualifizieren. Für Reiseleiter und Hotelbeschäftigte sind neben Sprachkursen insbesondere Programme vorgesehen, die sie im Umgang mit den Touristen schulen. Langfristig ist die Eröffnung einer Hotelfachschule geplant.[27]

Vorrangige Maßnahmen im Bereich der Infrastruktur sind der Straßenausbau, die Erweiterung des Telefonnetzes, der Ausbau der Strom- und Wasserversorgung sowie eine Verbesserung der Gesundheitsversorgung in den touristischen Zentren, entsprechend den Bedürfnissen der ausländischen Gäste.

Langfristig ist der Bau eines internationalen Flughafens in Mittellombok vorgesehen, was als notwendige Voraussetzung für die Entwicklung des internationalen Tourismus angesehen wird.[28]

Insgesamt orientieren sich die geplanten Maßnahmen nur wenig an den lokalen und regionalen Gegebenheiten. Auch wenn die Notwendigkeit der Integration der regionalen Bevölkerung in den Entwicklungsprozeß genannt wird, so fehlt es doch an konkreten Strategien. Vergleichbar mit den Fünfjahresplänen werden zu allgemein gehaltene Ziele formuliert und kaum konkrete Maßnahmen genannt. Die Tourismusplanung ist zwar Bestandteil der Regionalplanung, sie scheint jedoch in vielen Bereichen die Regionalplanung zu bestimmen. Vor allem Maßnahmen im Bereich der Infrastruktur sind im Zuge der touristischen Entwicklung zunehmend auf die Bedürfnisse der internationalen Gäste ausgerichtet und kommen der regionalen Bevölkerung nur bedingt zugute.[29] Im Sinne einer Integration des Tourismus in die Regionalentwicklung fehlt es vor allem an ressortübergreifenden Planungen sowie an einer Einbeziehung der vorhandenen Potentiale.

---

[26] Siehe Karte 5
[27] PT GEMA NUSA ARYA MULYA (1991: 120)
[28] REGIONAL INVESTMENT COORDINATION BOARD WEST NUSA TENGGARA PROVINCE (1992: 13)
[29] Siehe Kapitel 5.4

Karte 5: Touristische Entwicklungsregionen auf Lombok

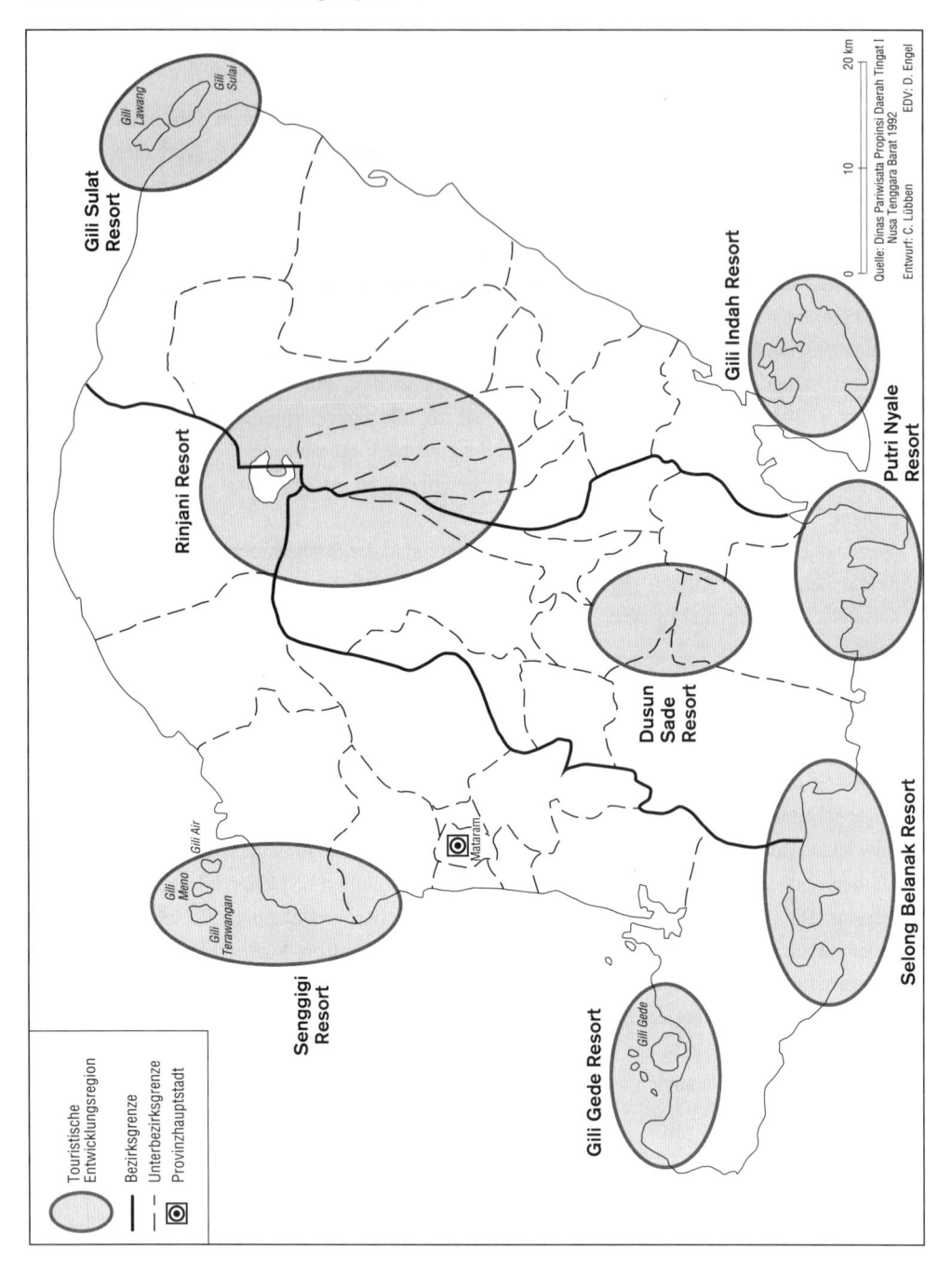

4.4.3 Der Tourismusplan für Lombok von 1987[30]

Auf der Grundlage des von der WTO erstellten Masterplanes für die Provinz NTB, wurde eine japanische Consultingfirma beauftragt, die konkreten Nutzungen und Ausbaumaßnahmen für die ersten beiden Phasen für Lombok zu erarbeiten. 1987 wurde der abschließende Tourismusentwicklungsplan veröffentlicht. Er enthält detaillierte Planungen für Senggigi, Gili Air und Sire als primär zu entwickelnde touristische Zentren in Westlombok und für das Putri Nyale und Dusun Sade Ressort in Südlombok.

Für Senggigi ist dabei ein Ausbau zum Zentrum für den internationalen Tourismus des gehobenen Standards vorgesehen. Die Entwicklung soll, initiiert durch den Bau eines staatlichen Hotels, vornehmlich von privaten Investoren getragen werden. Geplant sind im Beherbergungswesen der Bau von zwei neuen Hotels Bintang mit 126 Zimmern, die Erweiterung eines bestehenden Hotels um 67 Zimmer sowie der Bau eines Hotels Melati mit 16 Zimmern. Im Norden der Gemeinde ist ein öffentlicher Park sowie ein nur zum Teil öffentlich zugänglicher Strandbereich vorgesehen.[31] Im Zentrum des Ortes ist ein kommerzielles Zentrum mit Cafés, Restaurants, Geschäften und einer Bühne für unterschiedliche Veranstaltungen geplant.

Die Insel Gili Air soll zu einem Ressort für internationale und nationale Touristen entwickelt werden. Angestrebt wird dabei eine Mischung aus Hotels der Mittelklasse und der Luxusklasse. Geplant sind der Bau von 7 neuen Hotels der Kategorie Bintang mit 367 Zimmern sowie eine Erweiterung der Hotels Melati um 145 Zimmer. Im Zentrum der Insel, wo sich heute das eigentliche Dorf befindet, sollen ein Tennisplatz, ein Swimmingpool sowie mehrere Cafés und Geschäfte gebaut werden. Ein weiteres kommerzielles Zentrum soll am heutigen Bootsanleger entstehen.

Das an der Küste vorgelagerte Ressort Sire soll zu einem offenen Ressort für nationale und internationale Touristen entwickelt werden. Geplant ist vor allem der Ausbau eines Hafens für die Überfahrt nach Gili Air, Meno und Trawangan.

Für das Putri Nyale Ressort im Süden der Insel Lombok ist eine dreigeteilte Entwicklung vorgesehen. Der westliche Teil nahe des Ortes Kuta (Putri Nyale Beach) soll für den internationalen und nationalen Tourismus entwickelt werden. Der nach Osten angrenzende Strandbereich (Seger Beach) ist als kommerzielles Zentrum des gesamten Ressorts mit Strandpromenade, Cafés, Restaurants sowie Möglichkeiten zur sportlichen Betätigung vorgesehen. An diesen Bereich schließt nach Osten der Tanjung Aan Beach an, der mit Hotels des gehobenen Standards erschlossen werden soll. Insgesamt sind 1031 Zimmer in der Luxusklasse und 953 Zimmer in der Mittelklasse geplant.

---

[30] Die folgenden Ausführungen basieren auf dem Tourimsusentwicklungsplan für Lombok von 1987 (WTO: 1987).
[31] Der überwiegende Teil des Strandbereiches soll laut Plan nicht öffentlich zugänglich sein, sondern ausschließlich den Hotelgästen zur Verfügung stehen. Mit dieser Maßnahme sollen vor allem die Strandhändler verdrängt werden.

Für das Ressort Dusun Sade ist ein sogenannter Dorftourismus gedacht. Der Ort soll zum kulturellen Zentrum ausgebaut werden, das von Tagesgästen besucht wird, das heißt es werden keine Übernachtungsmöglichkeiten geschaffen.

Für die drei zu entwickelnden Regionen ist eine Erweiterung des Zimmerangebotes um 2.705 vorgesehen. Dabei sollen 688 auf die Kategorie Hotel Melati entfallen und 2.017 auf die Kategorie Hotel Bintang. Zum Zeitpunkt der Erstellung dieses Planes gab es auf Lombok insgesamt 1.500 Zimmer, wovon 1.250 auf die Kategorie Melati entfielen und nur 250 auf die Kategorie Bintang. Die Zahlen verdeutlichen, daß eine extreme quantitative aber vor allem auch qualitative Erweiterung des Angebotes der Hotellerie vorgesehen ist.

Zur Realisierung aller Vorhaben sind umfangreiche infrastrukturelle Maßnahmen erforderlich. So wird festgehalten, daß weder die derzeitige Elektrizitätsversorgung, Wasserversorgung oder Telekommunikation noch die allgemeine Ver- und Entsorgung ausreichend sind.

Für die Finanzierung der genannten Maßnahmen (ohne Flughafen) sind in Westlombok 20,2 Millionen US$ notwendig. Dabei sollen 9,9 Millionen von der öffentlichen Hand bereitgestellt werden. Diese Mittel sind vor allem für infrastrukturelle Maßnahmen vorgesehen. Die restlichen 10,3 Millionen, die für den Bau der Hotelanlagen, Restaurants usw. veranschlagt werden, sollen von privaten Investoren aus dem In- und Ausland erbracht werden.

Für die Region Südlombok sind 21,7 Millionen US$ zur Umsetzung erforderlich. Hier sollen 8,4 Millionen für infrastrukturelle Maßnahmen von der öffentlichen Hand erbracht und 13,3 Millionen für den Bau der geplanten Hotelanlagen privat finanziert werden.

Für die Landwirtschaft wird der Anbau von cash-crops vor allem für den touristischen Bedarf empfohlen. Durch die tourismusbedingte Nachfrage und die damit einhergehende Diversifizierung der Produktion werden Impulse für den Export von Nahrungsmitteln prognostiziert. Konkrete Maßnahmen oder eine Angebot-Nachfrage-Analyse wurden nicht vorgenommen.

Im Bereich Kunsthandwerk werden besondere, vom Tourismus ausgehende Impulse erwartet, vor allem für die Ikat-Webstoffe und für die Töpferwaren. Auch hier wird auf das Potential des zu erwartenden Exports verwiesen. Empfohlen wird eine Erweiterung und Veränderung der Produktion entsprechend der touristischen Nachfrage, vor allem in Hinblick auf die Größe der hergestellten Produkte.

Die geplante touristische Entwicklung auf Lombok erfordert, wie die vorangestellten Ausführungen zeigen umfangreiche Investitionen, um den Anforderungen des internationalen Tourismus des gehobenen Standards gerecht werden zu können. Verbunden hiermit ist ein wachsender Einfluß externer Faktoren sowie eine Belastung des öffentlichen Haushaltes, der für die Erschließungsmaßnahmen beansprucht wird.[32]

---

[32] Siehe hierzu Kapitel 5.4.1

Die lokalen und regionalen Gegebenheiten sowie die Möglichkeiten und Anforderungen der lokalen Bevölkerung sind nur bedingt Grundlage der Planungen. Evolutionäre Entwicklungen und Veränderungen aus der Region heraus, die in Ansätzen durchaus vorhanden sind, werden nicht gefördert, sondern vielmehr unterdrückt. Inwieweit die lokale Bevölkerung und die Wirtschaft dennoch an einem solchen Entwicklungsprozess partizipieren kann, ist der Schwerpunkt der folgenden Kapitel zum Arbeitsmarkt, zur Landwirtschaft und zum Kunsthandwerk.

Fünf Jahre nach Veröffentlichung des Planes ist ein Großteil der vorgesehenen Maßnahmen noch nicht realisiert worden, bzw. vollzieht sich eine Entwicklung unabhängig von den Vorgaben. Erst in jüngster Vergangenheit wird partiell versucht, die Entwicklung nach Vorgabe des Planes zu lenken, was auf erheblichen Widerstand in einigen Regionen führt.

4.5 Entwicklung und Struktur des internationalen Tourismus auf Lombok

Die touristische Entwicklung auf der Insel Lombok ist eine vergleichsweise junge Erscheinung. Im Gegensatz zur benachbarten Insel Bali, die bereits in den späten 60er Jahren touristisch erschlossen wurde, setzte die Entwicklung auf Lombok erst Anfang der 80er Jahre ein. Wesentliche Gründe hierfür waren, daß Lombok keine Beachtung im Rahmen der nationalen Tourismusplanung fand sowie die schlechte infrastrukturelle Erschlossenheit und Erreichbarkeit der Insel.

Anfang der 80er Jahre bereisten überwiegend Individualtouristen die Insel. Für sie war die touristische Unerschlossenheit Lomboks, vor allem im Vergleich zu Bali, eines der wesentlichen Reisemotive.[33]

Das touristische Angebot war gekennzeichnet von wenigen, einfachen Unterkünften. Diese wurden von der lokalen Bevölkerung zumeist im Nebenerwerb betrieben. Regional konzentrierte sich das Angebot an Beherbergungsbetrieben vor allem auf die Provinzhauptstadt Mataram und die angrenzenden Städte Ampenan und Cakranegara. Einige wenige Unterkünfte wurden darüber hinaus noch in der Gemeinde Kuta an der Südküste Lomboks, in der Gemeinde Senggigi, 15 km nördlich von Mataram, an der Westküste sowie auf den im Nordwesten vorgelagerten Inseln Gili Air, Meno und Terawangan angeboten. Über die Beherbergungsbetriebe hinausgehende spezifische, auf Touristen ausgerichtete Infrastruktur existierte nicht.

Bis Mitte der 80er Jahre vollzogen sich Entwicklung und Ausbreitung des Tourismus ohne jegliche Planung. Sie wurden von der lokalen Bevölkerung getragen, die entsprechend ihrer finanziellen Möglichkeiten bestimmte Angebote für die Gäste zur Verfügung stellte. Die Zahl der ausländischen Gäste stieg langsam, aber kontinuierlich.

Mit der Ausweisung der Insel Lombok zur "Neuen Touristischen Entwicklungsregion" Mitte der 80er Jahre im Rahmen der nationalen Tourismusplanung begann eine quantitative und qualitative

---

[33] In einem GEO-Bericht über Lombok von 1979 heißt es dazu: "Es ist so wunderbar ruhig. Die Kinder betteln nicht, die Menschen haben noch Zeit. Lombok ist noch nicht kaputt" (GEO 1979: 108).

Erweiterung des Angebotes. Verbunden hiermit war ein Wandel in der Entwicklung und Bewertung des Tourismussektors. Angestrebt wurde eine Erweiterung des touristischen Angebotes, ausgerichtet auf ausländische Gäste mit gehobenen Ansprüchen. Hieraus resultierte ein expansiver Ausbau der Beherbergungsbetriebe des internationalen, gehobenen Standards (Hotel Bintang) sowie eine Erweiterung des gastronomischen und sonstigen touristischen Angebotes.

Diese maßgeblich exogen initiierte Entwicklung sowie die damit einhergehenden wachsenden auswärtigen Einflüsse haben zu einer regionalen wie auch strukturellen Veränderung beigetragen. Zusammenfassend kann gesagt werden, daß die touristische Entwicklung auf der Insel Lombok von Anfang bis Mitte der 80er Jahre vornehmlich ein Prozess von unten war, der von der Bevölkerung der Region getragen wurde. Seit Mitte der 80er Jahre bestimmen externe Interessen die touristische Entwicklung, wobei sie parallel dazu, in bestimmten Regionen noch von endogenen Kräften getragen wird.

4.5.1 Das touristische Angebot

Das Fremdenverkehrsangebot wird im folgenden differenziert nach dem ursprünglichen und dem abgeleiteten Angebot dargelegt. Das ursprüngliche Angebot beinhaltet all jene Faktoren, die zunächst keinen direkten Bezug zum Tourismus aufweisen, die jedoch durch ihre Anziehungskraft und durch ein Marketing zu touristischen Objekten werden können. Vielfach sind sie Voraussetzung und Ausgangspunkt einer touristischen Entwicklung. Als zentrale Elemente zählen zum ursprünglichen Angebot die natürlichen Faktoren, die sozio-kulturellen Faktoren und die allgemeine Infrastruktur.

Das abgeleitete touristische Angebot umfaßt alle Leistungen, wie z.B. Beherbergungsbetriebe, Restaurants und Reisebüros, die vornehmlich für den Tourismus bereitgestellt werden.[34]

4.5.1.1 Das ursprüngliche Angebot[35]

Von besonderer Relevanz für die touristische Entwicklung der Insel Lombok sind die natürlichen Faktoren. Sie stellen das Kapital der Insel hinsichtlich des Tourismus dar. Die klimatischen Verhältnisse, insbesondere die ganzjährig hohen Temperaturen, sind ein Attraktivitätspotential für ausländische Gäste aus dem europäischen Raum. Verbunden mit dem Klima ist eine vielfältige, tropische Vegetation. Insbesondere die ausgedehnten Regenwaldformationen sind ein Anziehungspotential der Insel. Der nördliche Gebirgszug mit dem Vulkan Gunung Rinjani verschafft der Insel ein abwechslungsreiches Landschaftsbild. Hier entwickelte sich in den letzten Jahren zunehmend ein Wander- und Trekkingtourismus. Die ausgedehnten Sandstrände und die

---

[34] KASPAR, C. (1982: 61)
[35] Die folgenden Ausführungen basieren - soweit nicht anders vermerkt - auf den Beobachtungen der Autorin und auf dem von der regionalen Tourismusbehörde herausgegebenen Reiseführer zu Lombok und zur Provinz Nusa Tenggara Barat (DINAS PARIWISATA PROPINSI DAERAH TINGKAT I NTB: 1992b).

im Nordwesten vorgelagerten Korallenriffe sind Grundlage für den Bade- und Tauchtourismus. Im Landesinneren, an den Nord- und Südhängen des Gebirgszuges, finden sich Wasserfälle und Heilquellen, die im Rahmen von Tagesausflügen von Touristen besucht werden. Im Südwesten, bei Bangko-Bangko und entlang der Südküste, existieren gute Bedingungen zum Surfen. Diese vielfältigen, natürlichen Rahmenbedingungen sind ein besonderes Kapital der Insel für die Zielgruppe der Bade- und Sporttouristen.[36]

Im Vergleich zur benachbarten Insel Bali mit den zahlreichen Tempelanlagen und Zeremonien, muß das kulturelle Angebot auf Lombok als eher untergeordnet eingestuft werden. Hervorzuheben sind auf Lombok die Tempelanlagen Pura Mera, Gunung Pengsong, Lingsar, Narmada, Gunung Sari, Suranadi und Batu Bolong, die sich vor allem an der Westküste konzentrieren. Diese Anfang des 17. Jahrhunderts gebauten Tempel sind zumeist mit Parkanlagen und Wasserpalästen verbunden. Viele von ihnen sind jedoch in einem schlechten baulichen Zustand. An den Wochenenden und Feiertagen werden sie von der regionalen Bevölkerung stark frequentiert. Die insgesamt 2.300 Moscheen auf Lombok sind zum Großteil sehr einfach und bescheiden und stellen keine besonderen Attraktionen dar. Zudem ist der Islam im Gegensatz zum Hinduismus weniger offen für eine Kommerzialisierung der religiösen Stätten. Traditionelle Tanzveranstaltungen und Aufführungen gibt es in verschiedenen Orten in Ost- und Mittellombok. Sie stehen zumeist mit religiösen Feiertagen oder Zeremonien in Verbindung. Auch hier muß im Vergleich zu Bali gesagt werden, daß die Vielfalt und Attraktivität der Angebote gering ist. Zudem ist der Zugang zu vielen Veranstaltungen aus religiösen Gründen beschränkt. Ausgenommen hiervon sind die Wayang Kulit Aufführungen (Schatten/Puppentheater). Diese werden auf Marktplätzen in zahlreichen Dörfern angeboten und sind öffentlich zugänglich.

Von Bedeutung ist darüber hinaus das Kunsthandwerk auf Lombok, das eine lange Tradition hat. Zum traditionellen Handwerk gehören die Töpferei in den Gemeinden Penujak, Masbagik und Banyumulek, die Herstellung von Webstoffen in den Gemeinden Sukarare, Pejanggik und Pringassala sowie die Herstellung von verschiedenen Rattan- und Bambuswaren in Beleka, Suradadi, Kotaraja und Gunung Sari.[37] Im allgemeinen ist jeweils ein Ort auf die Herstellung eines bestimmten Produktes spezialisiert. Produziert wurde bis vor wenigen Jahren ausschließlich für den eigenen Bedarf und für den lokalen Markt. In vielen Gemeinden wurde Tauschhandel betrieben. Bedingt durch den Tourismus haben sich hier grundlegende Veränderungen ergeben.[38]

Die allgemeine infrastrukturelle Erschließung der Insel Lombok ist in vielen Regionen noch sehr unzureichend. Besonders problematisch stellt sich die Wasserversorgung in den benannten

---

[36] PT GEMA NUSA ARYA MULYA (1991: 39 ff)
[37] Siehe Karte 11
[38] Siehe Kapitel 5.3

Agrarungunsträumen dar. Die Anforderungen, die der internationale Tourismus an die infrastrukturelle Erschließung stellt, können in vielen Regionen nicht erfüllt werden.
Die Insel Lombok verfügt über einen nationalen Flughafen, 3 km nördlich der Provinzhauptstadt Mataram. Von hier gibt es tägliche Flugverbindungen nach Denpasar, Surabaya, Yogyakarta, Sumbawa und Bima. Die Flugkapazitäten sind in den letzten Jahren erheblich ausgebaut worden, vor allem jene nach Denpasar Bali.

Lombok verfügt über zwei Fährhäfen, Lembar an der Westküste und Labuhan Lombok an der Ostküste. Von Lembar gibt es täglich drei Verbindungen nach Bali und seit 1990 ein Schnellboot, das vor allem von Touristen genutzt wird. Sowohl die Fähren nach Bali wie die nach Sumbawa sind in einem sehr schlechten Zustand und zumeist völlig überladen.
Im Bereich des Straßenbaus ist in den letzten Jahren erheblich investiert worden. Die bereits seit Jahren in Planung befindliche Straße von Senggigi nach Tanjung und weiter entlang der Nordküste bis nach Labuhan Lombok ist, abgesehen von wenigen Teilstücken, inzwischen realisiert. Schlecht erschlossen sind der Osten, Südosten und Südwesten der Insel, vor allem im Vergleich zu Westlombok. Die Straßen sind in einem sehr schlechten Zustand, einige Regionen nur über Sandpisten zu erreichen.
Zu den wichtigsten öffentlichen Transportmitteln gehören die Minibusse (Colts und Bemos) und die traditionellen Pferdewagen (Cidomo). Die Bemos sind für den innerstädtischen Verkehr zuständig. Sie fahren auf festgelegten Strecken, auf denen es allerdings keine festgelegten Haltepunkte gibt. Die Colts werden vor allem auf weiteren, überregionalen Strecken eingesetzt. Fahrten in den Norden, Osten und Süden, ausgehend von der Agglomeration Mataram, sind sehr zeitaufwendig und erfordern mehrfaches Umsteigen.
Die Cidomo fahren nicht auf festgelegten Strecken, sondern je nach Bedarf. Zumeist werden mit ihnen nur kürzere Strecken zurückgelegt. Touristen benutzen die öffentlichen Verkehrsmittel sehr selten, vor allem wegen der für sie oft undurchsichtigen Fahrzeiten,-wege, -strecken und -kosten.
Nach Angaben der regionalen Planungsbehörde[39] sind nahezu 40% der Gemeinden nicht an ein öffentliches Stromnetz angeschlossen. Dies trifft vor allem für den Norden, Osten, Südosten und Südwesten der Insel zu, aber auch für die touristischen Zentren.
Die Wasserversorgung erfolgt in den meisten Haushalten über eigene Hausbrunnen. Problematisch stellt sich in vielen Regionen die ausreichende Versorgung mit Trinkwasser in der Trockenzeit dar. Insgesamt sind 9,2% der Haushalte an eine Trinkwasserleitung angeschlossen, 11,6% haben eine Wasserpumpe, und 60% versorgen sich über eigene bzw. öffentliche Brunnen mit Trinkwasser.
Das ursprüngliche Angebot der Insel Lombok als eine Voraussetzung der touristischen Entwicklung ist, abgesehen von den natürlichen Faktoren, sehr begrenzt. Insbesondere die infrastrukturelle Ausstattung und Erschließung ist in vielen Regionen sehr unzureichend·. Sie wird den Bedürfnissen der lokalen Bevölkerung und vor allem den Anforderungen des

---

[39] REGIONAL DEVELOPMENT PLANNING BOARD NTB (BAPPEDA) (1992: 14)

internationalen Tourismus nicht gerecht. Für die zukünftige Entwicklung der Region und des Tourismus ist entscheidend, ob es durch entsprechende Maßnahmen und Planungen gelingt, die vorhandenen Potentiale der Region zu nutzen und durch Investitionen zu erweitern, die sowohl den Bedürfnissen der Bevölkerung wie denen des Tourismus gerecht werden.

4.5.1.2 Das abgeleitete Angebot[40]

Zentrale Bedeutung für die touristische Entwicklung einer Region kommt dem Beherbergungsgewerbe zu. Ausgangspunkt der touristischen Entwicklung auf Lombok waren die Hotels Melati. Diese wurden zumeist von der lokalen Bevölkerung betrieben. Sie waren sehr preiswert, einfach ausgestattet und hatten ein relativ geringes Zimmerangebot.1982 gab es auf Lombok insgesamt 29 Beherbergungsbetriebe, von denen 26 auf die Kategorie Melati mit insgesamt 890 Betten und drei auf die Kategorie Bintang mit insgesamt 198 Betten entfielen. Bis Mitte der 80er Jahre stieg die Zahl der Hotels Melati langsam aber kontinuierlich an.

Regional konzentrierte sich das Beherbergungsangebot vor allem auf die Agglomeration Mataram, auf Senggigi und die im Nordwesten vorgelagerten Inseln Gili Air, Meno und Terawangan.

Tabelle 4: Hotel- und Bettenangebot nach Art der Unterkunft auf Lombok 1982-1992

	Hotel Melati		Hotel Bintang		Gesamt	
	Anzahl	Betten	Anzahl	Betten	Anzahl	Betten
1982	26	890	3	198	29	1.088
1983	27	950	4	232	31	1.182
1984	33	1.202	5	250	38	1.452
1985	35	1.250	5	250	40	1.500
1986	41	1.400	5	250	46	1.650
1987	50	1.481	7	562	57	2.043
1988	59	1.532	8	730	67	2.262
1989	63	1.762	8	730	71	2.492
1990	92	2.700	8	730	100	3.430
1991	114	2.839	9	950	123	3.789
1992	103	2.611	14	1.327	117	3.938

Quelle: Kantor Statistik Propinsi NTB 1984-1992

---

[40] Die folgenden Ausführungen basieren - soweit nicht anders vermerkt - auf den Veröffentlichungen der regionalen Tourismusbehörde und des regionalen Amtes für Statistik (DINAS PARIWISATA PROPINSI DAERAH TINGKAT I: 1989-1993; KANTOR STATISTIK PROPINSI NTB: 1984-1992).

Seit 1986 erfolgte eine quantitative und qualitative Erweiterung des Beherbergungs-angebotes. Von 1987 bis 1992 erhöhte sich die Zahl der internationalen Hotels von 7 auf 14. Aussagekräftiger ist allerdings die damit verbundene Erweiterung des Bettenangebotes in dieser Kategorie. Im genannten Zeitraum stieg das Bettenangebot von 562 auf 1.327. Im gleichen Zeitraum stieg auch die Zahl der einfachen Hotels und deren Bettenangebot. Allerdings hat sich der Anteil der Betten in den einfachen Unterkünften an der Gesamtzahl zwischen 1982 und 1992 von 82% auf 65% reduziert.

Regional konzentrierte sich der Bau der Hotels Bintang ausschließlich auf die Region Senggigi. Mit dieser qualitativen und quantitativen Erweiterung ging ein Wandel der Gästestruktur einher. Senggigi wird zunehmend von Touristen frequentiert, die der mittleren bis gehobenen Einkommensklasse zuzuordnen sind. Der überwiegende Teil der Hotels Melati in der Region kann den Anforderungen dieser Gäste nicht entsprechen. Sie werden aus Senggigi verdrängt, bzw. die Auslastungsquote ist so gering, daß sie keine Gewinne mehr erzielen.

Die Zuwächse der Hotels Melati entfielen somit regional vor allem auf die im Nordwesten vorgelagerten Inseln Gili Air, Meno und Terawangan, auf die Region Kuta und auf einige Gemeinden an der Süd- und Nordabflachung des Gebirgszuges.

Insgesamt konzentrierte sich 1992 der Großteil der Beherbergungsbetriebe auf Westlombok und damit auf den wirtschaftlichen Aktivraum, der infrastrukturell vergleichsweise gut erschlossen ist. Die Problemregionen der Insel werden bisher von der Entwicklung ausgeschlossen.

Zu Beginn der 80er Jahre gab es auf Lombok nur wenige, kleine Restaurants. Sie boten vorwiegend lombokspezifische Gerichte an und wurden von der lokalen Bevölkerung und den wenigen ausländischen Gästen gemeinsam genutzt. In den einfachen Unterkünften wurde zumeist nur ein einfaches Frühstück, bestehend aus Tee, Reis, gebratenen Bananen oder Obst, angeboten. Der Ausbau des Beherbergungswesens und die damit einhergehende Zunahme der Gästezahlen ab Mitte der 80er Jahre führte zu einer Erweiterung sowie zu einer Veränderung des gastronomischen Angebotes. Die Anzahl der Restaurants verdreifachte sich von 1984 bis 1992. Die Erweiterung des Angebotes konzentrierte sich fast ausschließlich auf die touristischen Zentren. Der überwiegende Teil der Restaurants gehört dabei zu den Beherbergungsbetrieben. In Senggigi, auf den Gilis und in Kuta gibt es insgesamt nur 10 Restaurants, die nicht einem Hotel angehören, sechs von ihnen befinden sich in Senggigi.

Lomboktypische Gerichte finden sich heute auf den Speisekarten der Restaurants sehr selten. Neben europäischer Küche wird eine breite Palette von Gerichten aus ganz Indonesien angeboten. Dies trifft insbesondere für die Hotels und Restaurants in Senggigi zu. Auf den Gilis wie auch in Kuta werden überwiegend noch regionaltypische Speisen serviert. Lediglich das Frühstück ist den Bedürfnissen der ausländischen Gäste angepaßt.

In der Agglomeration Mataram gibt es auch außerhalb der Beherbergungsbetriebe ein breites gastronomisches Angebot. Dabei bieten 30 der insgesamt 43 Restaurants ausschließlich die indonesische Küche an. Diese werden kaum von Touristen frequentiert, sondern überwiegend von der lokalen Bevölkerung.

Karte 6: Regionale Verteilung des Zimmerangebotes nach Art der Unterkunft 1992

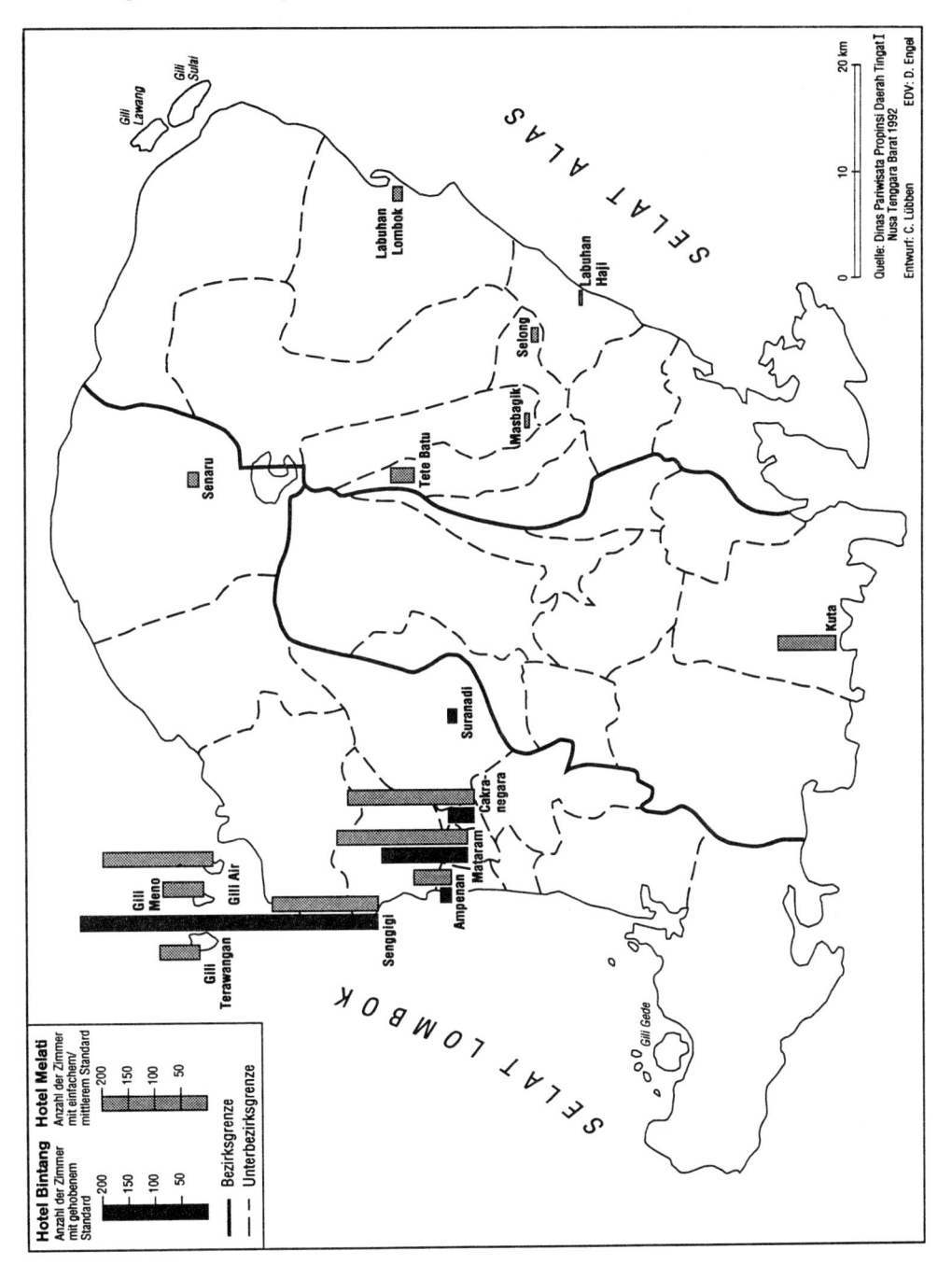

Außerhalb der touristischen Zentren und der Agglomeration Mataram gibt es nur ein geringes gastronomisches Angebot, das vornehmlich auf die Bedürfnisse der lokalen Bevölkerung ausgerichtet ist und von Touristen nur sehr selten genutzt wird. Dies trifft auch für die Handwerksdörfer zu, die regelmäßig von Tagesausflüglern besucht werden. Hier besteht im allgemeinen nur die Möglichkeit, in den Art-Shops ein Getränk zu kaufen oder sich an den mobilen Essensständen zu versorgen. Letzteres wird von den meisten Touristen nicht wahrgenommen.

Die durchaus denkbare, breite regionale Streuung der aus der touristischen Entwicklung resultierenden Nachfrage nach gastronomischen Angeboten hat auf Lombok bisher nicht stattgefunden. Vielmehr hat sich eine Konzentration auf die touristischen Zentren und hier wiederum auf die Hotelbetriebe vollzogen. Entsprechend der sich wandelnden Gästestruktur, vor allem in Senggigi, entfällt dabei ein wachsender Anteil der Bedarfsdeckung auf die internationalen Hotels. Die lokale und regionale Bevölkerung partizipiert somit nur unwesentlich an der tourismusbedingten Nachfrage in diesem Bereich.

Die Zahl der Reisebüros ist seit Mitte der 80er Jahre expansiv gestiegen. 1984 gab es lediglich 4 Reisebüros. Bis 1992 ist ihre Zahl auf 36 gestiegen. Dabei konzentrieren sich diese fast ausschließlich auf die Agglomeration Mataram. Der überwiegende Teil der Reisbüros verkauft Flüge und Bustransfers von Lombok in andere Regionen Indonesiens. Einige Büros sind spezialisiert auf Tagesausflüge auf der Insel und auf Transfers zwischen den touristischen Zentren. Die Tagesausflüge beinhalten zumeist den Besuch der Kunsthandwerksdörfer sowie die Besichtigung der verschiedenen Tempelanlagen. Dabei finden diese Ausflüge in der Regel in Kleingruppen von 6-8 Personen statt.

Da jedoch fast alle Hotels der Kategorie Bintang und auch einige Hotels der Kategorie Melati eigene Angebote für Tagesausflüge haben, ist die Nachfrage in den Reisebüros eher gering. Sie werden, wenn überhaupt, nur von Individualtouristen genutzt.

Darüber hinaus gibt es, vor allem in Senggigi, einen breiten informellen Markt für derartige Tagesausflüge. Vor den Hotels finden sich Besitzer von Autos und Minibussen ein, die die Touristen für derartige Tagesausflüge auf der Straße ansprechen. Diese sind zumeist wesentlich billiger als die von den Reisebüros und Hotels angeboten Touren.

Ähnlich wie in der Gastronomie zeichnet sich auch bei den Reisbüros/Agenturen eine Konzentration auf die Hotels ab, die ihren Gästen alle notwendigen Dienstleistungen bieten. Die in Mataram existierenden Reisbüros werden somit vornehmlich von Individualtouristen, der regionalen Bevölkerung und von den nationalen Geschäftsreisenden genutzt.

4.5.2 Die touristische Nachfrage

Die Entwicklung der internationalen Touristenankünfte korrespondiert mit den vorangestellten Ausführungen im Bereich des Beherbergungswesens. Auch hier lassen sich zwei Phasen unterteilen.

Von 1982 bis 1986 sind die Ankünfte langsam, aber stetig gestiegen.[41] Entsprechend dem einfachen Beherbergungsangebot waren es vorwiegend Individualtouristen, die Lombok besuchten.
In der zweiten Phase von 1987 bis 1992, die durch eine qualitative wie quantitative Erweiterung des touristischen Angebotes gekennzeichnet ist, sind wesentlich höhere Zuwächse der internationalen Ankünfte festzustellen.[42]

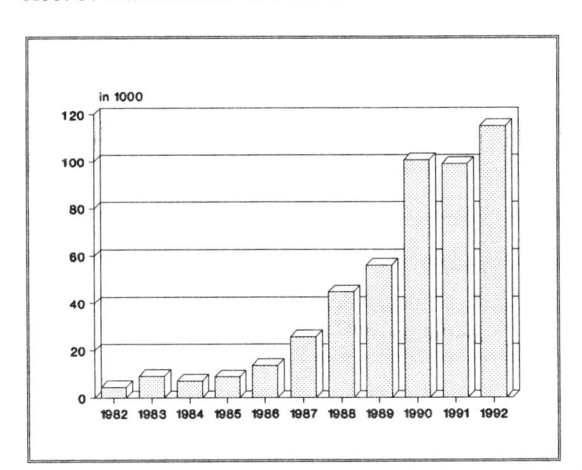

Abb. 5: Internationale Touristenankünfte auf Lombok 1982-1992

Quelle: Dinas Pariwisata Propinsi Daerah Tingkat I NTB 1993
Entwurf: C. Lübben 1995

1992 lag die Zahl der internationalen Touristenankünfte auf der Insel Lombok bei 115 997. Nahezu 2/3 der Gäste kamen aus Europa. Dominant innerhalb dieser Gruppe waren Niederländer (23%), Deutsche (21%) und Engländer (18%). Der Anteil der Amerikaner an den ausländischen Gästen lag bei 15%. Der Großteil entfiel dabei auf Gäste aus den USA. Darüber hinaus sind die Gäste aus Australien und Neuseeland mit einem Anteil von 17% hervorzuheben.
Die Herkunftsstruktur der internationalen Touristen auf Lombok ist im Vergleich zu ganz Indonesien eher untypisch. Vor allem der hohe Anteil von Europäern und der geringe Anteil von

---

[41] Siehe Abb. 5
[42] Siehe Abb. 5

Gästen aus dem asiatischen Raum weicht erheblich von den Verhältnissen für ganz Indonesien ab.[43] Darüber hinaus sind die Amerikaner auf Lombok mit 14% sehr stark vertreten.

Hintergrund für den geringen Anteil von Gästen aus dem asiatischen Raum ist unter anderem, daß Lombok über keinen internationalen Flughafen verfügt und nur in sehr geringem Umfang Gruppen- und Pauschalreisen angeboten werden. Die hohe Prozentzahl von Europäern könnte einerseits darauf zurückzuführen sein, daß Lombok in den Jahren 1989 und 1990 auf allen internationalen Tourismusmessen in Europa durch einen eigenen Stand vertreten war. Darüber hinaus zieht die nach wie vor bestehende Dominanz von einfachen Unterkünften eher junge Individualtouristen aus dem europäischen Raum an.

Auch wenn die Individualreisenden mit einem mittleren bis geringen Einkommen, die ihre Reise selbst organisieren, nach wie vor dominieren, so zeichnete sich in den letzten Jahren doch eine Zunahme von Gruppen- und Pauschalreisenden ab. Diese besuchen Lombok zumeist im Rahmen einer Indonsienrundreise. Sie sind der mittleren und gehobenen Einkommensgruppe zuzurechnen, übernachten in den Hotels der Kategorie Bintang in Senggigi und verbringen hier im allgemeinen einen einwöchigen Badeurlaub. Der Aufenthalt beinhaltet zumeist mehrere Tagesausflüge zu den Handwerksdörfern, den genannten Tempelanlagen und zu den Stränden an der Südküste bei Kuta.

Im Rahmen der offiziellen Statistiken wird keine differenzierte Erhebung nach Individual- und Pauschalreisenden vorgenommen. Die von der Autorin durchgeführten Befragungen in den Hotels in Senggigi, auf Gili Air und in Kuta ergaben, daß ca. 80% der Gäste Individualtouristen und lediglich 20% der Gruppe der Pauschalreisenden zuzuordnen sind. Dabei entfällt der Anteil der Pauschaltouristen ausschließlich auf Senggigi und die internationalen Hotels. Diese haben bereits Verträge mit internationalen Reiseveranstaltern in unterschiedlichen Ländern. Die Hotels der Kategorie Melati können nicht im Ausland gebucht werden, sondern nur vor Ort oder auf Bali.

Die regionale Verteilung der Gäste korrespondiert mit dem Beherbergungsangebot. Nahezu 60% der Übernachtungen entfallen auf Senggigi. Auf die Agglomeration Mataram und auf die im Nordwesten vorgelagerten Gilis kommen 15% bzw. 17%. Von untergeordneter Bedeutung ist der Anteil der Übernachtungen in Ostlombok mit 3%. In Kuta übernachteten 1992 nahezu 6.000 Gäste. In Senggigi konzentrieren sich die Touristen der oberen Einkommensklassen, auf den Gilis finden sich Individualreisende der unteren und mittleren Einkommensgruppen, und in Kuta überwiegen die Touristen mit einem geringem Einkommen. In der Agglomeration Mataram trifft man, entsprechend dem gemischten Beherbergungsangebot alle drei Gruppen an. Die Hotels Bintang werden hier zu einem Großteil von nationalen und internationalen Geschäftsreisenden frequentiert., die einfachen Unterkünft als Transitunterkünfte genutzt. Wegen der Nähe zum Flughafen, zum Fährhafen und der in Mataram konzentrierten sonstigen touristischen

---

[43] Der Anteil der Gäste aus dem asiatischen Raum liegt in Indonesien insgesamt bei 50% (DIRECTORATE GENERAL OF TOURISM:1992a).

Infrastruktur, wird hier zunächst der Aufenthalt auf der Insel sowie die Weiter- und Rückreise organisiert.

Die saisonalen Schwankungen der Gästeankünfte auf Lombok sind im Vergleich zu anderen Reiseländern gering. Als Hauptsaison kann der Zeitraum von Juni bis Oktober bezeichnet werden. Der August ist der Monat mit den meisten Ankünften (12.469). In der Nebensaison, von November bis Mai, liegen die Gästezahlen zwischen 8.000 und 9.000 pro Monat. Die durchschnittliche Aufenthaltsdauer der Gäste lag 1992 bei fünf Tagen.

Nach Angaben des statistischen Amtes wurden von den Touristen dabei im Durchschnitt 60 US$ ausgegeben. Für das Jahr 1992 ergeben sich hieraus Einnahmen in Höhe von 40 Millionen US$ für die im Tourismus involvierten Unternehmen.

Tabelle 5 zeigt die Verteilung der Ausgaben der Touristen nach unterschiedlichen Bereichen. Die Hälfte aller Ausgaben entfällt auf Übernachtung und Verpflegung und kommt somit den Hotels zugute. Auch ein Großteil der Ausgaben für Transport und Unterhaltung fließt den den Hotels zu. Die Ausgaben für Souvenirs (20%) gehen überwiegend an die Art Shops in den touristischen Zentren oder direkt in die Handwerksdörfer.[44] Die regionale Streuung der direkten Ausgaben der Touristen ist sehr gering. Entsprechend der breiten Angebote der Hotels vollzieht sich hier eine zunehmende Konzentration.

Tabelle 5: Ausgabenstruktur der internationalen Touristen auf Lombok 1992

Struktur der Ausgaben	Übernachtung	Verpflegung	Souvenirs	Transport	Unterhaltung
in %	32	21	20	11	16
Mill US$	12,2	7,8	7,5	3,9	6,4

Quelle: Directorate General of Tourism 1992

Zusammenfassend kann festgehalten werden, daß in den letzten Jahren eine expansive Zunahme der internationalen Touristenankünfte auf Lombok stattgefunden hat. Hiermit einher ging eine Veränderung der Gästestruktur und eine regionale Differenzierung nach Touristentypen und Reiseformen. Derzeit stellt sich die Herkunftsstruktur der Gäste noch stark divergierend von der in Gesamtindonesien dar. Mit einer weiteren Zunahme der Hotels internationalen Standards, dem geplanten Ausbau eines internationalen Flughafens sowie dem Ausbau von Kooperationen mit internationalen Reiseveranstaltern, ist jedoch zu erwarten, daß sich diese Divergenzen aufheben.

---

[44] DIRECTORATE GENERAL OF TOURISM (1992b)

Karte 7: Regionale Verteilung der internationalen Touristen auf Lombok 1992

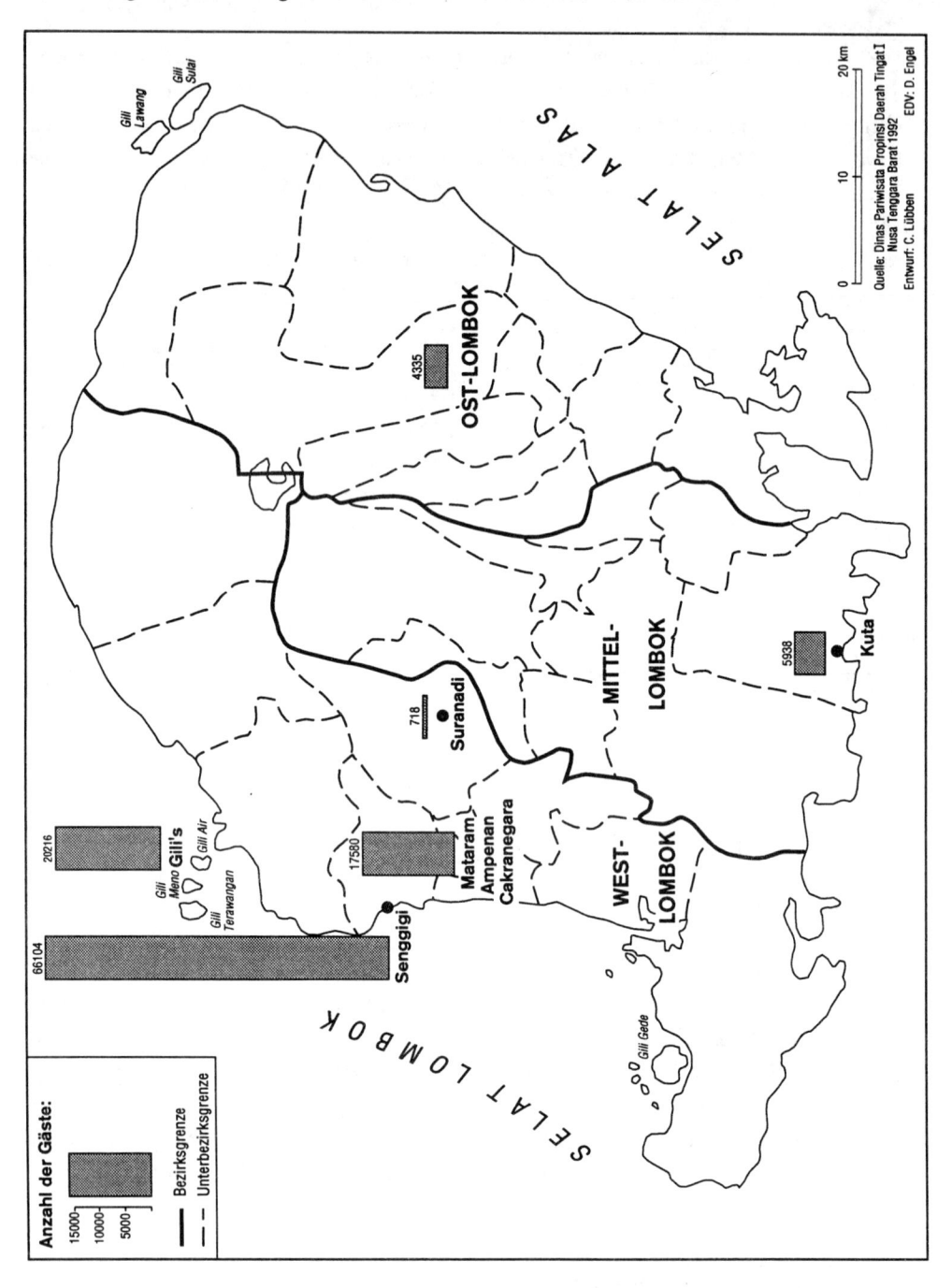

4.6 Die Untersuchungsgemeinden

Bevor im folgenden die Bedeutung des Tourismus für die Regionalentwicklung dargelegt wird, werden die drei Untersuchungsgemeinden Senggigi, Kuta und Gili Air kurz vorgestellt.

4.6.1 Senggigi

Der Ort Senggigi liegt 10 km nördlich der Provinzhauptstadt Mataram an der Westküste von Lombok. Die ersten beiden Hotels der Kategorie Melati wurden hier 1984 bzw. 1985 von Ortsansässigen eröffnet. Sie waren damals sehr einfach ausgestattet, hatten ein geringes Bettenangebot und waren sehr preiswert. 1987 wurde das erste staatliche Hotel der Kategorie Bintang in Senggigi eröffnet. Von 1985 bis 1993 entstanden weitere 6 Hotels Melati und 4 Hotels Bintang.

Die Gemeinde Senggigi hat 830 Einwohner. Der überwiegende Teil von ihnen war früher in der Landwirtschaft und Fischerei tätig. Bedingt durch die touristische Entwicklung und die damit verbundene Beanspruchung von Flächen, hat sich hier ein erheblicher Wandel vollzogen. Ein Großteil der Fischer und Landwirte ist abgewandert. Die Verbliebenen bewirtschaften heute kleine Flächen in der Umgebung von Senggigi oder sind landlos. Sie erwirtschaften sich ein zusätzliches Einkommen durch das Vermieten von Zimmern an Hotelangestellte, durch den Strandhandel oder eine Tätigkeit im Bereich der Hotellerie.

Das ehemalige Dorf Senggigi besteht heute eigentlich nicht mehr, da eine kontinuierliche Verlagerung des Dorfes von den strandnahen Bereichen zu den in Karte 9 gekennzeichneten Flächen im östlichen Bereich stattgefunden hat. Die jetzt von den Hotels genutzten Flächen wurden früher mit Kokospalmen bewirtschaftet. 1992 wurde die Schule, die sich auf der heute vom Hotel Intan Laguna genutzten Fläche befand, ausgelagert. Verblieben ist in unmittelbarer Nähe zu den touristischen Einrichtungen lediglich die Moschee. Da es in der Vergangenheit hier bereits einige Konflikte gegeben hat, ist zu erwarten, daß auch sie in nächster Zukunft verlagert wird.

Insgesamt hat sich Senggigi in den letzten Jahren zu einem Ort entwickelt, dessen Erscheinungsbild ausschließlich vom Tourismus geprägt ist. Entlang der durch den Ort führenden Straße reihen sich die Hotels, Restaurants und Geschäfte, die ausschließlich auf die touristische Nachfrage ausgerichtet sind.[45] Das heutige Dorfleben vollzieht sich räumlich getrennt hiervon.

---

[45] Siehe Karte 8

Karte 8: Funktions- und Nutzungskartierung in Senggigi 1993

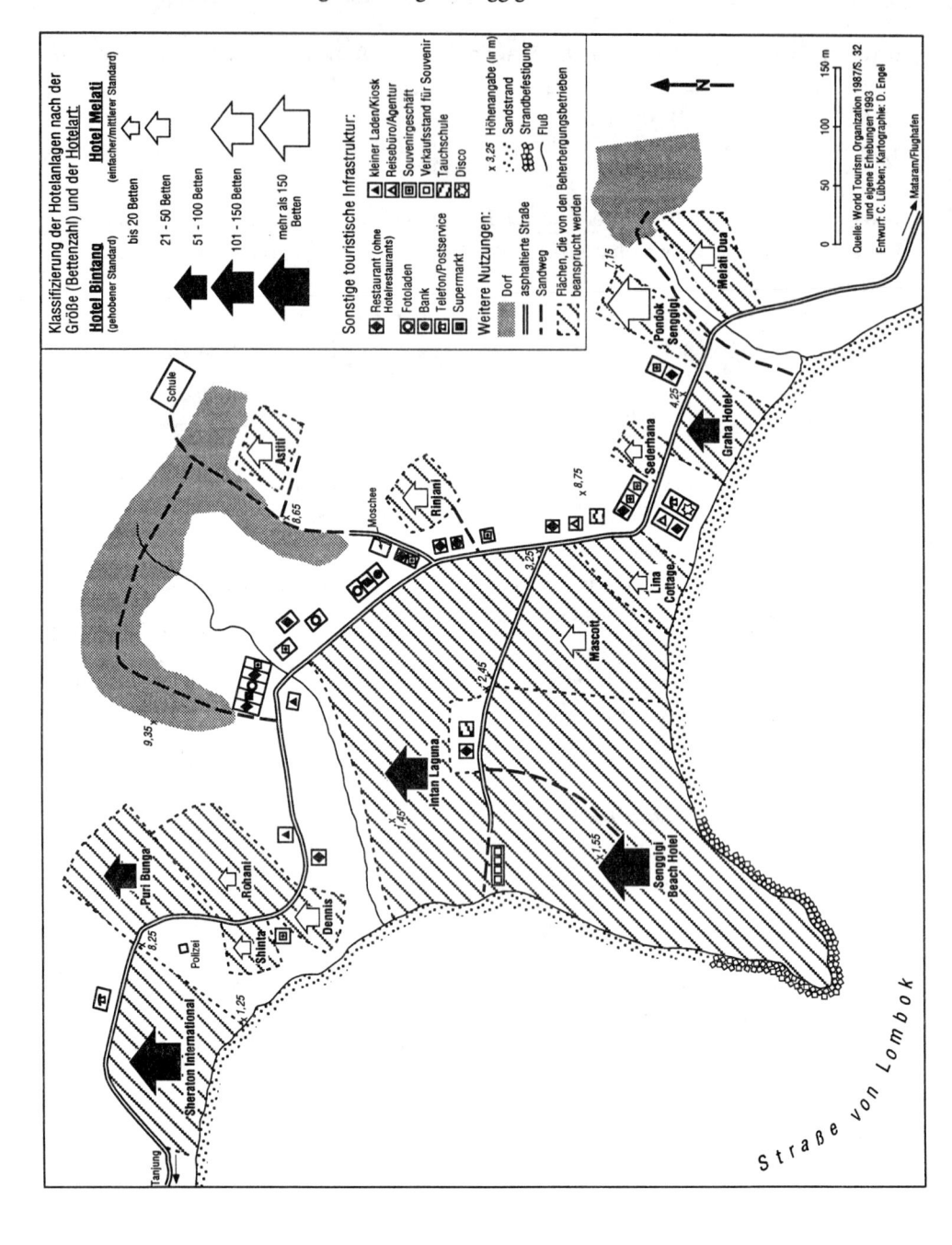

4.6.2 Gili Air

Die im Nordwesten von Lombok vorgelagerte Insel Gili Air wurde erst Anfang der 40er Jahre von den aus Südsulawesi kommenden Bugis[46] besiedelt. Noch heute gehören 60% der Bewohner dieser ethnischen Gruppe an. Der Fischreichtum der umliegenden Gewässer sowie der Anbau von Kokospalmen und Tapioka waren lange Zeit die einzige, jedoch recht ertragreiche, wirtschaftliche Grundlage der hier lebenden Menschen. Der überwiegende Teil der Bevölkerung ist auch heute noch in der Fischerei und Landwirtschaft tätig. Eine weitere Einkommensquelle für die ansässige Bevölkerung ist die Perlenzucht. Seit 1987 gibt es, der Insel direkt vorgelagert, ein indonesisch-japanisches Projekt zur Perlenzucht.

Der Tourismus hat sich seit Anfang der 80er Jahre für die 200 auf der Insel lebenden Familien zu einer weiteren, wichtigen, wenn auch zumeist im Nebenerwerb betriebenen Einkommensquelle entwickelt. Die beiden ersten Hotels wurden 1982 und 1983 vom heutigen Bürgermeister und dessen Bruder eröffnet. Die damals sehr kleinen, einfachen Unterkünfte werden heute der Mittelklasse zugerechnet. Sie sind sowohl von der Größe wie von der Ausstattung her in den letzten Jahren erheblich erweitert worden. Von 1984-1993 kamen 17 weitere Hotels hinzu, die alle im Besitz der ortsansässigen Bevölkerung sind. Die Unterkünfte, mit einer einfachen bis mittleren Ausstattung, werden überwiegend als Familienbetriebe geführt. 1993 besuchten ca.9.000 ausländische Gäste Gili Air. Sie sind der unteren und mittleren Einkommensklasse zuzurechnen. Ein besonderes Anziehungspotential für die Touristen sind die ausgedehnten Sandstrände sowie die vorgelagerten Korallenriffe, die Möglichkeiten zum Schnorcheln und Tauchen bieten.

Darüber hinausgehende Freizeit- und Unterhaltungsangebote oder Einrichtungen gibt es kaum. Die durchschnittliche Aufenthaltsdauer der Gäste ist mit 5 Tagen vergleichsweise hoch. Wie Karte 9 verdeutlicht, befinden sich die Hotels wie die sonstigen touristischen Einrichtungen fast ausschließlich in direkter Strandnähe. Das Dorf, im Zentrum der Insel, wird nicht touristisch genutzt. Es besteht eine klare Trennung zwischen Tourismus und dem sonstigen Leben auf der Insel. Auf Gili Air gibt es keine motorisierten Fahrzeuge, sondern nur Fahrräder und Cidomos zur Fortbewegung. Um die Insel herum führt ein befestigter Wanderweg, das Innere der Insel ist von zahlreichen unbefestigten Sandwegen durchzogen.

Die Insel Gili Air hat sich in ihrem äußeren Erscheinungsbild zwar durch die Beherbergungsbetriebe verändert, das eigentliche Dorf blieb jedoch davon bisher unberührt. Die von der ansässigen Bevölkerung und den Hotelbesitzern bewußt initiierte räumliche Trennung von Tourismus und dem sonstigen Dorfleben hat dazu beigetragen, daß diese beiden Bereich vergleichsweise harmonisch nebeneinander bestehen.

---

[46] Die ethnische Gruppe der in Südsulawesi lebenden Bugis, ist als die der besten Seefahrer im Archipel bekannt. Viele Bugis verließen nach kriegerischen Auseinandersetzungen ihre Heimat und kamen auf diesem Wege nach Sumbawa, Lombok, Java und Sumatra.

Karte 9: Funktions- und Nutzungskartierung auf Gili Air 1993

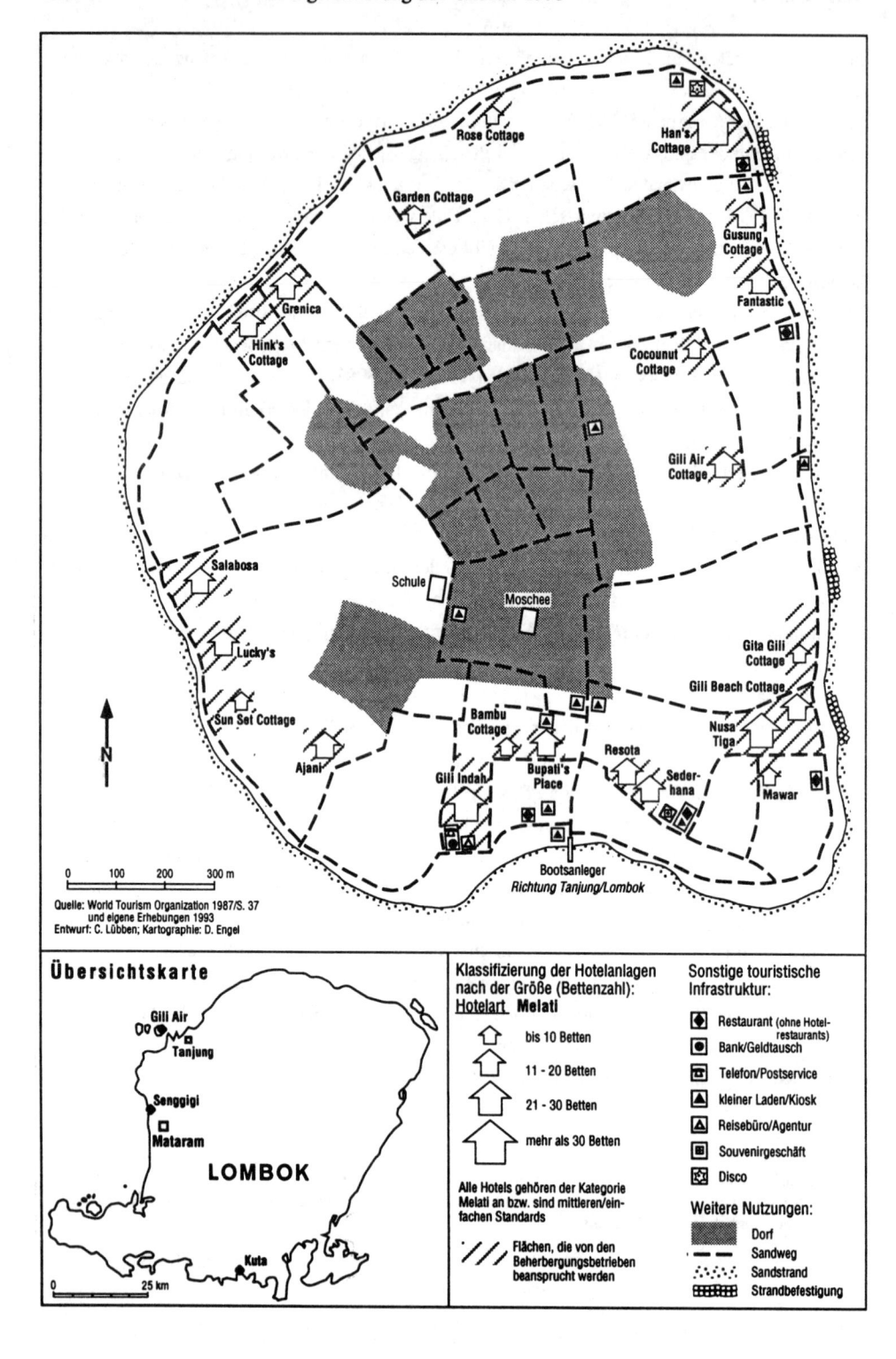

4.6.3 Kuta

Der Ort Kuta liegt an der Südküste von Lombok im Kecamatan Pujut, 25 km südlich der Bezirkshauptstadt Praya. Einmal im Jahr herrscht in dem sonst eher ruhigen Ort reges Treiben. Im 1. Monat des Sasak-Kalenders (Anfang Februar) findet hier der Fang des Nyale-Fisches statt. Während dieser seit dem 16.Jahrhundert bestehenden traditionellen Zeremonie, danken die in der Landwirtschaft Tätigen für reichhaltige Ernten und bitten um Gesundheit für ihre Familien.

Die 1.200 Einwohner des Ortes sind überwiegend in der Landwirtschaft und Fischerei tätig. Die ausgedehnte Trockenzeit, geringe Niederschläge und schlechte Böden ermöglichen nur eine begrenzte landwirtschaftliche Nutzung. Es wird überwiegend Subsistenzwirtschaft betrieben. Die geringen erwirtschafteten Überschüsse werden auf dem dreimal wöchentlich stattfindenden Markt in Kuta verkauft bzw. getauscht. Die Lebens- und Arbeitsbedingungen in der Region sind außerordentlich schwierig. Der Großteil der Bevölkerung lebt am Rande des Existenzminimums. Außeragrarische Einkommensmöglichkeiten gibt es kaum. Der Ort ist infrastrukturell sehr schlecht erschlossen und es gibt keine Stromversorgung, die Versorgung mit Wasser erfolgt über hauseigene und öffentliche Brunnen, die jedoch in der ausgedehnten Trockenzeit zumeist versiegen.
Die touristische Entwicklung begann Anfang der 80er Jahre mit der Eröffnung von zwei sehr einfachen Unterkünften am östlichen Ortsausgang. Bis 1993 wurden weitere 7 Hotels der Kategorie Melati eröffnet. Lediglich zwei der Hotelbesitzer kommen aus Kuta. Bis heute gibt es keine über die Beherbergungsbetriebe hinausgehenden touristischen Angebote. Die Unterkünfte sind sehr einfach ausgestattet und werden zumeist von Individualtouristen besucht. 1993 übernachteten 6.000 ausländische Gäste in Kuta. Die Aufenthaltsdauer ist mit durchschnittlich zwei Tagen sehr gering. Darüber hinaus wird Kuta zunehmend im Rahmen von Tagesausflügen von Gästen aus Senggigi und Mataram besucht. Die an den Ort angrenzenden ausgedehnten, weißen Sandstrände und die imposante Küste mit vorgelagerten Felsformationen stellen ein besonderes Attraktivitätspotential dar.
Wie Karte 10 verdeutlicht, liegen alle Hotels am östlichen Ortsausgang an der Straße nach Gerung. Das touristische Geschehen vollzieht sich außerhalb der Dorfgemeinschaft und hat das Erscheinungsbild und die Dorfstruktur nicht verändert.

Karte 10: Funktions- und Nutzungskartierung in Kuta 1993

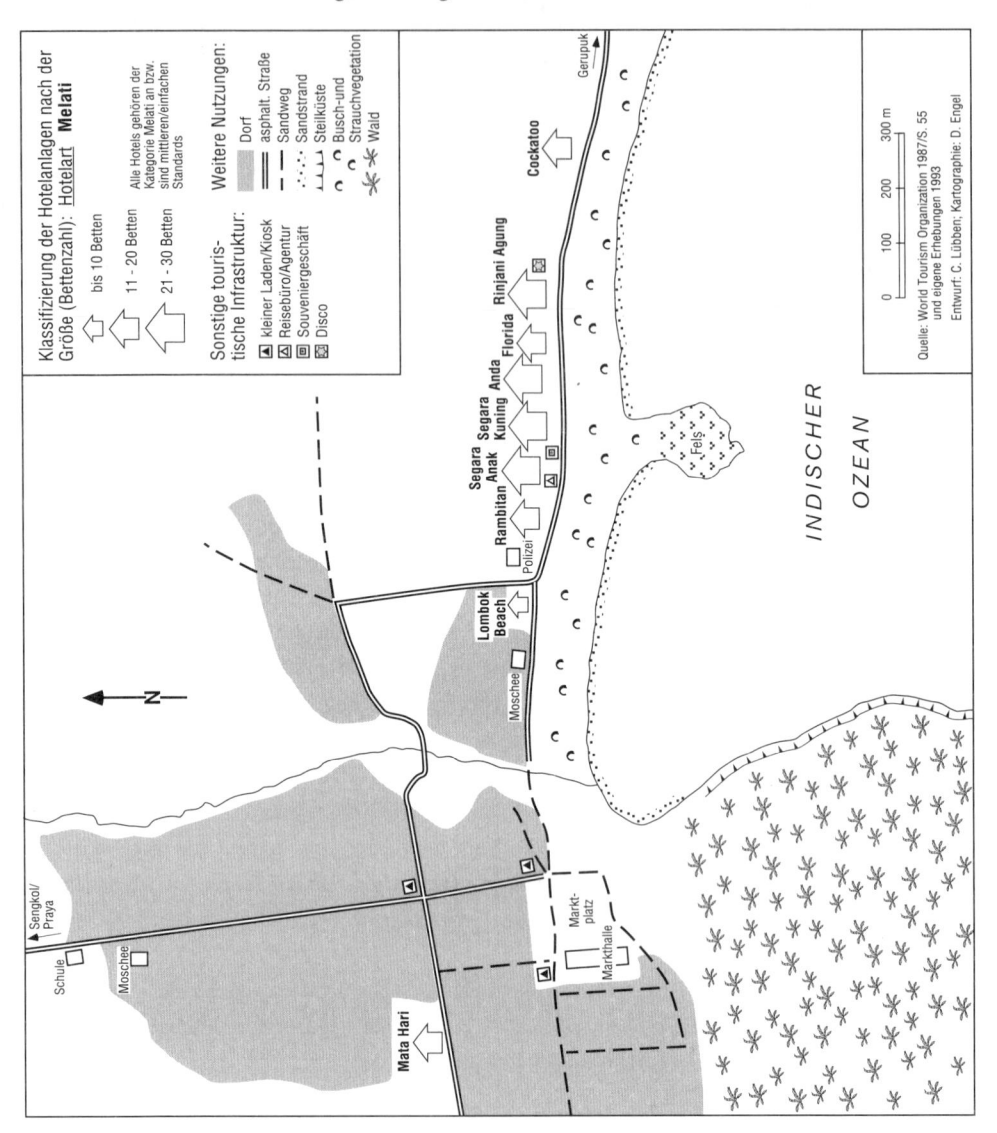

5. DIE BEDEUTUNG DES INTERNATIONALEN TOURISMUS FÜR DIE REGIONALENTWICKLUNG AUF LOMBOK

Während über die Entwicklung und Struktur des internationalen Tourismus auf Lombok, hinsichtlich Angebot und Nachfrage, vergleichsweise gute Zahlen vorliegen, gibt es kaum Material zu den Auswirkungen des internationalen Tourismus. Hintergrund hierfür ist, daß die Erhebung der vom Tourismus ausgehenden Impulse für die regionale und lokale Wirtschaft mit erheblichen Schwierigkeiten verbunden ist. Dies trifft vor allem für die indirekten Beschäftigungs- und die Multiplikatoreffekte zu. Ein weiterer Grund für die schlechte Datenlage ist, daß den vom Tourismus ausgehenden Impulsen für die regionale Entwicklung auf Lombok zu wenig Bedeutung beigemessen wird. Trotz der dargelegten zunehmenden Beachtung regionaler Interessen und Potentiale in der indonesischen Entwicklungs- und Regionalplanung, muß hier gerade im Bereich des Tourismus auf Lombok festgehalten werden, daß dieser maßgeblich von nationalen und internationalen Interessen bestimmt wird, was der Beachtung und Nutzung der regionalen Potentiale nicht zuträglich ist. Dennoch setzen sich in bestimmten Bereichen und Regionen regional- bzw. lokalspezifische Interessen durch.

Auf der Grundlage der Ergebnisse von Feldarbeiten werden die Auswirkungen des internationalen Tourismus auf den regionalen und lokalen Arbeitsmarkt, auf die Landwirtschaft, auf das Kunsthandwerk und die Infrastrukturausstattung der Region dargelegt und analysiert. Dabei wird jeweils auf die soziale und regionale Bedeutung sowie auf die damit verbundenen strukturellen Veränderungen in der Region eingegangen. Darüber hinaus wird der Tourismus hinsichtlich des Einflusses auf die gesamte öffentliche wie privatwirtschaftliche Investitionstätigkeit in der Region untersucht. Dies geschieht, um Aussagen über die tourismusbedingte Aktivierung endogener wie exogener Wirtschaftsaktivitäten machen zu können, die nicht unbedingt in direktem Zusammenhang mit dem Tourismus stehen.

5.1 Tourismus und regionaler Arbeitsmarkt

Dem Tourismus wird eine besondere Bedeutung hinsichtlich der Schaffung von Arbeitsplätzen beigemessen. Die weitverbreitete Arbeitslosigkeit und die Unterbeschäftigung auf Lombok sollen durch direkte Arbeitsplätze in den Bereichen Beherbergung, Gastronomie, Transport und in Reisebüros verringert werden. Zu analysieren ist, ob die regionale Bevölkerung einen Zugang zu den Erwerbsmöglichkeiten in der Tourismuswirtschaft findet, welche regionalen Impulse damit verbunden und welche Rahmenbedingungen dabei maßgeblich sind.

5.1.1 Entwicklung und Struktur des regionalen Arbeitsmarktes

Obwohl die jährlichen Zuwachsraten der Bevölkerung auf Lombok in den letzten zwei Jahrzehnten rückläufig waren, nimmt die Zahl der Erwerbspersonen nach wie vor stark zu. Im Zeitraum von 1970 bis 1980 lag der Zuwachs bei 21%, 1980 bis 1990 bei 31%. Dem steht jedoch nur eine relativ geringe Zunahme der Arbeitsplätze gegenüber. Hieraus resultiert ein sprunghafter Anstieg der Arbeitslosenzahlen seit Anfang der 80er Jahre.[1]

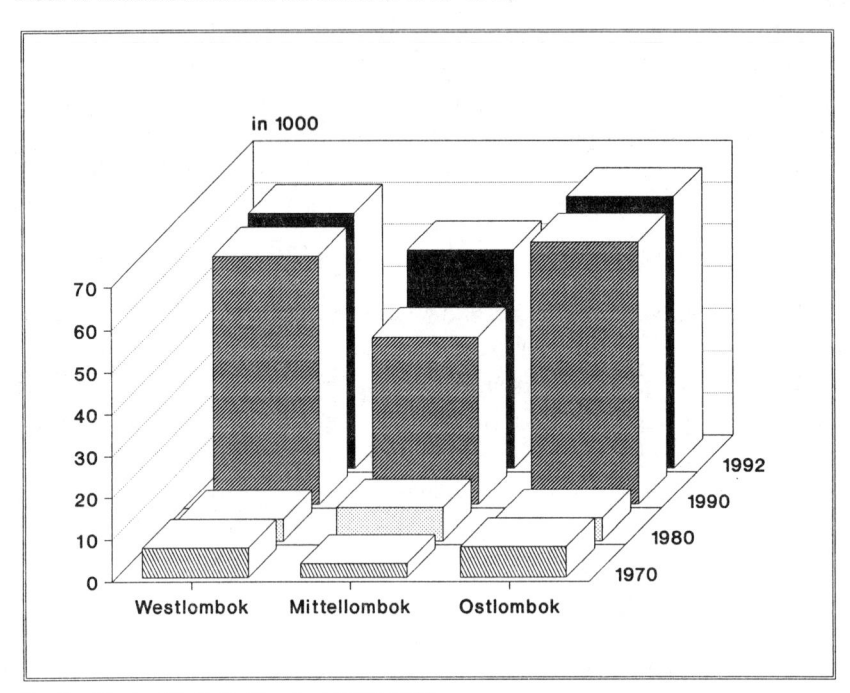

Abb. 6: Arbeitslosenzahlen auf Lombok 1970 -1992

Quelle: Kantor Statistik Propinsi NTB 1993
Entwurf: C. Lübben 1995

1992 lag die Zahl der offiziell erfaßten Arbeitslosen bei 15,6%. Dabei sind diese Daten mit erheblichen Unsicherheiten behaftet, da nur ein geringer Teil der Arbeitslosen sich offiziell arbeitslos meldet. Nach inoffiziellen Angaben liegt die Arbeitslosenquote bei ca. 35%. Darüber hinaus ist ein Großteil der Erwerbstätigen unterbeschäftigt. Nach Schätzungen der Arbeitsbehörde liegt deren Anteil bei ca. 60% und ist besonders im Agrarsektor ausgeprägt.

Eine Studie der Entwicklungsbehörde von 1992 ergab, daß 72% der Arbeitslosen maximal einen Grundschulabschluß haben. 31% haben nie eine Schule besucht. Ein ähnlicher Bildungsstand liegt

---
[1] KANTOR STATISTIK PROPINSI NTB (1993)

bei den Erwerbstätigen vor. Der überwiegende Teil von ihnen hat maximal sechs Jahre lang eine Schule besucht.[2] Kennzeichnend für den Arbeitsmarkt auf Lombok ist somit ein Überangebot an unqualifizierten Arbeitskräften, eine hohe Unterbeschäftigung und das Fehlen außeragrarischen Erwerbsmöglichkeiten. Die Schaffung zusätzlicher und vor allem außeragrarischer Erwerbsmöglichkeiten ist eine der vorrangigen Aufgaben der Regionalpolitik. Nach LEEMANN/RÖLL bedarf es dazu neben reformerischen Maßnahmen im Agrarsektor vor allem komplementärer Maßnahmen:

"Nicht zuletzt können aber bessere Lebensbedingungen für die Mehrzahl der landlosen und landarmen Bevölkerung ohne eine beträchtliche Ausweitung des außeragrarischen Arbeitsplatzangebotes kaum erwartet werden."[3]

Sie empfehlen arbeitsintensive Investitionen mit geringem Kapitalaufwand, die vor allem den ansässigen Kleinunternehmen zugute kommen und deren Produktions- und Absatzmöglichkeiten verbessern. Dem Tourismus eine besondere Bedeutung hinsichtlich der Schaffung von Arbeitsplätzen beigemessen. Die weitverbreitete Arbeitslosigkeit und Unterbeschäftigung soll durch direkte Arbeitsplätze in den Bereichen Beherbergung, Gastronomie, Transport und in Reisebüros sowie durch indirekte Impulse in vor- und nachgelagerten Wirtschaftsbereichen wie der Landwirtschaft, dem Dienstleistungssektor, dem Handwerk und dem Handel verringert werden.

5.1.2 Beschäftigungseffekte durch den Tourismus

Über die Beschäftigungseffekte durch den Tourismus liegen nur sehr unzureichende statistische Daten vor. Es fehlen vor allem Angaben zu den indirekten Beschäftigungseffekten. Die folgenden Ausführungen beziehen sich aus diesem Grunde vornehmlich auf die direkten Beschäftigungseffekte im Bereich Hotellerie, Gastronomie, Reisebüros/Agenturen und auf den Strandhandel. Auf die sekundären Effekte wird in den Kapiteln zur Landwirtschaft und zum Kunsthandwerk eingegangen.

Die Zahl der direkt im Tourismus Beschäftigten ist von 1988-1992 von 1006 auf 2.735 gestiegen, was einem Zuwachs von ca. 170% entspricht. 1992 entfielen 85% dieser Arbeitsplätze dabei auf das Beherbergungsgewerbe. Differenziert nach der Art der Unterkünfte kamen auf die Hotels Bintang 1.081 Arbeitsplätze und auf die Hotels Melati 1.319 Arbeitsplätze.[4] Bezogen auf das Bettenangebot ergibt sich für die Hotels Melati ein Beschäftigungsquotient[5] von 0,48 und für die Hotels Bintang von 0,7. Der höhere Beschäftigungsquotient in den Hotels Bintang resultiert dabei vor allem aus den vielfältigen, über die Übernachtung hinausgehenden Dienstleistungen der

---

[2] DEPARTEMEN TENAGA KERJA RI PROPINSI NUSA TENGGARA BARAT (1992)
[3] LEEMANN/ RÖLL (1987: 257)
[4] DINAS PARIWISATA PROPINSI DAERAH TINGKAT I NUSA TENGGARA BARAT: 1989-1992
[5] Beschäftigungsquotient = Arbeitsplätze pro Hotelbett

Hotels, wie Reisebüros, Banken, Einkaufsmöglichkeiten oder Sportangebote. Die Hotels Melati stellen derartige Angebote nur in sehr begrenztem Maße zur Verfügung. Zudem handelt es sich bei den Hotels Melati vielfach um Familienbetriebe, in denen ein Teil der mitarbeitenden Familienmitglieder nicht statistisch erfaßt wird.

Weitere direkte Beschäftigungsmöglichkeiten entfielen auf die Gastronomie und die Reisebüros/ Agenturen. Insgesamt waren hier 335 Angestellte tätig. 3/4 dieser Arbeitsplätze entfielen dabei auf die Reisebüros, die allerdings nur in geringem Maße von den internationalen Touristen genutzt werden, da insbesondere die größeren Hotels ihren Gästen diesen Service selbst bieten. Die Beschäftigungseffekte resultieren damit nur begrenzt aus dem internationalen Tourismus. In den drei Untersuchungsgemeinden gibt es lediglich zwei Reiseagenturen in Senggigi, die unabhängig von den Hotels arbeiten.

Ähnlich verhält es sich mit den Arbeitsplätzen im Bereich der Gastronomie. Die Restaurants außerhalb der Hotels und der touristischen Zentren werden in nur geringem Umfang von den internationalen Touristen frequentiert. Selbst in den Gemeinden Senggigi, Gili Air und Kuta findet sich außerhalb der Hotels nur ein geringes gastronomisches Angebot. In Kuta gibt es außerhalb der Hotels kein Restaurant. Auf Gili Air existieren lediglich ein Restaurant sowie drei kleinere Cafés, die jedoch, da alle Hotels Vollverpflegung anbieten, nur wenig von Touristen besucht werden. In Senggigi sind in den 6 gastronomischen Betrieben 35 Angestellte tätig. Abgesehen von einem chinesischen Fischrestaurant haben diese ebenfalls nur geringe Gästezahlen, da auch die Hotels in Senggigi zumeist Vollverpflegung anbieten.

Die Beschäftigungseffekte im gastronomischen Bereich sind somit nur zu einem geringen Teil auf den internationalen Tourismus zurückzuführen und konzentrieren sich zudem überwiegend auf die Hotelbetriebe.

Tabelle 6: Beschäftigte im Tourismus auf Lombok nach Bezirken 1988-1992[6]

Bezirke	1988	1989	1990	1991	1992
Westlombok	918	1204	2263	2363	2550
Mittellombok	48	55	84	99	106
Ostlombok	40	46	49	62	79

Quelle: Dinas Pariwisata Propinsi Daerah Tingkat I Nusa Tenggara Barat 1989-1993

Der überwiegende Teil der Arbeitsplätze (93%) entfällt auf Westlombok. Innerhalb dieser Region konzentrieren sich die Beschäftigungsmöglichkeiten vor allem auf die Agglomeration Mataram, auf Senggigi und auf die im Nordwesten vorgelagerten Inseln. Damit liegen sie in den Regionen, die bereits unabhängig vom Tourismus den größten Anteil an außeragrarischen Erwerbsmöglichkeiten aufweisen. Auf der Grundlage der durchgeführten Befragungen und

---

[6] Die Daten zu den direkten Beschäftigungseffekten durch den Tourismus beinhalten Beschäftigte in den Hotels, Restaurants und Reisebüros.

Gespräche mit Hotelangestellten, Hotelbesitzern, Strandhändlern, Bürgermeistern und sonstigen im Tourismus involvierten Personen in den drei touristischen Zentren Senggigi, Kuta und Gili Air, wird im folgenden differenziert dargelegt, welche Bevölkerungsgruppen nach sozialer und regionaler Herkunft einen Zugang zu einer Beschäftigung im Tourismus finden, welche regionalen Impulse damit einhergehen und welche Restriktionen vorliegen. Der Schwerpunkt liegt dabei auf den Hotelbeschäftigten, da auf diese Gruppe der überwiegende Teil der direkten Arbeitsplätze entfällt. Darüber hinaus werden die Beschäftigungseffekte im Bereich Strandhandel dargelegt, um die Veränderungen durch die touristische Entwicklung zu verdeutlichen.

5.1.2.1 Beschäftigtenstruktur in den Hotels Bintang in Senggigi

1993 waren in den fünf Hotels Bintang in Senggigi 808 Angestellte tätig. Der überwiegende Teil der Beschäftigten (75%) ist im Alter von 20-30 Jahren, lediglich 1/4 ist älter als 30 Jahre. Hauptsächlich auf diese Gruppe entfällt der Anteil der Verheirateten, der mit 10% sehr niedrig ist. Als weiteres demographisches Merkmal ist der geringe Anteil von Frauen unter den Hotelbeschäftigten hervorzuheben, der 1993 bei nur 11% lag. Neben der absoluten Zahl der Beschäftigten ist vor allem die regionale und soziale Herkunft für die Bewertung der regionalen Impulse von Interesse.

Abb. 7: Regionale Herkunft der Angestellten in den Hotels Bintang in Senggigi 1993

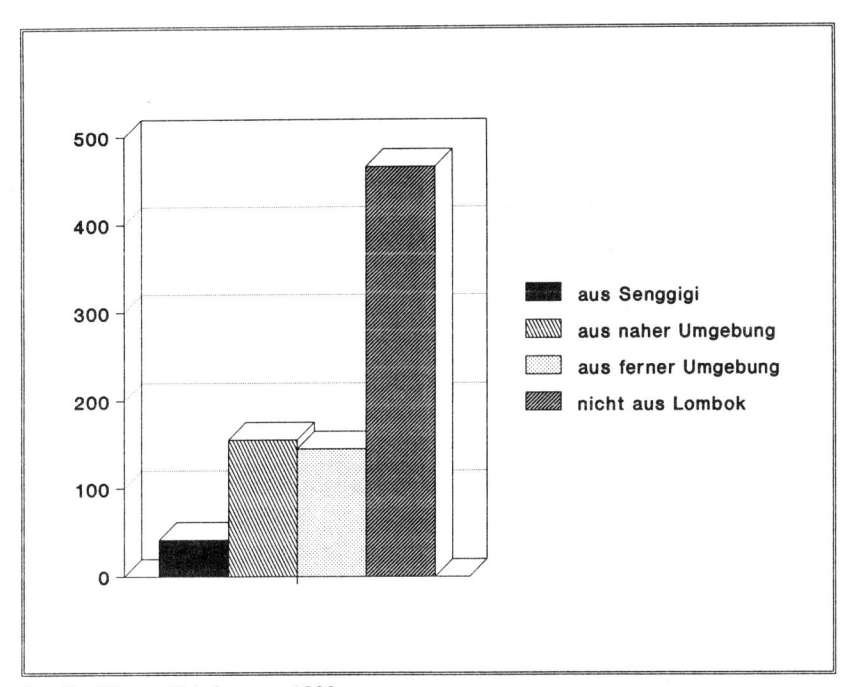

Quelle: Eigene Erhebungen 1993

42% der Beschäftigten in den Hotels kommen von der Insel Lombok. Nur ein geringer Anteil (6,3%) stammt dabei direkt aus der Gemeinde Senggigi. Aus der näheren Umgebung, zum überwiegenden Teil aus der Agglomeration Mataram, kommen 20% der Beschäftigten. Weitere 18% sind aus weiter entfernten Regionen der Insel zugewandert., hier entfällt ein großer Anteil auf die Bezirkshauptstadt Praya.

Nahezu 60% der Hotelbeschäftigten sind von Java oder Bali zugewandert, um eine Tätigkeit im Tourismussektor aufzunehmen. Die auf den ersten Blick nicht unbedeutenden Beschäftigungseffekte durch die internationalen Hotels in Senggigi bekommen durch den hohen Anteil von auswärtigen Beschäftigten aus regionaler Sicht einen anderen Stellenwert. Bei Zugrundelegung der Anzahl der Beschäftigten von der Insel Lombok ergibt sich ein regionaler Beschäftigungseffekt von nur 0,27 Angestellten pro Hotelbett.

Zudem steht die tourismusbedingte Arbeitsmigration, sowohl die intra- wie die interregionale, der offiziellen Regionalpolitik entgegen. Diese bemüht sich seit Jahren, Familien aus dem dichtbesiedelten Lombok, hier vor allem aus Westlombok, auf Inseln mit einer geringeren Bevölkerungsdichte umzusiedeln.

Von Seiten der Hotelbesitzer wurde als wesentlicher Grund für den hohen Anteil auswärtiger Beschäftigter der Mangel an lokal und regional verfügbaren qualifizierten Arbeitskräften genannt. Dies korrespondiert mit den dargelegten Strukturen der Erwerbstätigen und Arbeitslosen. Für eine Beschäftigung in einer der internationalen Hotels wird zumeist als minimale Anforderung ein SMA-Schulabschluß (12 Jahre) erwartet und darüberhinausgehend eine spezifische Ausbildung an einer der Tourismusfachschulen bzw. einschlägige Berufserfahrungen im Bereich Hotelwesen. Dabei wurde von den Hotelbesitzern darauf verwiesen, daß ein Abschluß an einer der privaten Tourismusschulen auf Lombok wegen der qualitativ unzureichenden Ausbildung nicht unbedingt ausreichend sei. Vielmehr wird für höher qualifizierte und besser bezahlte Tätigkeiten der Besuch einer der vier staatlichen Hotelfachschulen in Bandung, Denpasar, Medan oder Ujung Pandang erwartet.

Entsprechend diesen Anforderungen stellt sich die Ausbildungsstruktur der in den Hotels Beschäftigten dar. Sie verfügen über ein außergewöhnlich hohes Ausbildungsniveau. 92% der Beschäftigten haben mindestens 12 Jahre eine Schule besucht. Eine Ausbildung im Bereich des Tourismus haben 42,4%. Dabei haben 2/3 eine der staatlichen Hotelfachschulen[7] und 1/3 eine der privaten Tourismusschulen auf Lombok besucht.

---

[7] In Indonesien existieren insgesamt vier staatliche Hotelfachschulen in Bandung, Denpasar, Medan und Ujung Padang. Die dreijährige Ausbildung ist von der Qualität her sehr anerkannt. Neben diesen staatlichen Schulen gibt es zahlreiche private Tourismusschulen. Die Qualität der Ausbildung wird von den internationalen Hotels jedoch sehr kritisch beurteilt und ist keine Garantie für eine anschließende Beschäftigung.

Tabelle 7: Schulbildung der Angestellten in den Hotels Bintang in Senggigi 1993

Dauer des Schulbesuches	mehr als 12 Jahre	12 Jahre (SMA)	9 Jahre (SMP)	6 Jahre (SD)
absolut	34	40	5	1
in %	42,4	50	6,2	1,4

Quelle: Eigene Erhebungen 1993

Der überwiegende Teil (75%) der Angestellten hat vor der Tätigkeit im Hotel nicht gearbeitet. Sie haben direkt nach der Schule oder der Ausbildung eine Beschäftigung in den Hotels angenommen. Die restlichen 25% haben bereits Berufserfahrungen in der Hotellerie. Dabei handelt es sich zumeist um die zugewanderten Beschäftigten, die bereits in einem Hotel auf Bali oder Java tätig waren.

Differenziert nach der regionalen Herkunft verfügen diejenigen Angestellten, die von der Insel Lombok kommen, über eine schlechtere Ausbildung. Aus diesem Grunde sind sie zumeist in den Bereichen Zimmerservice, Küche oder Gartenanlagen tätig. Sie üben damit die Tätigkeiten im Hotelbereich aus, die am schlechtesten bezahlt sind und zudem kaum Aufstiegsmöglichkeiten bieten. Es sind zugleich die unsichersten Arbeitsplätze. Selbst diejenigen, die über eine qualifizierte Ausbildung im Bereich des Tourismus verfügen, haben kaum Möglichkeiten, in höher qualifizierte Positionen zu gelangen. Dies, weil die Hotels ihre eigenen Angestellten in diesen Bereichen mitbringen.

Die zugewanderten Angestellten von Java und Bali verfügen zumeist über eine hochqualifizierte Ausbildung oder über Berufserfahrungen im Bereich der Hotellerie. Sie nehmen von daher überwiegend Tätigkeiten im Bereich Service, Rezeption und Management ein. Diese Arbeitsplätze sind die am besten bezahlten und die sichersten.

Die Nähe zur touristisch erschlossenen Insel Bali mit einem Überangebot an qualifizierten Arbeitskräften, die problemlos nachgefragt werden können, und die den Anforderungen der Hotels nicht entsprechende Ausbildungsstruktur der regionalen Arbeitskräfte führt zu einer überregionalen Bedarfsdeckung.

Darüber hinaus stellt nach Auskunft der Hotelbesitzer die Tatsache, daß die lokale Bevölkerung sich zum Islam bekennt, ein Problemfeld für Tätigkeiten im Bereich der Hotellerie dar. Insbesondere die Einhaltung von Gebetszeiten und die fehlende Bereitschaft zum Ausschank von Alkohol und zum Servieren und Zubereiten von gewissen Speisen erweisen sich als unvereinbar mit Tätigkeiten im gastronomischen Bereich der Hotels.[8]

Die regionale Bevölkerung profitiert somit nur begrenzt von den neuen Erwerbs-möglichkeiten in diesem Bereich. Einen Zugang zu den Beschäftigungs-möglichkeiten in den Hotels finden zudem nur diejenigen, die aus den sozial besser gestellten Familien kommen. Die einkommensschwachen Bevölkerungsgruppen, die sich und ihren Kindern keine Ausbildung finanzieren können, sind zumeist ausgeschlossen. Befragt nach der sozialen Herkunft, gaben 40% der Angestellten an, daß ihre Eltern[9] im öffentlichen Dienst tätig seien. 60% der Eltern arbeiteten in der Landwirtschaft, wobei der überwiegende Teil von ihnen eigenes Land besaß. Lediglich ein geringer Teil, vorwiegend aus Senggigi und der näheren Umgebung, kam aus Familien ohne Landbesitz.

Für diejenigen, die Zugang zu einer Beschäftigung in den Hotels gefunden haben, können die allgemeinen Arbeitsbedingungen als sehr gut bezeichnet werden.

Die Angestellten sind das ganze Jahr über beschäftigt. Die tägliche Arbeitszeit liegt bei 8 Stunden. In der Woche werden 6 Tage gearbeitet. Die Angestellten haben Anspruch auf 12 Tage (unbezahlten) Urlaub. Sie sind krankenversichert; bei Verheirateten sind die Ehepartner sowie zwei Kinder mitversichert. Diese Arbeitsbedingungen, vor allem die soziale Absicherung, sind im Vergleich zu den kleineren Hotels wie auch zu Arbeitsplätzen in anderen Wirtschaftsbereichen außerordentlich gut.

In allen Hotels wird das ganze Jahr über ein festes Grundgehalt bezahlt. Dies wird durch einen Servicebeitrag ergänzt, der abhängig ist von den Gästezahlen. Je nach Hotel und Saison schwankt der Serviceanteil zwischen 500.00 und 150.000 Rupiah (Rp) pro Monat.

Tabelle 8: Grundgehalt* in den Hotels Bintang in Senggigi nach Tätigkeiten

Tätigkeit	Einkommen in Rupiah
Zimmerservice	60.000 - 100.000
Gärtner	60.000 - 100.000
Wäscherei	80.000 - 100.000
Bedienung	100.000 - 150.000
Telefondienst	150.000 - 250.000
Rezeption	150.000 - 250.000
Management	200.000 - 800.000

Quelle: Eigene Erhebungen 1993 *ohne Servicezulage/monatlich

---

[8] Vergleichbare Einschätzungen religiös bedingter Restriktionen für eine Tätigkeit der lokalen Bevölkerung im Bereich der Hotellerie wurden von den Besitzern der Hotels Melati nicht geäußert. Auch von Angestellten, die sich zum Islam bekennen, wurde nicht auf diese Problematik verwiesen. Aus diesem Grunde können die Einschätzungen auch als mangelnde Toleranz oder Rücksicht auf religiöse Verhaltensregeln interpretiert werden.

[9] Es wurde nach den ausgeübten Tätigkeiten von Vater und Mutter gefragt. Zumeist gaben die Befragten allerdings nur die Tätigkeit des Vaters an.

Die Verdienstmöglichkeiten in den Hotels Bintang sind im Vergleich zu den Hotels Melati und zu anderen Wirtschaftsbereichen außerordentlich gut.
Selbst die am schlechtesten bezahlten Tätigkeiten im Bereich Zimmerservice oder Gartenanlagen übersteigen den empfohlenen Mindestlohn von 1.500 Rupiah pro Tag.[10]
Von den Angestellten wurden dieser Aspekt sowie die soziale Absicherung als besonders positiv hervorgehoben. Kritisch äußerten sich hingegen viele zu den Anforderungen an bestimmte Verhaltensregeln gegenüber den Gästen. So ist es im allgemeinen nicht erlaubt, während der Arbeitszeit mit den Gästen längere Gespräche zu führen. Vielmehr besteht zwischen Gästen und Angestellten ein freundlicher, aber sehr distanzierter Kontakt. Ein Austausch, an dem vor allem die Angestellten interessiert wären, findet nicht oder nur sehr oberflächlich statt.

Hinsichtlich der regionalen Impulse der zusätzlichen Einkommen und der damit verbundenen Multiplikatoreffekte gilt es verschiedene Faktoren zu berücksichtigen. Zum einen transferieren 60 % der Angestellten einen Großteil ihres Einkommens in den elterlichen Haushalt. Bei dem hohen Anteil der auswärtigen Beschäftigten fließt damit ein Teil der Einkommen nach Bali oder Java, was die regionalen Multilplikatoreffekte mindert. Positive lokale Multiplikatoreffekte entstehen jedoch gerade durch die auswärtigen Beschäftigten, die in Senggigi oder der näheren Umgebung ein Zimmer mieten.
Die Gehälter der Beschäftigten aus Senggigi und Mataram verbleiben hingegen in der Region. Ihre multiplikative Wirkung ist aus regionaler Sicht damit sehr groß.
Die Multiplikatoreffekte durch die Einkommen der Beschäftigten aus den weiter entfernten Regionen der Insel sind ebenfalls sehr stark. Auch diese mieten Wohnraum in Senggigi, was lokal zusätzliche Einkommensmöglichkeiten schafft. Darüber hinaus transferieren auch sie ca. 50 % ihres Gehaltes in den elterlichen Haushalt. Dies Geld bleibt in der Region und schafft damit ebenfalls zusätzliche regionale Effekte in den Herkunftsregionen.

Insgesamt kann dennoch festgehalten werden, daß der hohe Anteil auswärtiger Angestellter in den Hotels sich negativ auf die regionalen Multiplikatoreffekte auswirkt. Zudem werden sowohl regionale wie soziale Disparitäten forciert. Positiv hervorzuheben sind die Arbeitsbedingungen in den Hotels, hier vor allem die Verdienstmöglichkeiten.

5.1.2.2 Beschäftigtenstruktur in den Hotels Melati in Senggigi

In den 9 Hotels Melati in Senggigi sind 198 Angestellte tätig. Die demographischen Merkmale entsprechen denen der Hotels Bintang. So sind die Beschäftigten überwiegend im Alter von 20-30 Jahren und der Frauenanteil ist mit 20 % ebenfalls sehr gering.

---

[10] In Indonesien gibt es keine amtlich festgelegten Löhne, sondern lediglich Empfehlungen von der nationalen Arbeitsbehörde hinsichtlich der Mindestlohnzahlungen. In vielen Regionen werden diese Mindestlöhne jedoch unterschritten, was in den letzten Jahren immer wieder zu Streiks, vor allem in der Textilindustrie, geführt hat (BUNDESSTELLE FÜR AUßENHANDELS-INFORMATIONEN 1992: 14).

Der Großteil der Beschäftigten in den Hotels (92%) kommt von der Insel Lombok. Hiervon stammen 50% aus der näheren Umgebung, das heißt zu einem Großteil die Agglomeration Mataram ist. 17% der Beschäftigten sind in Senggigi geboren. Vor allem die Hotels, deren Besitzer aus Senggigi kommen, haben einen sehr hohen Anteil an Beschäftigten aus dem Ort. Weitere 27% der Beschäftigten sind aus weiter entfernten Regionen der Insel zugewandert. Dominant dabei ist wiederum die Bezirkshauptstadt Praya.

Der Anteil der auswärtigen Beschäftigten ist mit 8%, vor allem im Vergleich zu den Hotels Bintang, sehr gering. Die zugewanderten Arbeitskräfte kommen von Bali, Java und von der östlich benachbarten Insel Sumbawa. Sie sind vor 2-3 Jahren nach Lombok gekommen, in der Hoffnung, hier eine Beschäftigung im Bereich des Tourismus zu finden. Die von Bali Zugewanderten haben vorher dort versucht, eine Beschäftigung zu finden, was ihnen unter anderem wegen des dortigen Überangebotes an Arbeitskräften nicht gelungen ist.

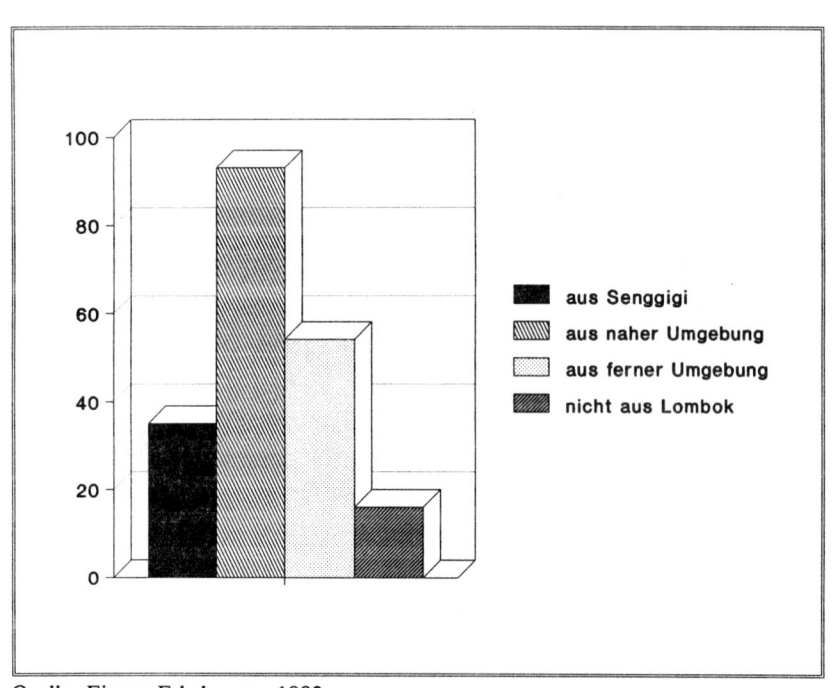

Abb. 8: Regionale Herkunft der Angestellten in den Hotels Melati in Senggigi 1993

Quelle: Eigene Erhebungen 1993

Die Anforderungen an die Schul- und Berufsausbildung der Angestellten, hier vor allem in den einfachen Unterkünften, sind wesentlich niedriger als in den Hotels Bintang, so daß die regionale Bevölkerung dem eher entsprechen kann und einen Zugang zu einer Beschäftigung findet. Zudem kommt der überwiegende Teil der Hotelbesitzer aus der Region, so daß keine Angestellten für

höher qualifizierte Tätigkeiten aus anderen Regionen mitgebracht werden, wie es in den internationalen Hotels üblich ist. Dies, wie auch die begrenzteren finanziellen Ressourcen der Hotels Melati, begünstigen eine regionale Bedarfsdeckung im Bereich der Arbeitskräfte.
Dennoch verfügen auch die Beschäftigten in den Hotels Melati über ein vergleichsweise hohes Ausbildungsniveau. 3/4 der Beschäftigten haben mindestens 12 Jahre eine Schule besucht. Eine Ausbildung im Bereich des Tourismus haben 50% der Angestellten. Der überwiegende Teil derer hat eine der privaten Tourismusschulen auf Lombok besucht. 1/4 der Angestellten hat lediglich einen SMP bzw. SD Abschluß. Für viele ist die jetzige Tätigkeit in einem Hotel der Kategorie Melati eine Zeit der Qualifikation. Langfristig streben sie, wegen der bessere Verdienstmöglichkeiten, eine Beschäftigung in einem Hotel Bintang auf Lombok oder Bali an.

Tabelle 9: Schulbildung der Angestellten in den Hotels Melati in Senggigi 1993

Dauer des Schulbesuches	mehr als 12 Jahre	12 Jahre (SMA)	9 Jahre (SMP)	6 Jahre (SD)
absolut	20	8	7	3
in %	54	21	15	10

Quelle: Eigene Erhebungen 1993

Im Gegensatz zu den Hotels Bintang konnten für die Hotels Melati keine signifikanten Korrelationen von regionaler und/oder sozialer Herkunft und der Ausbildungsstruktur nachgewiesen werden. Eine Ausnahme stellen die Angestellten aus Senggigi dar. Diese haben zumeist keine Ausbildung im Bereich des Tourismus und maximal 9 Jahre eine Schule besucht. Von daher sind sie ausschließlich im Bereich Zimmerservice oder Gartenanlagen tätig.
Nahezu 40% der Angestellten haben bereits vor ihrer jetzigen Tätigkeit gearbeitet. Die meisten waren in tourismusnahen Bereichen tätig, vor allem als Strandhändler oder in einem anderen Hotel. 25% der Angestellten gaben an, neben der jetzigen Tätigkeit im Hotel auch als Reiseführer oder in der Landwirtschaft zu arbeiten.
Befragt nach ihrer sozialen Herkunft gaben 50% an, daß ihre Eltern in der Landwirtschaft tätig seien. Weitere 30% der Eltern waren staatliche Angestellte und die restlichen 20% arbeitslos bzw. im Ruhestand. In den Hotels Melati finden sich somit Angestellte aus allen sozialen Schichten. Allerdings ist auch hier der Anteil derjenigen, die aus bäuerlichen Familien ohne Landbesitz kommen, sehr gering.

In bezug auf die Arbeitsbedingungen und das Einkommen ist zwischen den sehr einfachen, kleinen Hotels (Losmen) und den größeren Mittelklassehotels zu unterscheiden.
In den Losmen liegt die tägliche Arbeitszeit bei 8-14 Stunden. Im allgemeinen wird sieben Tage in der Woche gearbeitet, und es gibt keine Urlaubsansprüche. In der Hauptsaison liegt das Monatseinkommen zwischen 35.000 und 70.000 Rupiah. Zudem haben die Angestellten freie

Unterkunft und Verpflegung. In der Nebensaison reduziert sich das Gehalt je nach den Gästezahlen erheblich, in manchen Monaten kann kein Gehalt gezahlt werden.

In den Mittelklassehotels beträgt die tägliche Arbeitszeit zumeist 8 Stunden, und es wird sechs Tage pro Woche gearbeitet. Anspruch auf Urlaub und Krankenversicherung gibt es nicht. Ähnlich wie in den Hotels Bintang wird das ganze Jahr über ein Grundgehalt gezahlt, das durch einen Servicebetrag zwischen 30.000 und 70.000 Rupiah pro Monat, in Abhängigkeit von den Gästezahlen, ergänzt wird.

Abgesehen vom Management liegt das Grundgehalt je nach Hotel und Tätigkeit zwischen 50.000-150.000 Rupiah. Am schlechtesten bezahlt ist der Zimmmerservice. Tätigkeiten im Bereich Management werden von den Hotelbesitzern ausgeführt.

Das Lohnniveau in den Hotels Melati ist wesentlich niedriger als das der Hotels Bintang. Dies trifft vor allem für die kleinen Hotels zu, die zudem vergleichsweise schlechte Arbeitsbedingungen haben.

Die Kontakte zwischen Touristen und Angestellten, auch während der Arbeitszeit, sind wesentlich intensiver als bei den Hotels Bintang. Dies trifft vor allem für die sehr kleinen einfachen Unterkünfte zu. Allein durch die tägliche Arbeitszeit von mehr als 10 Stunden entstehen hier mehr Möglichkeiten des Austausches. Darüber hinaus gibt es von Seiten der Besitzer keine Reglementierung, vielmehr forcieren sie solche Kontakte.

Die Einkommen der Beschäftigten verbleiben wegen des geringen Anteils an auswärtigen Angestellten überwiegend in der Region. Da ein Großteil der Angestellten noch im elterlichen Haushalt lebt, fließen die zusätzlichen Einkommen diesem zu. Die lokalen Effekte durch Zimmervermietung an Hotelangestellte sind wegen des geringen Anteils zugewanderter Arbeitskräfte gering.

Die Hotels Melati verschaffen der regionalen Bevölkerung zusätzliche Einkommensmöglichkeiten; es erfolgt keine überregionale Bedarfsdeckung. Auch wenn im Vergleich zu den Hotels Bintang die Verdienstmöglichkeiten geringer sind, so sind die regionalen Impulse durch den geringen Abfluß dennoch von großer Bedeutung.

5.1.2.3 Beschäftigtenstruktur in den Hotels Melati auf Gili Air

In den 19 Hotels Melati sind 121 Angestellte tätig. 3/4 von ihnen sind im Alter von 20-25 Jahren, weitere 20% unter 20 Jahre. Der Anteil von Frauen ist mit 45% sehr hoch. Die Frauen sind im allgemeinen in der Küche tätig, während die Männer im Servicebereich arbeiten.

95% der Beschäftigten in den Hotels auf Gili Air kommen aus der Region Lombok, wobei ein Großteil direkt von der Insel Gili Air (50%) und aus der nahen Umgebung (30%) kommt. Lediglich 20% der Beschäftigten sind aus entfernteren Regionen zugewandert.

Der hohe Anteil der Beschäftigten von der Insel ist unter anderem darauf zurückzuführen, daß viele Hotels als Familienbetriebe geführt werden. 1/4 der Beschäftigten ist mit dem Hotelbesitzer verwandt.

Abb. 9: Regionale Herkunft der Angestellten in den Hotels Melati auf Gili Air 1993

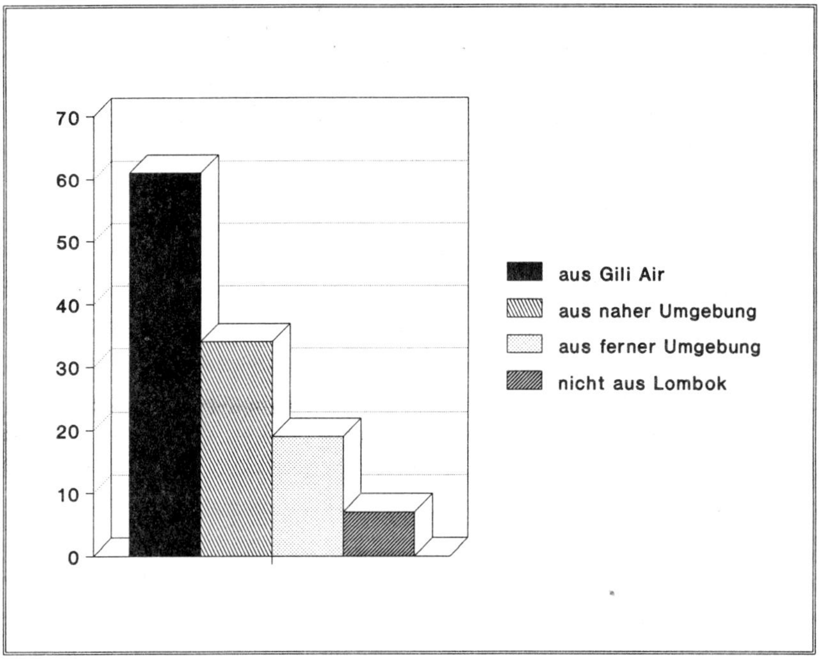

Quelle: Eigene Erhebungen 1993

Ein bedeutender Faktor für den hohen Anteil Beschäftigter aus der Region ist, daß alle Hotelbesitzer von der Insel Gili Air kommen. Sie sind bemüht, zunächst der lokalen Bevölkerung ein Einkommen durch den Tourismus zu ermöglichen. Um ihre Interessen zu koordinieren, gibt es wöchentliche Zusammenkünfte aller Hotelbesitzer. Sie beraten gemeinsam über Probleme und Entwicklungen auf der Insel. Diese engen sozialen Kontakte, die maßgeblich vom Bürgermeister initiiert wurden, haben dazu geführt, daß die touristische Entwicklung von der lokalen Bevölkerung getragen und gelenkt wird, und diese davon in vielfältiger Weise profitiert.

Zudem sind die Anforderungen für eine Tätigkeit in den Hotels vergleichsweise gering, so daß auch unqualifizierte Arbeitskräfte hier einen Zugang finden. Entsprechend stellt sich das Ausbildungsniveau dar. Nur ein sehr geringer Anteil der Beschäftigten in den Hotels auf Gili Air verfügt über eine Ausbildung im Bereich des Tourismus. Der überwiegende Teil hat einen SD

Abschluß (50%). Weitere 15% haben bis zu 9 Jahren die Schule besucht, und etwa 1/4 aller Befragten hat einen SMA-Schulabschluß.

Tabelle 10: Schulbildung der Angestellten in den Hotels Melati auf Gili Air 1993

Dauer des Schulbesuches	mehr als 12 Jahre	12 Jahre (SMA)	9 Jahre (SMP)	6 Jahre (SD)
absolut	1	10	4	16
in %	3,2	32,2	12,9	51,6

Quelle: Eigene Erhebungen 1993

Differenziert nach der Herkunft der Angestellten ist festzustellen, daß die Angestellten aus Mataram mindestens 12 Jahre eine Schule besucht haben und auf sie der Anteil derer entfällt, die eine Tourismusschule besucht haben. Ein Großteil von ihnen hat vorher versucht, in Senggigi eine Tätigkeit zu finden. Gili Air ist für viele eine Notlösung und zugleich eine Zeit der Qualifikation für spätere Tätigkeiten. Die Angestellten von der Insel Gili Air haben maximal einen SMP-Schulabschluß, viele haben nur einen SD-Schulabschluß.

Ein Großteil der Beschäftigten in den Hotels hat vor der jetzigen Tätigkeit bereits in der Landwirtschaft, Fischerei oder in tourismusnahen Bereichen gearbeitet. Viele von ihnen üben diese Tätigkeiten auch heute noch aus, so daß der Tourismus nicht ihre einzige Einkommensquelle darstellt.

Befragt nach der sozialen Herkunft gaben 75% der Angestellten an, daß ihre Eltern in der Landwirtschaft tätig seien. 15% waren Hotelbesitzer und weitere 10% arbeitslos bzw. pensioniert.

Unterschiedlichste Sozialgruppen finden somit Zugang zu den Erwerbsmöglichkeiten im Bereich der Hotellerie auf Gili Air. Wesentliche Gründe hierfür sind die engen sozialen Kontakte auf der Insel. Zudem sind die periphere Lage und das Fehlen von Unterkünften des gehobenen Standards in der unmittelbaren Nähe Faktoren, die sich positiv auf eine lokale Bedarfsdeckung auswirken.

Aber auch die Arbeitsbedingungen, hier vor allem die Arbeitszeiten und die Verdienstmöglichkeiten, sind für potentielle Arbeitsmigranten wenig attraktiv.

Im Gegensatz zu den Hotels in Senggigi gibt es auf Gili Air zumeist keine festgelegten Arbeitsbedingungen. Weder Arbeitszeiten, Art der Tätigkeiten noch die Bezahlung sind klar geregelt. Vielmehr müssen alle Beschäftigten jederzeit verfügbar sein und alle anfallenden Tätigkeiten übernehmen. Die tägliche Freizeit wie auch die Urlaubstage werden kurzfristig, in Anhängigkeit von den Gästezahlen und den anfallenden Aufgaben, geregelt. Ähnlich verhält es sich mit den Gehältern der Angestellten. In der Hauptsaison, in der alle Hotels eine hohe Auslastung haben, wird ein festes Gehalt gezahlt. Dies liegt zwischen 35.000 und 75.000 Rupiah. Einen zusätzlichen Servicebetrag gibt es nicht. Alle Angestellten erhalten freie Kost und Logis. In der Nebensaison kann wegen der geringen Gästezahlen zumeist kein Gehalt gezahlt werden.

Lediglich in vier der 20 Hotels auf Gili Air gibt es den Hotels Melati in Senggigi vergleichbare Arbeitsbedingungen mit festen Arbeitszeiten und Lohnzahlungen. Diese Hotels sind der Mittelklasse zuzurechnen. In ihnen ist der überwiegende Teil der auswärtigen Angestellten tätig. Die Gehälter liegen je nach Tätigkeit zwischen 50.000 und 150.000 Rupiah. Sie entsprechen etwa denen in den Hotels Melati in Senggigi.

Trotz der vergleichsweise schlechten Verdienstmöglichkeiten in den Hotels auf Gili Air äußerten sich die Angestellten positiv zu den Arbeitsbedingungen. Insbesondere wurde die Einbindung in das soziale und familiäre Netz positiv hervorgehoben. Darüber hinaus verwiesen viele darauf, daß sie durch die engen Kontakte mit den Gästen ihr Wissen über andere Länder und Kulturen erweitern könnten.

Das Einkommen der von der Insel kommenden Beschäftigten verbleibt zu 100% auf Gili Air, da der überwiegende Teil von ihnen noch im elterlichen Haushalt lebt. Die zugewanderten Beschäftigten transferieren ca. 80% ihres Verdienstes in den elterlichen Haushalt. 50% von ihnen gaben an, daß mit ihrem Einkommen der Schulbesuch oder eine Ausbildung von jüngeren Geschwistern finanziert wird. Durch den geringen Anteil der Beschäftigten, die nicht aus der Region Lombok kommen, sind die Einkommensabflüsse sehr gering. Die regionale Multiplikatorwirkung ist sehr hoch. Auch wenn die Einkommen der Beschäftigten vergleichsweise niedrig sind, so sind sie für das gesamte Haushaltseinkommen der Familien doch von großer Bedeutung.

Das Beherbergungsgewerbe auf Gili Air verschafft unterschiedlichsten Sozialgruppen aus der Region eine, wenn auch im Vergleich zu den Hotels in Senggigi geringere, zusätzliche Einkommensmöglichkeit. Hervorzuheben ist, daß auch Frauen einen Zugang zu den Erwerbsmöglichkeiten finden, was in Senggigi und in Kuta kaum der Fall ist.

5.1.2.4 Beschäftigtenstruktur in den Hotels Melati in Kuta

1992 waren in den acht Hotels in Kuta 61 Angestellte tätig. 75% der Beschäftigten waren im Alter von 20-25 Jahren, weitere 20% unter 20 Jahren. Der Frauenanteil lag bei 26%.

Die regionale Herkunft der Beschäftigten divergiert von den vorangestellten Ausführungen zu Gili Air erheblich, auch wenn der Hotelstandard und die Gästestruktur mit der auf Gili Air vergleichbar sind.

75% der Angestellten in den Hotels in Kuta kommen von der Insel Lombok. Der Anteil derjenigen aus dem Ort ist mit 13% jedoch sehr gering. 52% der Angestellten stammen aus der nahen Umgebung, vor allem aus Praya. Zudem kommen 12% aus Mataram.

Der Anteil der zugewanderten Arbeitskräfte, vor allem aus Bali, ist mit 23% vergleichsweise hoch. Hintergrund hierfür ist, daß zwei Hotelbesitzer aus Bali kommen und einen Teil ihrer Angestellten mitgebracht haben.

Der geringe Anteil von Beschäftigten aus dem Ort ist unter anderem darauf zurückzuführen, daß lediglich zwei Hotelbesitzer aus Kuta kommen. Der Tourismus ist nicht wie auf Gili Air von der lokalen Bevölkerung initiiert worden, sondern von Zugewanderten aus Praya, Mataram und Bali.

Abb. 10: Regionale Herkunft der Angestellten in den Hotels Melati in Kuta 1993

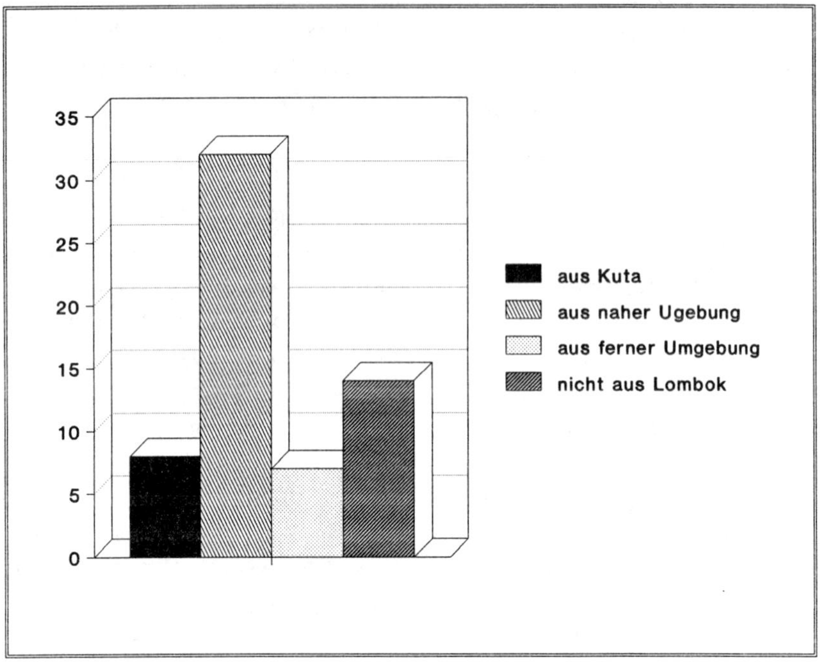

Quelle: Eigene Erhebungen 1993

Nach Angaben der Hotelbesitzer ist der geringe Anteil Beschäftigter aus dem Ort zudem darauf zurückzuführen, daß viele Kinder und Jugendliche im Ort keine Schule besucht haben. Sie mußten schon seit frühster Kindheit in der Landwirtschaft mithelfen, um das Überleben der Familie zu sichern. Auch wenn die Anforderungen der Hotels in Kuta an eine Ausbildung vergleichsweise gering sind, sind sie für die ansässige Bevölkerung nicht zu erfüllen.

Tabelle 11: Schulbildung der Angestellten in den Hotels Melati in Kuta 1993

Dauer des Schulbesuches	mehr als 12 Jahre	12 Jahre (SMA)	9 Jahre (SMP)	6 Jahre (SD)
absolut	3	16	3	3
in %	12	64	12	12

Quelle: Eigene Erhebungen 1993

Wie Tabelle 11 verdeutlicht, sind mehr als die Hälfte der befragten Angestellten in den Hotels in Kuta mindestens 12 Jahre lang zur Schule gagangen. Drei der Befragten haben eine der Tourismusschulen in Mataram besucht. 24% der Angestellten haben maximal 9 Jahre lang eine Schule besucht.

Hinsichtlich der regionalen wie sozialen Herkunft lassen sich keine Korrelationen zur Ausbildungsstruktur der Beschäftigten herstellen. In allen Unterkünften sind Angestellte unterschiedlicher sozialer Gruppen vertreten, denen nicht bestimmte Ausbildungsniveaus zuzuordnen sind. Befragt nach der Tätigkeit der Eltern, gaben 56% an, daß diese in der Landwirtschaft arbeiteten, weitere 36% der Eltern waren staatliche Angestellte.

Die Angestellten sind das ganze Jahr über in den Hotels beschäftigt. Die Gehälter liegen zwischen 25.000- und 50.000 Rupiah. In der Nebensaison, die in Kuta sehr ausgeprägt ist, erhalten die meisten jedoch kein Gehalt, sondern nur Unterkunft und Verpflegung. Der überwiegende Teil der Beschäftigten arbeitet mehr als 10 Stunden pro Tag, 50% arbeiten mehr als 14 Stunden pro Tag. Die Angestellten äußerten sich sehr unzufrieden zu den Arbeitsbedingungen in den Hotels, vor allem zu den geringen Einkommensmöglichkeiten und den täglichen Arbeitszeiten. Zudem bestehen kaum Kontakte zu den Gästen. Dies vor allem, weil die Aufenthaltsdauer der Gäste in Kuta bei nur 1-2 Tagen liegt, was intensivere Kontakte nicht ermöglicht. Zudem ist die Auslastungsquote der Hotels, vor allem in der Nebensaison, sehr gering. Die Angestellten haben in dieser Zeit kaum Aufgaben im Hotel, müssen dennoch jederzeit verfügbar sein, was zu ihrer Unzufriedenheit beiträgt. Außerdem gibt es im Ort keine Möglichkeiten der Freizeitgestaltung, und die Angestellten haben kaum Kontakte zur ortsansässigen Bevölkerung.

Aus diesen Gründen ist die Fluktuationsrate in den Hotels in Kuta sehr hoch. Es besteht nicht, wie für Gili Air beschrieben, eine Integration in das soziale und familiäre Netz der Region.

Die regionalen Multilpikatoreffekte durch die Einkommen der Beschäftigten werden durch den vergleichsweise hohen Anteil Zugewanderter, die einen Großteil ihres Einkommens in den elterlichen Haushalt transferieren, erheblich reduziert. Zudem sind die Einkommen der Beschäftigten insgesamt so gering, daß sich daraus nur geringe Impulse ergeben. Vor allem entstehen keine lokalen Impulse, da der Anteil von Angestellten aus dem Ort und der nahen Umgebung sehr gering ist.

Die vom Beherbergungsgewerbe in Kuta ausgehenden lokalen wie regionalen Impulse sind, wegen des geringen Beschäftigungsquotienten, der schlechten Verdienstmöglichkeiten und der mangelnden Integration der lokalen Bevölkerung in diesem Bereich, sehr unbedeutend.

5.1.2.5 Der Strandhandel

Der Strandhandel zählt zu den Beschäftigungseffekten durch den Tourismus, die in den offiziellen Statistiken zumeist nicht erfaßt sind. Dennoch stellt er für viele eine wichtige Einkommensquelle dar. Im folgenden wird für die drei Untersuchungsgemeinden dargelegt, welche Bedeutung dieser Bereich hat, welche Bevölkerungsgruppen hier involviert sind und welche Veränderungen sich in

Abhängigkeit von der Art des Tourismus sowie von den lokalen Gegebenheiten in den letzten Jahren vollzogen haben. Im Vordergrund stehen dabei weniger quantitative Faktoren, sondern vielmehr die strukturellen Veränderungen.[11]

Bis Ende der 80er Jahre wurde der Strandhandel in Senggigi ausschließlich von der lokalen Bevölkerung betrieben. Zumeist waren es Jugendliche und Frauen aus dem Ort, die Obst, Süßwaren und Getränke verkauften. Die Zahl der Händler lag bei 10-20. Sie arbeiteten sporadisch, je nach verfügbarer Zeit. Mit der Zunahme der Gäste stieg auch die Anzahl der Strandhändler.[12] Diese kamen zunächst aus der näheren Umgebung, später jedoch auch vermehrt aus entfernter gelegenen Regionen Mittel- und Ostlomboks. Die Händler waren zumeist in der Landwirtschaft und als Kunsthandwerker tätig. In der Zeit von April bis November, wo es in der Landwirtschaft kaum Beschäftigungs- und Einkommens-möglichkeiten gibt, erwirtschafteten sie sich durch den Verkauf von handwerklichen und sonstigen Produkten an den Stränden von Senggigi ein zusätzliches Einkommen.

Im Laufe der Zeit wurde der Strandhandel zunehmend organisiert und institutionalisiert. Zudem erweiterte sich das Angebot erheblich. Großhändler aus Mataram kauften Textilien von Bali und andere kunsthandwerkliche Produkte von Lombok in größerem Umfang und stellten Händler für den Verkauf ein. Hiermit ging eine Zunahme der Strandhändler einher, die nun überwiegend aus Mataram kamen. Gleichzeitig wurden die nur saisonal arbeitenden Händler aus Senggigi wie aus Mittel- und Ostlombok verdrängt, weil die organisierten Händler wesentlich billiger anbieten konnten.

Darüber hinaus wurde 1992 auf Initiative des Bürgermeister von Senggigi eine Kooperative von Strandhändlern, Bootsverleihern und Reiseführern gegründet. Die Mitgliedschaft kostet einmalig 7.500 Rupiah sowie monatlich 1.000 Rupiah. Offiziell dürfen nur Mitglieder der Kooperative Waren am Strand verkaufen. Ziel ist es, die Anzahl der Verkäufer zu reduzieren, vor allem derjenigen, die nur sporadisch aus entfernter gelegenen Regionen kommen.

1992 zählte die Kooperative 280 Mitglieder, der überwiegende Teil von ihnen kam aus der Umgebung von Senggigi. Direkt aus dem Ort stammten lediglich 10% der Mitglieder.

Zudem wurden auf Initiative der Hotelbesitzer Strandbereiche für Strandhändler gesperrt, weil sich die Gäste zunehmend über die Verkaufsstrategien der Händler beschwerten. Den Verkäufern wurden feste Plätze zugewiesen, wo sie ihre Waren ausbreiten und verkaufen durften. Darüber hinaus entstanden in unmittelbarer Strandnähe fünf feste Verkaufsstände für Textilien und kunsthandwerkliche Produkte. Die Besitzer und deren Angestellte kamen aus Mataram.

Von Seiten der Hotelbesitzer und Gäste wird die dargelegte Institutionalisierung und Reglementierung des Strandhandels positiv bewertet. Für viele der ehemaligen Strandhändler, vor allem für diejenigen mit einem geringen Angebot, die nur sporadisch gearbeitet haben, entfiel allerdings eine nicht unbedeutende Einkommensquelle.

---

[11] Die folgenden Ausführungen basieren auf Gesprächen mit Strandhändlern und den Bürgermeistern der drei Untersuchungsgemeinden.
[12] Nach Angaben des Bürgermeisters von Senggigi waren damals in der Hauptsaison 30-50 Händler tätig.

Der Strandhandel auf der Insel Gili Air ist von der Anzahl der Händler her weitaus unbedeutender als in Senggigi. 1993 gab es ca. 20 Händler, die Textilien und kunsthandwerkliche Produkte verkauften. Die Verkäufer kamen aus Mataram und arbeiteten auf Kommission für Großhändler. Sie waren im Alter von 16-20 Jahren und hatten zumeist keine oder maximal nur 6 Jahre lang eine Schule besucht. Die lokale Bevölkerung von der Insel Gili Air ist kaum im Bereich Strandhandel tätig. Lediglich einige Frauen und Kinder verkaufen sporadisch Obst am Strand. Ein Grund für die geringe Beteiligung der lokalen Bevölkerung ist, daß der überwiegende Teil von ihnen durch andere Tätigkeiten eingebunden ist. Zugleich ist es eine bewußte Distanzierung der lokalen Bevölkerung von dieser Tätigkeit.[13]

Ähnlich wie in Senggigi wurde den auswärtigen Strandhändlern Mitte 1993 ein fester Verkaufsplatz am Strand zugewiesen, wo sie ihre Waren ausbreiten und verkaufen dürfen. Diese Tatsache sowie die Eröffnung von zwei Verkaufsständen für kunsthandwerkliche Produkte auf der Insel haben zu einem merklichen Rückgang des Strandhandels geführt. Die genannten Verkaufsstände werden von Bewohnern der Insel betrieben.

Auf Gili Air hat damit ebenfalls eine Verdrängung von Strandhändlern stattgefunden. Im Gegensatz zu Senggigi hat dies jedoch zur Schaffung zusätzlicher Einkommensmöglichkeiten für die ansässige Bevölkerung beigetragen, die kunsthandwerkliche Produkte an festen Verkaufsständen anbieten.

In Kuta hat sich bisher kaum ein Strandhandel entwickelt. Lediglich in der Hauptsaison sind sporadisch Verkäufer aus Mataram dort tätig, die vorwiegend Textilien anbieten. Darüber hinaus verkaufen einige Mädchen aus dem Dorf hin und wieder Obst am Strand. Die lokale Bevölkerung ist ansonsten in dem Bereich Strandhandel nicht involviert. Obwohl auf Gili Air das gleiche Phänomen festgestellt wurde, hat dies in Kuta einen anderen Hintergrund. Die lokale Bevölkerung ist nicht in der Lage, kleinste Investitionen wie den Kauf von Kunsthandwerken, Textilien u.ä. zu tätigen, um diese an Touristen zu verkaufen. Zudem gibt es weder von der lokalen Bevölkerung noch von Auswärtigen betriebene Verkaufsstände für Kunsthandwerksprodukte. Und dies, obwohl viele Standorte der Kunsthandwerksproduktion sich in der nahen Umgebung von Kuta befinden. Auch wenn die Nachfrage nach derartigen Produkten in Kuta wegen der geringeren Gästezahlen und deren kurzer Aufenthaltsdauer sicher nicht so groß ist wie in Senggigi und auf Gili Air, so wäre dennoch ein gewisser Absatz möglich und würde zumindest einigen aus dem Ort eine zusätzliche Einkunft verschaffen.

---

[13] In Gesprächen mit dem Bürgermeister und Bewohnern der Insel wurde immer wieder darauf verwiesen, daß die Bewohner nicht unbedingt einen Kontakt zu den Touristen suchen, insbesondere nicht durch eine Tätigkeit im Bereich Strandhandel. Es gäbe genügend andere und ertragreichere Tätigkeiten, mit denen ein Einkommen erzielt werden könne. Vor allem sprachen sich viele dagegen aus, daß ihre Kinder als Strandhändler arbeiten, weil dies einen schlechten Einfluß auf sie haben könnte.

Geographisches Institut
der Universität Kiel

5.1.3 Bedeutung des Tourismus für den regionalen Arbeitsmarkt

Die durch den Tourismus direkt geschaffenen Arbeitsplätze auf Lombok tragen nur begrenzt und selektiv zur Entlastung des regionalen Arbeitsmarktes bei. Vor allem haben sich für die einkommensschwachen Bevölkerungsgruppen in Ost- und Mittellombok nur unbedeutende Verbesserungen ergeben. Dies zum einen, weil sich der Tourismus vornehmlich in Westlombok auf einige wenige Orte konzentriert, zum anderen, weil die Voraussetzungen für eine Beschäftigung im Bereich des Tourismus zumeist nicht den Möglichkeiten dieser Gruppen entsprechen. Dies trifft vor allem für die touristischen Arbeitsplätze in der Region Senggigi und Kuta zu. Dabei ist weniger die Art des Tourismus von entscheidender Bedeutung, sondern vielmehr die Tatsache, daß die touristische Entwicklung in beiden Regionen nicht von der ansässigen Bevölkerung, sondern von exogenen Kräften getragen wird.

Zudem vollzieht sich auf Lombok eine wachsende Konzentration aller touristischen Angebote und Aktivitäten auf die Hotels des gehobenen Standards. Dies steht einer regionalen Streuung der vom Tourismus ausgehenden Beschäftigungseffekte sowie einer ausgleichsorientierten Gesamtentwicklung der Region entgegen. Es trägt darüber hinaus zu einer intra- wie interregionalen Arbeitskräftezuwanderung bei, die der offiziellen Regionalpolitik nicht entspricht. Vor allem die Zuwanderung von qualifizierten Arbeitskräften aus Bali und Java ist aus regionaler Sicht negativ zu bewerten. Zum einen stellen sie eine Konkurrenz für die zumeist weniger qualifizierten regionalen Arbeitskräfte dar, denen damit der Zugang zu den Arbeitsplätzen erschwert wird, zum anderen werden der Region Einkommen entzogen, die regional positive Multiplikatoreffekte initiieren könnten.

Die Ausführungen zu Gili Air haben hingegen gezeigt, daß eine touristische Entwicklung die sich langsam aus der Region heraus entwickelt, wesentlich vielfältigere Einkommens- und Beschäftigungsmöglichkeiten für die regionale Bevölkerung schafft. Positive, wenn auch nicht entscheidende Rahmenbedingungen auf Gili Air sind zudem die periphere Lage, die im Vergleich zu Kuta vielfältigere Wirtschaftsstruktur und ein enges Sozialgefüge der ansässigen Bevölkerung, was der Durchsetzung und Formulierung lokaler Interessen zuträglich ist.

Auch wenn der Umfang der lokalen und regionalen Bedarfsdeckung an Arbeitskräften von einer Vielzahl von Faktoren und deren Zusammenspiel abhängig ist, können auf der Basis der Ergebnisse in den drei Untersuchungsgemeinden folgende Faktoren benannt werden, die von grundlegender Bedeutung für eine lokale Bedarfsdeckung sind:

- ♦ Die touristische Entwicklung wird von der lokalen Bevölkerung initiiert und getragen, was vor allem auch heißt, daß die Hotelbesitzer aus dem Ort kommen.
- ♦ Der Tourismus ist eine von vielen Beschäftigungs- und Einkommensquellen; die Wirtschaftsstruktur ist vergleichsweise diversifiziert.

♦ Die Planungen und Entwicklungen werden von der lokalen Bevölkerung maßgeblich gesteuert und gelenkt; sie ist an Entscheidungsprozessen beteiligt.
♦ Es gibt ein ausreichendes Angebot an lokal verfügbaren Arbeitskräften.
♦ Die Anforderungen von Seiten des Tourismus an die Ausbildung der Arbeitskräfte orientieren sich an den lokalen Gegebenheiten.

Sofern diese Faktoren überwiegend zutreffen, sind eine periphere Lage sowie geringe auswärtige Interessen einer lokalen oder regionalen Bedarfsdeckung zuträglich. Wenn jedoch, wie für Kuta beschrieben, ein Großteil der Determinanten nicht vorhanden ist, wirkt auch eine periphere Lage oder geringe auswärtige Interessen nicht begünstigend. Vielmehr stagniert die Entwicklung. Wenn, wie in Senggigi, die obene genannten Faktoren nicht zutreffen und zudem noch starke auswärtige Interessen sowie eine zentrale Lage vorliegen, begünstigt dies eine überregionale Bedarfsdeckung und führt zu geringen lokalen und regionalen Verflechtungen.

5.2 TOURISMUS UND AGRARSEKTOR

Die Tourismuswirtschaft bezieht einen nicht unbedeutenden Teil ihrer Vorleistungen aus dem nahrungsproduzierenden Bereich. Aus diesem Grunde wird vielfach erwartet, daß vom Tourismus positive Impulse auf den Agrarsektor ausgehen. Im Tourismusentwicklungsplan für Lombok von 1987 heißt es zu den Verflechtungen zwischen Landwirtschaft und Tourismus:

"Tourist development is expected to bring inputs to agriculture development to open up new markets for cash-crops especially tropical fruits for tourists such as pineapple, papayas, mangos etc".[14]

Neben diesen, aus der tourismusbedingten Nachfrage erwarteten Impulsen wird angenommen, daß der Tourismus außeragrarische Erwerbsmöglichkeiten für die in der Landwirtschaft tätige Bevölkerung schafft.
Es wäre sicher eine Simplifizierung der agrarstrukturellen Probleme auf Lombok, anzunehmen, daß allein eine tourismusbedingte Nachfragesteigerung zu grundlegenden Veränderungen im Agrarsektor führen könnte. Hier können nur umfassende reformerische Maßnahmen einen nachhaltigen Beitrag leisten. Der Tourismus kann allerdings in bestimmten Bereichen und Regionen zu einer Erweiterung oder Diversifizierung der Produktion beitragen und regional invovationsfördernd hinsichtlich Verarbeitung und Distribution bestimmter Produkte wirken.[15]

---

[14] WTO (1987: 14)
[15] MAY (1985: 136) verweist in ihrer Studie zu den Kapverden darauf, daß *"das Problem der Landwirtschaft in der Peripherie zumeist nicht die fehlende Nachfrage ist, sondern es sind vielmehr die agrarstrukturellen Probleme wie Großgrundbesitz, ungleiche Verteilung von Boden, Pachtabhängigkeiten, schlechte Produktionsbedingungen usw."*

Dazu bedarf es allerdings unterstützender Maßnahmen von Seiten der regionalen Behörden und der Hotels.
Fraglich ist jedoch vor dem Hintergrund der dargelegten Agrar- und Tourismusstruktur, ob die tourismusbedingte Nachfrage den Möglichkeiten des Agrarsektors, entspricht und inwieweit sich die Nachfrage der Hotels an den regionalen Potentialen orientiert. Zudem sind die Bezugswege für Art und Umfang der Verflechtungen von Relevanz. Dies beinhaltet neben der regionalen Herkunft der nachgefragten Produkte auch die Art der Einkaufsbeziehungen (direkt/indirekt).
Gleichzeitig gilt es, bei der Betrachtung der vom Tourismus ausgehenden Auswirkungen auf den Agrarsektor potentielle Nutzungskonflikte in die Analyse einzubeziehen. Hier vor allem die Ressourcen Boden und Wasser, die sowohl vom Tourismus wie von der Landwirtschaft beansprucht werden und zugleich jeweils ein knappes Gut darstellen.
Weitere relevante Faktoren sind die Lage im Raum, die infrastrukturellen Rahmenbedingungen, die lokalen Produktions- und Absatzstrukturen sowie die Möglichkeiten und das Interesse der Beteiligten an Interaktionen zwischen Tourismus und Landwirtschaft. Beteiligte sind dabei primär die Landwirte und die Hotelbesitzer, sekundär die lokalen und regionalen Entscheidungsträger, die durch entsprechende Maßnahmen und Aktivitäten die Entwicklungen beeinflussen und lenken können.

Im folgenden werden das Zusammenspiel dieser unterschiedlichen Faktoren sowie die daraus resultierenden Verflechtungen zwischen der Landwirtschaft und dem Tourismus dargelegt.
Folgende Fragestellungen stehen dabei im Mittelpunkt:

- Welchen Einfluß hat die tourismusbedingte Nachfrage nach Nahrungsmitteln auf die lokale und regionale landwirtschaftliche Produktion?
- Welche Bevölkerungsgruppen profitieren direkt oder indirekt vom Bedarf der Tourismuswirtschaft?
- Welche Nutzungsänderungen und Konflikte entstehen aus der Beanspruchung von landwirtschaftlichen Produktionsmitteln (landwirtschaftliche Nutzfläche, Wasser, Arbeitskräfte) durch die Tourismuswirtschaft?

5.2.1 Tourismusbedingte Nachfrage nach landwirtschaftlichen Produkten im Kontext der regionalen Produktion

Eine Grundvoraussetzung für das Entstehen von Vernetzungen zwischen Landwirtschaft und Tourismus ist zunächst, daß ein ausreichendes Angebot an landwirtschaftlichen Produkten in der Region vorhanden ist, und daß sich die Nachfrage von Seiten des Tourismus an diesem Angebot orientiert.

Im folgenden wird auf der Grundlage der Nachfrage von vier Hotels Bintang in Senggigi nach Obst und Gemüse und der regionalen Produktion dargelegt, inwieweit hier die entsprechenden Rahmenbedingungen gegeben sind.

Tabelle 12: Obstnachfrage der Hotels Bintang in Senggigi und regionale Produktion 1993
(pro Jahr in Tonnen)

Produkte	Nachfrage der Hotels	Produktion auf Lombok	Anteil der Hotelnachfrage an der Gesamtproduktion
Ananas	92,5	10.000	0,92%
Bananen	48,3	18.000	0,26%
Melonen	26,0	4.000	0,65%
Papaya	24,1	5.000	0,48%
Äpfel	17,3	0	-
Weintrauben	15,7	0	-
Zitronen	13,6	7.000	0,18%
Rambutan	8,0	4.000	0,10%
Guaven	7,2	28.000	0,03%
Orangen	6,4	6.000	0,09%
Mangos	3,2	35.000	<0,01%

Quelle: Eigene Erhebungen und Kantor Statistik Propinsi NTB 1993

Von Seiten der Hotels entfällt die stärkste Obstnachfrage auf Ananas, Bananen, Melonen und Papayas. In geringem Umfang werden Mangos, Orangen, Guaven und Rambutan nachgefragt. Bei allen Produkten liegt der Anteil des Bedarfes, bezogen auf die regionale Produktion, unter 1%. Eine regionale Deckung wäre also bei den meisten Produkten möglich, ohne daß damit Versorgungsengpässe für die regionale Bevölkerung eintreten würden. Ein überregionaler Bezug ist lediglich bei Weintrauben und Äpfeln erforderlich, da diese nicht auf Lombok angebaut werden[16]. Bei einer differenzierteren Betrachtung des Umfanges der jeweils nachgefragten Güter in Relation zum Produktionsumfang werden einige Diskrepanzen deutlich. Die Hotels fragen jene Produkte am stärksten nach, die auf Lombok nur in geringem Umfang oder gar nicht angebaut werden. Demgegenüber werden Obstsorten wie Mangos und Guaven, deren Produktionsumfang am größten ist, von den Hotels weitaus weniger nachgefragt.
Ein vergleichbares Bild zeigt sich bei der Nachfrage und dem regionalen Angebot von Gemüsesorten.

---

[16] Überregionale Bedarfsdeckung beinhaltet auch jene Produkte, die zwar auf Lombok verfügbar sind, die jedoch importiert wurden, also in der Region nicht angebaut oder produziert werden.

Tabelle 13: Gemüsenachfrage der Hotels Bintang in Senggigi und regionale Produktion 1993 (pro Jahr in Tonnen)

Produkte	Nachfrage der Hotels	Produktion auf Lombok	Anteil der Hotelnachfrage an der Gesamtproduktion
Reis	38,0	7.160.000	-
Tomaten	32,4	1.500	2,13%
Zwiebeln	24,2	9.000	0,26%
Karotten	16,3	4.000	0,40%
Kartoffeln	16,0	0	-
Gurken	15,7	1.500	1,00%
Spinat	7,6	0	-
Sojabohnen	3,2	45.000	<0,01%
Mais	3,2	25.000	0,01%

Quelle: Eigene Erhebungen und Kantor Statistik Propinsi NTB 1993

Die Nachfrage der Hotels ist, bezogen auf die Gesamtproduktion, vergleichsweise gering. Eine überwiegend regionale Bedarfsdeckung wäre auch hier möglich, ohne daß Versorgungsengpässe für die regionale Bevölkerung zu erwarten sind. Lediglich Kartoffeln und Spinat werden in der Region nicht angebaut. Die differenzierte Betrachtung des Umfangs von Nachfrage und Produktion zeigt wiederum, daß die stärkste Nachfrage der Hotels auf Produkte entfällt, die auf Lombok nur in geringem Maße oder gar nicht angebaut werden. Gemüsesorten, die am meisten angebaut werden, werden wenig nachgefragt.

Die Palette des regionalen Angebots an landwirtschaftlichen Produkten, die von den Hotels nachgefragt werden, ist - abgesehen von einigen Gütern - durchaus ausreichend. Jedoch korrespondiert der Umfang der Nachfrage der Hotels nur bedingt mit dem regionalen Angebot. Diese Diskrepanz ist eine Ursache für geringe und selektive Verflechtungen zwischen dem internationalen Tourismus und der Landwirtschaft. Dies trifft vor allem für die bäuerlichen Kleinbetriebe zu, die zu den Grundnahrungsmitteln der Region gehörende Produkte wie Mais, Reis, Soja, Mangos und Guaven anbauen, auf die die geringste Nachfrage entfällt.

Darüber hinaus entsteht aus der Nachfrage der Hotels nach regional nicht verfügbaren Produkten ein Potential für eine Diversifizierung der landwirtschaftlichen Produktion. Derzeit wird dieses Potential nicht genutzt, es erfolgt eine überregionale Bedarfsdeckung.

Neben Art und Umfang der Nachfrage sind die regionale Herkunft der nachgefragten Güter (lokal, regional, national, international) sowie die Art der Belieferung (direkt/indirekt) für die Bewertung der tourismusbedingten Impulse für die regionale Landwirtschaft von Relevanz. Differenziert nach den drei Untersuchungsgemeinden und den Hotelarten, wird im folgenden die regionale Herkunft der nachgefragten Produkte sowie die Art der Bezugswege dargelegt.

5.2.1.1 Bezugswege der Hotels Bintang in Senggigi

Die internationalen Hotels in Senggigi decken lediglich einen geringen Anteil ihres Fischbedarfes lokal, der überwiegende Teil der Produkte wird aus Mataram, Bali, Java oder aus dem Ausland bezogen.

Abb. 11: Einkaufsverflechtungen der Hotels Bintang in Senggigi 1993

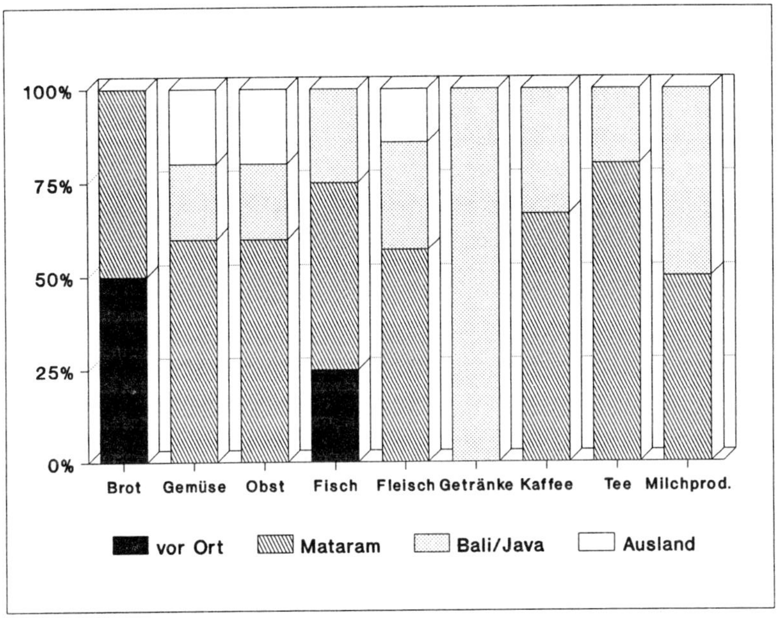

Quelle: Eigene Erhebungen 1993

Gemüse, Obst und Fisch werden zu 3/4 in Mataram eingekauft. Der übrige Teil der Nachfrage wird nicht auf Lombok gedeckt, sondern von Bali und Java oder aus dem Ausland importiert. Als Gründe für den Import von Produkten, die auf Lombok verfügbar sind, wurde vor allem die unzureichende Qualität der regionalen Produkte genannt.
Wesentlich höher liegt die Importquote bei Milchprodukten, Fleisch und Getränken. Alle Hotels beziehen ihre Getränke von Bali. Der Bedarf an Milchprodukten wird zu 50% überregional gedeckt, der überwiegende Teil kommt ebenfalls von Bali. Die restlichen 50% werden in den Supermärkten in Mataram eingekauft. Diese beziehen ihre Produkte von Bali, Java oder aus dem Ausland. Das regionale Angebot an Milchprodukten ist sehr begrenzt. Fleisch und Geflügel wird ebenfalls zur Hälfte von externen Märkten bezogen. Lediglich ein geringer Teil Geflügel und Rindfleisch wird regional gekauft. Hintergrund für den überregionalen Einkauf ist das regional

begrenzte Angebot. Zudem wurde auch hier die Qualität der verfügbaren Produkte als unzureichend bezeichnet.

Neben Art und Umfang der Nachfrage sind vor allem für die Einnahmen der Landwirte und Fischer die Bezugswege von Bedeutung.

Direkte Einkaufsverflechtungen gibt es lediglich mit den Fischern. Die Hotels haben im allgemeinen halbjährige Verträge mit zwei bis drei Fischern, von denen sie sich regelmäßig beliefern lassen. 1/3 des Fischbedarfes der Hotels wird auf diesem Wege gedeckt. Der Rest wird von den Märkten in Mataram und zum Teil aus dem Ausland bezogen. Nach Auskunft der Hotelbesitzer erfolgt die überregionale Nachfrage, trotz des Fischreichtums der lokalen Gewässer, vor allem, weil die ansässigen Fischer mit ihren sehr einfachen Fangmethoden nicht in der Lage sind, in größerem Umfang und vor allem regelmäßig an die Hotels zu liefern, da ein Großteil der Erträge der eigenen Versorgung dient. Zudem hat der Tourismus zu einer Verdrängung der Fischer aus der Region beigetragen.

Bei der Nachfrage nach anderen landwirtschaftlichen Produkte bestehen keine direkten Einkaufsverflechtungen. Alle Hotels lassen sich von Zwischenhändlern beliefern. Im allgemeinen werden halbjährige Verträge mit zwei bis drei Händlern abgeschlossen. Diese kaufen nicht direkt bei den Landwirten, sondern auf den Märkten in Mataram, Ampenan und Sweta.

Der Markt in Sweta wird überwiegend von Händlern betrieben, die selbst nicht in der Landwirtschaft tätig sind. Sie kaufen ihre Waren direkt bei den Landwirten oder beziehen sie wiederum von Zwischenhändlern. Der täglich stattfindende Markt in Sweta hat ein breites und regelmäßiges Angebot an landwirtschaftlichen Produkten. Der Markt in Ampenan wird jeweils zu 50% von Landwirten aus der Umgebung und von Händlern betrieben. Das Angebot ist, im Vergleich zum Markt in Sweta, unregelmäßiger und begrenzter. Aus diesem Grunde beziehen die Lieferanten der Hotels einen größeren Teil ihrer Produkte vom Markt in Sweta. Im allgemeinen bestehen keine festen Verträge zwischen den Marktbetreibern und den Zulieferern der Hotels. Vielmehr wird je nach Angebot und Preisgestaltung bei unterschiedlichen Händlern eingekauft.

Mit den aufgezeigten Verkaufswegen, die über ein bis drei Zwischenhändler laufen, reduziert sich die Gewinnspanne der Produzenten. Der Tourismus begünstigt so das Entstehen einer Händlerklasse. Damit werden zwar zusätzliche Einkommens- und Beschäftigungsmöglichkeiten geschaffen, dies ist jedoch nicht im Sinne einer Förderung der landwirtschaftlichen Kleinbetriebe. Vielmehr forcieren diese Vermarktungswege eine Konzentration von ökonomischen Werten und Aktivitäten auf die Region Mataram.

5.2.1.2 Bezugswege der Hotels Melati in Senggigi

Die Hotels Melati beziehen ihren Bedarf an Nahrungs- und Genußmitteln ausschließlich von der Insel Lombok. Im Vergleich zu den Hotels Bintang wird ein größerer Anteil der Nachfrage lokal gedeckt. Es handelt sich hier jedoch fast ausschließlich um Importprodukte, wie Käse, Milch und Getränke, die im Supermarkt in Senggigi eingekauft werden. Die lokale Bedarfsdeckung bei Obst und Gemüse geht auf Hotels zurück, die in der Umgebung von Senggigi Land besitzen, wo sie selbst einige Produkte für den Hotelbedarf anbauen.

Abb. 12: Einkaufsverflechtungen der Hotels Melati in Senggigi 1993

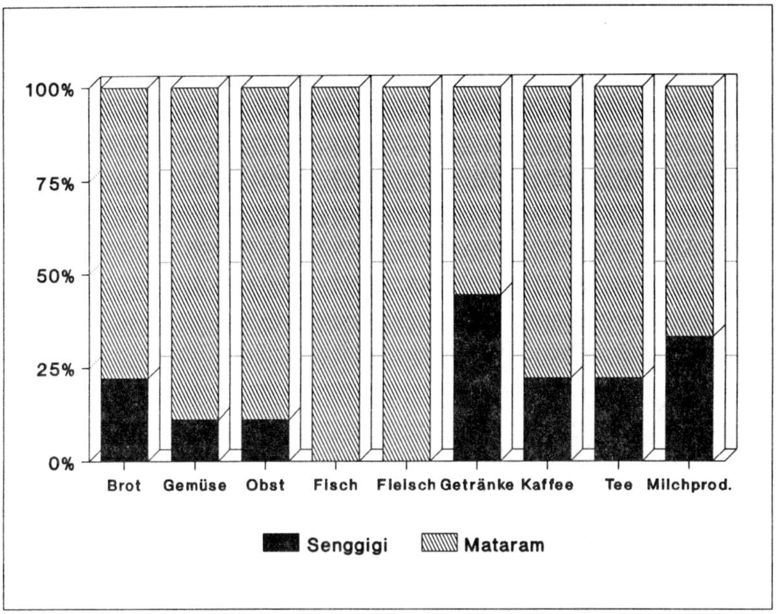

Quelle: Eigene Erhebungen 1993

Die Hotels beziehen ihre Produkte auf den Märkten in Ampenan und Sweta. Sie haben im allgemeinen keine Lieferanten, sondern kaufen selbst ein. Der überwiegende Teil des Einkaufs erfolgt auf dem Markt in Ampenan. Direkt von den Landwirten der Umgebung wird nichts bezogen. Auch der Bedarf an Fisch wird auf den Märkten in Mataram und nicht direkt bei den Fischern gedeckt.

Auch wenn die Hotels ihren Bedarf ausschließlich regional decken, so sind die direkten Verflechtungen zwischen den Hotels und der Landwirtschaft auch hier gering.

5.2.1.3 Bezugswege der Hotels Melati auf Gili Air

Die Hotels auf Gili Air decken den überwiegenden Teil ihres Bedarfes an Nahrungs- und Genußmitteln lokal und in der nahen Umgebung auf dem 3 mal wöchentlich stattfindenden Markt in den am Festland vorgelagerten Gemeinden Pemenang oder Tanjung. Diese Märkte haben ein vielfältiges Angebot und werden überwiegend von Landwirten aus der Umgebung betrieben.

Damit kommen die Einnahmen durch die tourismusbedingte Nachfrage den Produzenten der landwirtschaftlichen Güter direkt zu.

Abb. 13: Einkaufsverflechtungen der Hotels Melati auf Gili Air 1993

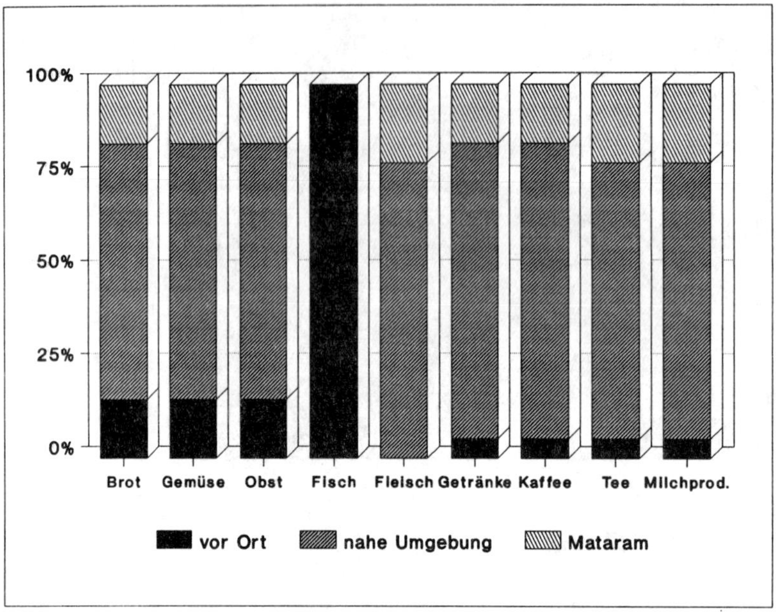

Quelle: Eigene Erhebungen 1993

Der Fischbedarf der Hotels wird zu 100% lokal und direkt gedeckt, was für die Fischer der Insel eine bedeutende Einkunft durch den Tourismus ist.

Darüber hinaus gibt es auf der Insel inzwischen vier kleinere Geschäfte, die neben dem von der lokalen Bevölkerung nachgefragten Produkten ein Angebot haben, das überwiegend auf den Bedarf der Hotels ausgerichtet ist. Vor allem die kleineren Hotels decken hier einen Großteil ihrer Nachfrage. Die Hotels werden zumeist im Nebenerwerb betrieben, so daß Fahrten zum Festland für viele einen kaum realisierbaren Zeitfaktor darstellen.

Einige der Hotels bauen außerdem in kleinerem Umfang Gemüse und Gewürze an, die sie für ihre Restaurants benötigen. Allerdings lassen die schlechten Bodenverhältnisse sowie das geringe Wasserangebot einen Anbau der benötigten Produkte in größerem Umfang kaum zu.

5.2.1.4 Bezugswege der Hotels Melati in Kuta

In Kuta werden lediglich der Fischbedarf und ein Teil der Obst- und Gemüsenachfrage lokal gedeckt. Die Versorgung erfolgt überwiegend in der 20 km entfernten Bezirkshauptstadt Praya.

Der hier täglich stattfindende Markt wird von Händlern betrieben, die zumeist nicht selbst in der Landwirtschaft tätig sind.
Darüber hinaus wird, vor allem im Vergleich zu Gili Air, ein nicht unbedeutender Anteil des Bedarfs aus Mataram bezogen.

Abb. 14: Einkaufsverflechtungen der Hotels Melati in Kuta 1993

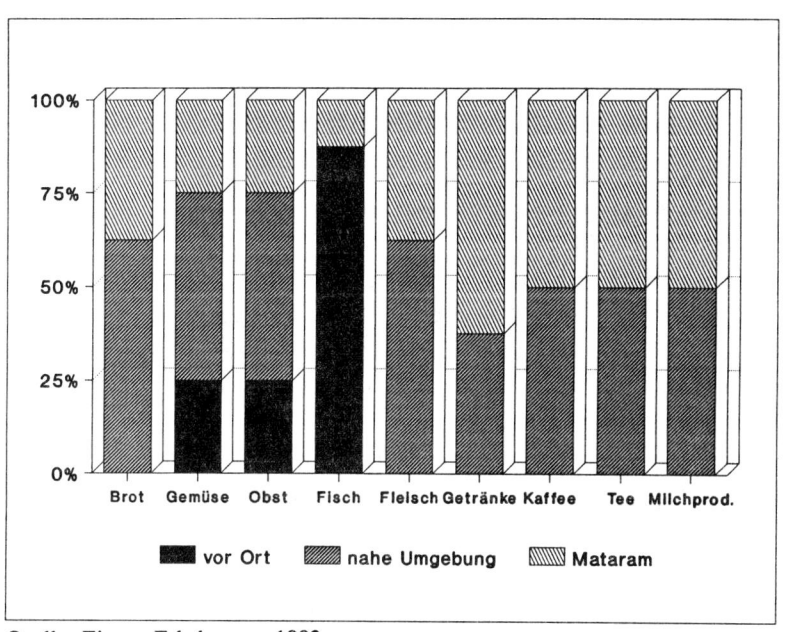

Quelle: Eigene Erhebungen 1993

Im Ort selbst und in der 10 km entfernten Unterbezirkshauptstadt Sengkol findet dreimal wöchentlich ein Markt statt. Das Angebot, vor allem auf dem Markt in Kuta, ist jedoch vom Umfang und von der Vielfalt her recht begrenzt. Die Landwirte der Umgebung verkaufen oder tauschen hier ihre geringen erwirtschafteten Überschüsse. Der überwiegende Teil der erzeugten landwirtschaftlichen Produkte dient allerdings der Selbstversorgung.
In Kuta gibt es bisher kein Geschäft, das von den Hotels oder Touristen nachgefragte Produkte anbietet. Die genannten schwierigen landwirtschaftlichen Produktionsbedingungen ermöglichen es nicht, die tourismusbedingte Nachfrage lokal zu decken, so daß keine Vernetzungen entstehen. Vielmehr würde eine lokale Bedarfsdeckung der Hotels zu Engpässen bei der Versorgung der Bevölkerung in der Region führen.

5.2.2 Tourismus als Beschäftigungsmöglichkeit für die Agrarbevölkerung

Wie in Kapitel 5.1 dargelegt, ist der Agrarsektor besonders stark von Arbeitslosigkeit und Unterbeschäftigung betroffen. Erforderlich sind vor allem Beschäftigungsmöglichkeiten außerhalb der Landwirtschaft, um diesem Problem entgegenzuwirken.

Die Befragungen der Hotelangestellten in den drei Untersuchungsgemeinden haben dabei ergeben, daß die Hälfte der Angestellten aus Familien kommt, die in der Landwirtschaft tätig sind. Der Anteil der Beschäftigten, die aus Familien ohne Landbesitz kommen, ist jedoch sehr gering.

Die landlosen und landarmen Familien sind von den Beschäftigungsmöglichkeiten durch den Tourismus zumeist ausgeschlossen. Hintergrund hierfür ist, daß diese Familien nicht die nötigen finanziellen Mittel haben, um ihren Kindern eine entsprechende Ausbildung zu finanzieren. Wenn überhaupt, so finden sie nur einen Zugang zu den kleinen, einfachen Hotels, wo sie zumeist unqualifizierte, schlecht bezahlte Tätigkeiten ausüben. Aber auch in diesen Hotels werden die Möglichkeiten für unqualifizierte Arbeitskräfte immer schwieriger. Die Anforderungen an eine Schul- und Berufsausbildung sind vor allem in den Hotels in Senggigi in den letzten Jahren gestiegen. Zudem gibt es inzwischen ein Überangebot an qualifizierten Arbeitskräften auf Lombok. Da diese nur begrenzt Zugang zu den Arbeitsplätzen in den Hotels Bintang finden, nehmen sie auch Tätigkeiten an, für die sie eigentlich überqualifiziert sind.

Die vom Tourismus ausgehenden Beschäftigungseffekte sind nur in sehr geringem Umfang für die in der Landwirtschaft tätige Bevölkerung auf Lombok von Relevanz. Insbesondere sind dabei die ärmsten Bevölkerungsgruppen ausgeschlossen. Die Anforderungen des Tourismus und hier vor allem des Tourismus gehobenen Standards tragen zu einer weiteren Verschärfung der Disparitäten bei. Frühzeitige Maßnahmen wären erforderlich gewesen, um der ländlichen Bevölkerung Lomboks einen Zugang zu den Erwerbsmöglichkeiten im Tourismus zu verschaffen.

5.2.3 Nutzungskonflikte zwischen Tourismus und Landwirtschaft

Die wachsende Landarmut sowie die vor allem in den Agrarungunsträumen begrenzten Wasserressourcen stellen ein Hemmnis für die Landwirtschaft dar. Der Tourismus, der diese Ressourcen ebenfalls beansprucht, trägt bereits heute, wo erst ein geringer Teil der im Tourismuskonzept vorgesehen Planungen umgesetzt ist, zu einer erheblichen Verschärfung der Problematik bei.

5.2.3.1 Bodenspekulation

LEEMANN und RÖLL stellten bereits Anfang der 80er Jahre fest, daß der Produktionsfaktor Boden in weiten Teilen Lomboks kommerzialisiert ist und Grundbesitz sich zunehmend zu einem Spekulationsobjekt der neuen Eliten entwickelt. Landkäufer sind dabei kapitalkräftige

Bevölkerungsgruppen aus Lombok, Bali und Java. Insbesondere im Umland von Mataram wie auch in den potentiellen Fremdenverkehrsregionen Kuta und Senggigi haben bereits Anfang der 80er Jahre verstärkt Landaufkäufe stattgefunden.[17]
Dieser Prozeß, der damals erst in Ansätzen auf die touristischen Planungen zurückzuführen war, hat sich mit der Ausweisung der touristischen Entwicklungsregionen auf Lombok erheblich verstärkt. Die offiziell im Rahmen des Tourismusentwicklungsplanes ausgewiesen Flächen umfassen insgesamt 32.550 ha.[18] Der überwiegende Teil dieser Gebiete wurde bereits Mitte der 80er Jahre aufgekauft. Eine exakte quantitative Erfassung der Landflächen und vor allem der Landkäufer ist nahezu unmöglich, weil ein Großteil der Landkäufe den gesetzlichen Bestimmungen entgegensteht.
In der Region Kuta wurde die Lombok Tourism Development Cooperation (LTDC), eine zu 35% staatliche und zu 75% privatwirtschaftliche Gesellschaft, mit dem Erwerb der Grundstücke beauftragt. Entlang der Westküste von Senggigi bis Tanjung sind nach offiziellen Angaben zumeist halbstaatliche Entwicklungsgesellschaften in den Landkauf involviert. Diese Gesellschaften können das Recht einer Enteignung der dort ansässigen Bevölkerung beanspruchen. Zudem müssen sie, im Gegensatz zu Privatpersonen, nur den staatlich festgelegten Preis für ein Grundstück zahlen, der vor allem in den touristischen Regionen, weit unter dem realen Marktwert liegt. 1993 lag der staatlich festgelegte Preis für ein unerschlossenes und unbebautes Grundstück in Strandnähe bei 700.000 Rupiah pro Ar. In der Region Senggigi kostete ein vergleichbares Grundstück auf dem freien Markt 15 Millionen Rupiah.[19]

Diese aus der touristischen Expansion resultierende Veränderung in der Bewertung und Nutzung von Grund und Boden hat für die Agrarwirtschaft und die in der Landwirtschaft tätige Bevölkerung tiefgreifende Folgen.
Allein die Reduzierung der landwirtschaftlichen Nutzfläche in einer Region, die in besonderer Weise von Landarmut geprägt ist, trägt zu einer Verstärkung der agrarstrukturellen Probleme bei. Davon sind insbesondere die landarmen und landlosen Bevölkerungsschichten betroffen.
Legt man die durchschnittliche Betriebsgröße von 0,36 ha zugrunde, so würde der Verkauf von Land an eine der halbstaatlichen Gesellschaften ca. 26 Millionen Rupiah erbringen. Auf dem freien Markt kann mit diesem Kapital nicht annähernd ein vergleichbares Grundstück erworben werden. Die ehemaligen Landbesitzer, oder spätestens ihre Kinder, sind damit gezwungen, einer außeragrarischen Tätigkeit nachzugehen oder Land zu pachten. Die Entwicklungen tragen damit zu einer Freisetzung bisher in der Landwirtschaft tätiger Bevölkerungsgruppen bei, was den bereits angespannten Arbeitsmarkt erheblich belastet. Die Aussage einer Hotelbesitzerin in Kuta, die sich gegen den Verkauf ihres Grundbesitzes wehrt, gibt diese Problematik wieder:

---

[17] LEEMANN/RÖLL (1987:119)
[18] Dies entspricht einem Anteil von ca. 16% aller mit Reis bewirtschafteten landwirtschaftlichen Nutzflächen der Insel (KANTOR STATISTIK PROPINSI NTB 1992: 79).
[19] Die Angaben zu den Grundstückspreisen beruhen auf Aussagen der Hotelbesitzer in Senggigi und Kuta, des Bürgermeisters in Senggigi und des Leiters der LTDC.

"Ich habe fünf Söhne und eine Tochter. Sie alle sind nicht in der Landwirtschaft tätig, sondern studieren oder machen eine Ausbildung. Aber wer kann schon garantieren, daß sie trotz einer guten Ausbildung eine Arbeit finden? Das Land, das unsere Familie besitzt, ist eine Sicherheit die wir deshalb nicht aufgeben werden."[20]

Von offizieller Seite wird darauf verwiesen, daß es sich bei den vom Tourismus beanspruchten Flächen zumeist um schlechte landwirtschaftliche Nutzflächen handelt, die nur sehr extensiv genutzt werden und dünn besiedelt sind. Vernachlässigt wird dabei jedoch, daß diese Flächen für die dort lebenden Menschen zumeist die einzige Existenzgrundlage und Sicherheit darstellen. Die tourismusbedingte Nutzungsänderung von Grund und Boden führt zu einer Verschlechterung der Lebensbedingungen der Bevölkerungsgruppen, die wenig Land besitzen und gezwungen sind, ihr Überleben durch die Bewirtschaftung von wenig ertragreichen Flächen zu sichern. Hinzu kommt, daß gerade diese Gruppen keinen Zugang zu den Beschäftigungsmöglichkeiten in der Tourismuswirtschaft finden.

Aber auch diejenigen Landbewirtschafter, die vergleichsweise viel Land besitzen, profitieren im allgemeinen nur sehr kurzfristig von den Landverkäufen. Zum einen sind auch sie und ihre Kinder gezwungen, sich außerhalb der Landwirtschaft eine Beschäftigung zu suchen, zum anderen haben Gespräche in Senggigi[21] ergeben, daß ehemals landbesitzende Familien heute am Rande des Existenzminimums leben. Sie haben das durch den Landverkauf gewonnene Geld in den Kauf von Konsumgütern investiert. Darüber hinaus hat ein nicht unbedeutender Teil sich mit diesen Mitteln eine Reise nach Mekka finanziert.

Wirkliche Profiteure sind diejenigen, die sehr viel mehr Land besitzen als gesetzlich vorgeschrieben. Sie haben Teile ihrer landwirtschaftlichen Nutzflächen verkauft und mit dem Geld neue Grundstücke in entfernter gelegenen Regionen erstanden. Bei den verkauften Flächen handelt es sich dabei zumeist um die in Strandnähe befindlichen Grundstücke, die an landlose Bauern verpachtet waren. Der Verkauf erbrachte dabei einen wesentlich höheren Gewinn als die Pachteinnahmen.

Die mit dem Tourismus verbundenen Landnutzungsänderungen und die Bodenspekulation kommen nur einer geringen Oberschicht zugute. Die breite Masse der Landarmen wird verdrängt und aus ihren Lebens- und Arbeitszusammenhängen herausgerissen. Zudem haben die Landkäufe, vor allem in der Region Senggigi, dazu beigetragen, daß ein bis vor wenigen Jahren noch funktionierendes Wirtschafts- uns Sozialgefüge, das überwiegend auf Tauschhandel basierte, zusammengebrochen ist.

Ein weiteres Problem besteht darin, daß ein Großteil der bereits Mitte der 80er Jahre aufgekauften Flächen bis heute nicht genutzt wird. Vielmehr liegen die Flächen seit Jahren brach.

---

[20] Interview mit einer Hotelbesitzerin in Kuta 1993
[21] Interview mit dem Bürgermeister von Senggigi 1993

Hintergrund hierfür ist, daß die Landkäufer auf einen weiteren Anstieg der Bodenpreise warten, um die Flächen dann gewinnbringend weiterzuverkaufen. Dieser Prozeß vollzieht sich entgegen den gesetzlichen Regelungen, die vorsehen, daß aufgekaufte Grundstücke innerhalb von 5 Jahren genutzt werden müssen.[22] Die regionalen Behörden haben diese Problematik zwar erkannt, bisher jedoch keine entsprechenden Maßnahmen ergriffen, um dem entgegenzuwirken. So heißt es in der Veröffentlichung der regionalen Investitionsbehörde:

"The increase of the land price is actually not enjoyed by local owners, because the rights on the land have generally been taken by the speculative money owners. It is these money owners who want the high price of land, even far more high than the real price."[23]

Somit sind der ansässigen Bevölkerung von zumeist auswärtigen Spekulanten Flächen und damit deren Lebensgrundlage entzogen worden, ohne daß ihr Alternativen geboten werden. Dieser Zustand führt zu wachsender Unzufriedenheit, vor allem in Kuta und in der Region Senggigi. Auf Gili Air findet eine derartige Bodenspekulation bisher nicht statt.

5.2.3.2 Übernutzung der Wasserressourcen

Eine ebenso beschränkt verfügbare Ressource wie der Boden ist der Produktionsfaktor Wasser, der sowohl von der Landwirtschaft wie vom Tourismus beansprucht wird. Für den Agrarsektor ist die Verfügbarkeit von Wasser von ausschlaggebender Bedeutung für die Existenzsicherung. Unabhängig vom Tourismus läßt der Wassermangel auf Lombok, vor allem in den Agrarungunstregionen, nur eine eingeschränkte landwirtschaftliche Nutzung zu, und in weiten Teilen der Insel ist die Versorgung der Bevölkerung mit sauberem Trinkwasser nicht ausreichend. Lediglich die Südabflachung des nördlichen Gebirges verfügt wegen der vergleichsweise hohen Niederschläge und der relativ kurzen Trockenzeit über eine ausreichende Wasserversorgung. Die Beanspruchung von Wasser durch den Tourismus gilt es in diesem Kontext zu sehen.
Derzeit erfolgt die Wasserversorgung in den Hotels auf Lombok ausschließlich über oberflächennahe Brunnen. Für alle drei Untersuchungsgemeinden wird im Tourismuskonzept darauf verwiesen, daß ein weiterer touristischer Ausbau die Erschließung neuer oder die Nutzung anderer Wasserressourcen erforderlich macht. Die bisherige Nutzung der Brunnen kann den zu erwartenden Wasserbedarf nicht decken. Bereits heute treten in der Hauptsaison, die zugleich die regenarme Jahreszeit ist, Versorgungsengpässe auf.[24]
Die Nutzung anderer Wasservorräte führt dazu, daß Ressourcen beansprucht werden, die bisher von der Landwirtschaft genutzt wurden und der Versorgung der Bevölkerung dienten.

---

[22] REGIONAL INVESTMENT COORDINATION BOARD WEST NUSA TENGGARA (NTB) (1992b: 3)
[23] REGIONAL INVESTMENT COORDINATION BOARD WEST NUSA TENGGARA (NTB) (1992a: 17)
[24] WTO (1987: 13)

Am Beispiel des an der Südküste von Lombok geplanten Ressorts Putri Nyale werden im folgenden exemplarisch die aus der tourismusbedingten Nachfrage nach Wasser resultierenden Nutzungskonflikte sowie die weitreichenden Folgen verdeutlicht.

An der Südküste von Lombok, nahe der Gemeinde Kuta, ist ein Ressort für den gehobenen Standard in Planung. Derzeit werden von der LTDC die notwendigen infrastrukturellen Maßnahmen vorbereitet und durchgeführt. Die Region gehört zu den Agrarungunstregionen der Insel, vor allem wegen der ausgeprägten Trockenzeit. Bis heute verfügen die hier lebenden Menschen über keine regelmäßige Wasserversorgung. Der Mangel an Wasser ermöglicht nur eine beschränkte landwirtschaftliche Nutzung. Es wird überwiegend Trockenfeldbau und in begrenztem Umfang Bewässerungsfeldbau in der Regenzeit betrieben. Zudem gestaltet sich die Versorgung der Bevölkerung mit sauberem Trinkwasser außerordentlich schwierig. Insbesondere in der Trockenzeit versiegen viele der oberflächennahen Brunnen, über die sich nahezu alle Haushalte versorgen.

Im Tourimusentwicklungsplan für Lombok von 1987 wird auf die Problematik der Wasserversorgung in dieser Region verwiesen.

" Putri Nyale - Tanjung Aan Area has no potential water source for tourism. Shallow water wells should be avoided. Spring water from adjacent areas would be available from Sengkol or beyond the western hill requiring booster pumps for transmission across the hills. "[25]

Geplant ist eine Wasserversorgung der Hotels aus den umliegenden, nordwestlich gelegenen Regionen. Zu diesem Zwecke ist die Erweiterung einer 10 km langen Wasserleitungen von Sengkol nach Kuta erforderlich. Die Kosten für diese Baumaßnahmen liegen bei 35 Millionen US$ und werden von der öffentlichen Hand getragen.[26] Da aber auch diese Regionen nur über begrenzte Wasserressourcen verfügen, ist eine ergänzende Versorgung aus dem wasserreichen nördlichen Gebirge vorgesehen. In Planung befindet sich derzeit ein Staudamm nahe dem Vulkan Gunung Rinjani, der sowohl das geplante touristische Zentrum im Süden wie auch die Region Senggigi und die Gilis im Nordwesten versorgen soll.

Die nichtstaatliche Umweltorganisation WAHLI[27], die in der Region des Gunung Rinjani ein Eco-Tourism-Development Projekt plant, spricht sich gegen eine derartige Nutzung der Wasserressourcen des nördlichen Gebirgssystemes aus, weil damit weitreichende negative Auswirkungen auf die gesamte Wasserversorgung der Insel verbunden wären. Die nach Norden wie Süden abfließenden Flüsse werden aus dem niederschlagsreichen nördlichen Gebirge gespeist. Sie ermöglichen hier den Bewässerungsfeldbau der südlich gelegenen Regionen. Ein Eingriff in dieses Versorgungssystem hätte schwerwiegende Folgen für die Landwirtschaft in der Region. Zudem wird vor dem Hintergrund der begrenzten Wasserressourcen der Insel der verschwenderische Umgang der Hotels mit Wasser für Swimmingpools, Golfplätze u.ä.

---

[25] WTO (1987: 75)
[26] WTO (1987: 109)
[27] WAHLI (o.J.: 4)

grundsätzlich kritisiert. Gefordert wird zunächst eine ausreichende Wasserversorgung der einheimischen Bevölkerung, die Vorrang vor den Hotelanlagen haben sollte.
Von Seiten der regionalen Entscheidungsträger wird diesen Forderungen kaum Beachtung geschenkt. So wird im Projektbericht der LTDC[28] der tägliche Bedarf an Wasser für das gesamte Ressort auf 21,1 Millionen Liter pro Tag veranschlagt, ohne dabei auf die genannten Probleme und Konflikte einzugehen. Vielmehr wird darauf verwiesen, daß auch die in Kuta ansässige Bevölkerung von den Maßnahmen profitieren würde. Dies steht jedoch in keinem Verhältnis zu den weitreichenden Folgen und Kosten.

Die Beanspruchung der Wasserressourcen durch den Tourismus auf Lombok wird zu erheblichen Konflikten führen, dies vor allem, wenn ihm Vorrang vor der Versorgung der einheimischen Bevölkerung gegeben wird, was derzeit der Fall ist. Von Seiten der Entscheidungsträger werden keine Maßnahmen zur Begrenzung des Wasserverbrauches im Bereich des Tourismus ergriffen. Vielmehr wird eine Übernutzung der Wasserreserven auf der Insel, die zu einer irreparablen Störung des natürlichen Gleichgewichtes führt, in Kauf genommen, um die geplante touristische Entwicklung zu realisieren.

5.2.4 Bedeutung des Tourismus für den Agrarsektor auf Lombok

Die im Tourismusplan für Lombok genannten vielfältigen Impulse durch den Tourismus für den Agrarsektor sind nur begrenzt eingetreten. Es hat weder eine Erweiterung oder Diversifizierung der landwirtschaftlichen Produktion noch eine Schaffung außeragrarischer Erwerbsmöglichkeiten für die in der Landwirtschaft tätige Bevölkerung stattgefunden.

Außer auf Gili Air beziehen die Hotels nur sehr unbedeutende Mengen an Nahrungsmitteln direkt von den Produzenten. Die internationalen Hotels kaufen einen maßgeblichen Anteil ihres Bedarfes überregional ein. In den untersuchten Gemeinden ergab sich durch die Nachfrage der Hotels keine spezifische Veränderung oder Erweiterung der Produktion. Vielmehr werden regional nicht verfügbare Produkte nach wie vor überregional bezogen. Bei den regional verfügbaren Produkten hat zwar eine Umorientierung des Absatzes stattgefunden; dies beinhaltet jedoch keine veränderten Absatzstrukturen. Vielmehr forciert der Tourismus indirekte Bezugswege über mehrere Zwischenhändler. Eine Anhebung der Einkommen der Agrarbevölkerung geht damit nicht einher.
Wiederum abgesehen von Gili Air, hat sich zudem gezeigt, daß die dargelegten Bezugswege zu einer Konzentration auf die wirtschaftlich starke Region Mataram beigetragen. Eine räumliche Streuung der mit dem Tourismus einhergehenden Effekte hat nicht stattgefunden.
Für die internationalen Hotels in der Gemeinde Senggigi können folgende Ursachen für die geringen Verflechtungen benannt werden. Die Größe der Betriebe und damit verbunden die vom

---

[28] LOMBOK TOURISM DEVELOPMENT COOPERATION (LTDC) (o.J.)

Umfang her hohe Nachfrage nach Produkten überfordert die kleinbäuerlichen Betriebe. Diese sind nicht in der Lage, regelmäßig in größerem Umfang bestimmte Produkte zu liefern. Von daher beziehen die Hotels ihre benötigten Waren nicht direkt von den Produzenten, sondern über Zwischenhändler von den Märkten in Mataram. Neben den quantitativen Aspekten wurde von den großen Hotels die Qualität der regional verfügbaren Produkte als unzureichend bezeichnet, was zur überregionalen Bedarfsdeckung führt. Durch die Nähe zu Bali, wo alle benötigten Waren mit geringem zeitlichen und finanziellen Aufwand bezogen werden können, besteht keine zwingende Notwendigkeit, auf die regional verfügbaren Produkte zurückzugreifen oder Initiativen hinsichtlich einer qualitativen Verbesserung der regionalen Produktion zu initiieren.

Auch wenn der Umfang der Nachfrage der kleineren Hotels in Senggigi geringer ist, so decken auch sie ihren Bedarf nicht lokal und direkt. Hier ist weniger der Umfang der Nachfrage, sondern die Nähe zu den Märkten im Mataram, wo ohne größeren Zeitaufwand alle Produkte verfügbar sind, entscheidend.

In der Region Kuta liegen die geringen lokalen Verflechtungen vor allem in den schwierigen Produktionsbedingungen vor Ort begründet. Selbst die vom Umfang her geringe Nachfrage kann zumeist nicht von den lokal ansässigen Landwirten gedeckt werden. Der eigentlich positive Faktor der Ferne zu größeren Märkten kommt hier nicht zum Tragen.

Auf Gili Air bestehen vergleichsweise intensive und direkte Verflechtungen zwischen der Landwirtschaft und dem Tourismus. Dabei sind die guten lokalen Produktionsbedingungen und die Ferne zu größeren Märkten als Ursache zu nennen. Darüber hinaus entspricht die Nachfrage der Hotels sowohl von der Art wie vom Umfang her den lokalen Angeboten.

Von Seiten der Landwirte, vor allem derjenigen im Umland von Senggigi, wurden folgende Gründe für die geringen Beziehungen zum Tourismus genannt:

- Die Nachfrage der Hotels ist sehr unregelmäßig.
- Einzelne Landwirte können den Umfang der Nachfrage nicht decken.
- Die Großhändler in Mataram können billiger anbieten als Kleinbauern.
- Es fehlen Mittel für eine Produktionsumstellung.
- Ein Großteil der Produktion dient der Selbstversorgung.

Einige Landwirte wären grundsätzlich durchaus zu einer Produktionsumstellung oder Erweiterung bereit, dies jedoch nur, wenn sie von staatlicher Seite Unterstützung erhielten, und es Abnahmegarantien von den Hotels gäbe. Abgesehen von einem größeren Hotel in Senggigi, das sich in besonderer Weise gerade dieser Problematik widmet, gibt es derartige Initiativen nicht.

Die Verantwortlichen in der Landwirtschafts- und Tourismusbehörde benannten die Unflexibilität und die geringe Risikobereitschaft der Landwirte als wesentliche Ursachen für die geringen Vernetzungen. Die Landwirte seien nicht bereit, ihre Produktion auf den Bedarf der Hotels umzustellen. Dies vor allem, weil sie mit den Anbaumethoden der von den Hotels nachgefragten Produkte nicht vertraut seien, und diese zudem nicht zu den Grundnahrungsmitteln der lokalen

Bevölkerung gehörten. Bei Ernteeinbußen oder Mißernten könnte eine Produktionsumstellung zu erheblichen existentiellen Problemen führen. Aus diesen Gründen seien nur die Landwirte, die größere landwirtschaftliche Nutzflächen besitzen, bereit, einen Teil ihrer Flächen mit neuen Produkten zu bewirtschaften. Die bäuerlichen Kleinbetriebe mit durchschnittlich 0,36 ha seien dazu nicht in der Lage.

Im Sinne einer Integration des Tourismus in die Regionalentwicklung und einer Intensivierung der direkter Verflechtungen zur Landwirtschaft, erscheint im Nahbereich der touristischen Zentren, hier vor allem in Senggigi, eine Erweiterung und Umstellung der Produktion durchaus sinnvoll. Grundsätzlich muß jedoch gesagt werden, daß sich die Nachfrage der Hotels an den lokal und regional verfügbaren Produkten orientieren sollte, was bei dem insgesamt vielfältigen Angebot auch durchaus möglich wäre. Dennoch sollte eine partielle Erweiterung der Produktion in Hinblick auf den Bedarf der Hotels nicht völlig ausgeschlossen werden. Dies vor allem, wenn eine touristische Entwicklung forciert wird, die sich an internationalen Standards orientiert.

Ein bisher wenig beachtetes Potential liegt darüber hinaus im Bereich der Weiterverarbeitung landwirtschaftlicher Produkte. Hier könnte der Tourismus durchaus Initialfunktion haben.

Wie bereits für den Arbeitsmarkt festgehalten, muß auch für die Landwirtschaft gesagt werden, daß die möglichen regionalen Impulse durch den Tourismus bisher noch nicht genutzt werden. Von Seiten der Entscheidungsträger in der Region wird den regionalen Verflechtungen und Vernetzungen zu wenig Beachtung geschenkt. Zudem wirkt sich die Nähe zu Bali, mit einem breiten Angebot an Waren, negativ auf die Aktivierung und Nutzung regionaler Potentiale aus. Andererseits haben die Strukturen auf Gili Air gezeigt, daß in peripheren Regionen, wo die Produktionsbedingungen gut sind, die touristische Nachfrage sich an den regionalen Angeboten orientiert und zudem der Tourismus einen komplementären Wirtschaftsbereich darstellt, intensive lokale und regionale Verflechtungen eintreten können. Demgegenüber haben die Ausführungen zu Kuta verdeutlicht, daß in peripheren, extrem strukturschwachen Regionen die Anforderungen selbst eines sehr einfachen Tourismus die Möglichkeiten der lokalen Bevölkerung übersteigen. Lokale Vernetzungen entwickeln sich nicht.

Die in der Landwirtschaft tätige Bevölkerung findet kaum einen Zugang zu den direkten Beschäftigungsmöglichkeiten im Tourismus. Ausgeschlossen sind hier vor allem die ärmsten Bevölkerungsgruppen. In den einfachen Unterkünften stellt sich diese Situation etwas positiver dar, vor allem auf Gili Air. Zugleich werden der Landwirtschaft durch den Tourismus die Ressourcen Boden und Wasser entzogen. Auch hiervon ist vor allem die einkommensschwache Bevölkerung betroffen.

Zusammenfassend kann festgehalten werden, daß der Agrarsektor und die in der Landwirtschaft tätige Bevölkerung weit weniger vom Tourismus profitieren, als vielfach angenommen wird. Insbesondere im Bereich des Tourismus des gehobenen Standards, müßten Maßnahmen ergriffen werden, die die Nutzung und Beachtung der regionalen Potentiale fördern. Die Entwicklungen auf Gili Air könnten hier durchaus ein Vorbild sein. Demgegenüber hat sich gezeigt, daß in der strukturschwachen Region Kuta lokale Impulse vom Tourismus kaum zu erwarten sind, so daß eine touristische Erschließung der Region grundsätzlich sehr fragwürdig erscheint.

5.3 Tourismus und Kunsthandwerk[29]

Das Kunsthandwerk[30] auf Lombok hat eine lange Tradition. Zu den wichtigsten handwerklichen Erzeugnissen gehören Töpferwaren, Webstoffe, Flechtwaren und Holzschnitzereien. Regional konzentrieren sich die Produktionsstandorte im ländlichen Raum Mittel- und Ostlomboks. Sie liegen außerhalb des Agglomerationsraumes Mataram und der touristischen Zentren.

Im allgemeinen ist jeweils ein Ort auf die Herstellung eines Produktes spezialisiert. Die Produktion erfolgt ausschließlich in Handarbeit. Betrieben wird das Handwerk im Nebenerwerb vor allem von landlosen und landarmen Bauern. In der Trockenzeit, wo es in der Landwirtschaft kaum Einkommensmöglichkeiten gibt, sind die Einnahmen aus dem Verkauf oder Tausch handwerklicher Produkte für viele Familien die einzige Einkommensquelle. Bis Mitte der 80er Jahre wurde fast ausschließlich für den eigenen Bedarf und die regionalen Märkte produziert. Frauen und Kinder arbeiteten dabei vornehmlich in der Produktion, während die Männer für den Verkauf auf den Märkten zuständig waren. Dabei mußten oft lange, mühsame Fußwege zu den Märkten zurückgelegt werden. Die Einkommen waren wegen der geringen Nachfrage jedoch eher begrenzt. Investitionen im Bereich der Produktionsmittel (Töpferscheiben, modernere Webstühle o.ä.) waren nicht möglich. Das Handwerk entwickelte sich nicht zu einem Wirtschaftsbereich, der allein für die Überlebenssicherung ausreiche. Es blieb lange Zeit eine, wenn auch wichtige Nebeneinkunft.

Erst seit Mitte der 80er Jahre hat sich hier ein Wandel vollzogen. Resultierend aus der Wirtschaftskrise Anfang der 80er Jahre, erfolgte eine zunehmende Hinwendung der nationalen wie regionalen Entwicklungsplanung zu den Potentialen der Regionen, was vor allem das traditionelle Handwerk beinhaltete. Verbunden hiermit waren verschiedene Förderprogramme für die kleinen, handwerklichen Familienbetriebe im ländlichen Raum. Dieser bis dahin völlig vernachlässigte Wirtschaftsbereich erhielt einen anderen Stellenwert. Ihm wurde eine besondere Bedeutung hinsichtlich des Abbaus regionaler wie sozialer Disparitäten zugesprochen.

Zur gleichen Zeit begann auf Lombok der Ausbau des Tourismus. Das Kunsthandwerk wurde dabei im Rahmen der Planungen und des Marketings ein zentrales Angebotpotential.

Dem Tourismus, der seit jeher die Nachfrage nach regionstypischen Kunsthandwerken anregt, wurde eine wichtige Initialfunktion hinsichtlich der Erschließung weiterer Absatzmärkte zugesprochen. Im Tourismusentwicklungsplan für Lombok von 1987 heißt es dazu:

---

[29] Die folgenden Ausführungen basieren - soweit nicht anders vermerkt - auf den Interviews und Gesprächen mit den Kunsthandwerkern und Bürgermeistern in Penujak und Sukarare sowie auf Informationen der Kooperative in Sukarare und dem Lombok Craft Projekt in Penujak.

[30] Bei den auf Lombok hergestellten kunsthandwerklichen Produkten handelt es sich im Sinne der Definition von J. Gormsen vornehmlich um Artikel, "die von Kunden außerhalb der Herstellergemeinschaft besonders geschätzt und gekauft werden, weil sie überwiegend handgearbeitet und im allgemeinen mehr oder weniger kunstfertig und/oder in landestypischer Manier dekoriert sind" (GORMSEN 1985: 7).

"It is foreseen that the handicraft industries will play a vital role in tourism development in Nusa Tenggara. Handicraft souvenir sales will gain the most revenue from tourism, especially for village tourism. The project may not be sustainable without the component of handicrafts."[31]

Neben den direkten Impulsen für das Handwerk auf Lombok durch die touristische Nachfrage wird ein über den Tourismus initiierter nationaler wie internationaler Export von handwerklichen Produkten aus Lombok angestrebt. Langfristig soll ein eigenständiger Wirtschaftsbereich aufgebaut werden. Vorbildfunktion haben dabei die Entwicklungen auf der benachbarten Insel Bali. Initiiert durch die Nachfrage der Touristen nach Souvenirs hat sich dort eine exportorientierte Textil- und Kunsthandwerksindustrie mit vielfältigen Einkommensmöglichkeiten entwickelt.[32]

Eine Erweiterung der handwerklichen Produktion auf Lombok könnte somit ein wichtiger Beitrag zum Abbau regionaler wie sozialer Disparitäten sein. Der überwiegende Teil der Handwerksorte liegt dezentral außerhalb der touristischen Zentren und der Agglomeration Mataram. Das Kunsthandwerk wird vornehmlich von landarmen und landlosen Bauern betrieben. Eine erweiterte Nachfrage könnte zur Verbesserung der Lebenssituation dieser einkommensschwachen Bevölkerungsgruppe führen. Zudem sind die Produktionsverfahren sehr arbeits- und wenig kapitalintensiv, was vor dem Hintergrund des Kapitalmangels und des Arbeitskräfteüberschusses in der Region optimale Rahmenbedingungen sind. Die ausschließliche Verwendung regional verfügbarer Rohstoffe für die Herstellung der Produkte ist zudem regionalen Vernetzungen und einem geringen Abfluß von Erträgen zuträglich.

Anhand von zwei ausgewählten Handwerksdörfern wird im folgenden exemplarisch die Entwicklung der vergangenen Jahre dargelegt. Dabei wird den Fragen nachgegangen, ob der Tourismus zu erweiterten und veränderten Absatz- und Produktionsstrukturen beigetragen hat und welche Gruppen von dieser Entwicklung profitieren.

---

[31] WTO (1987: 14)
[32] WÄLTY (1990: 145)

Karte 11: Standorte der Kunsthandwerksherstellung auf Lombok 1993

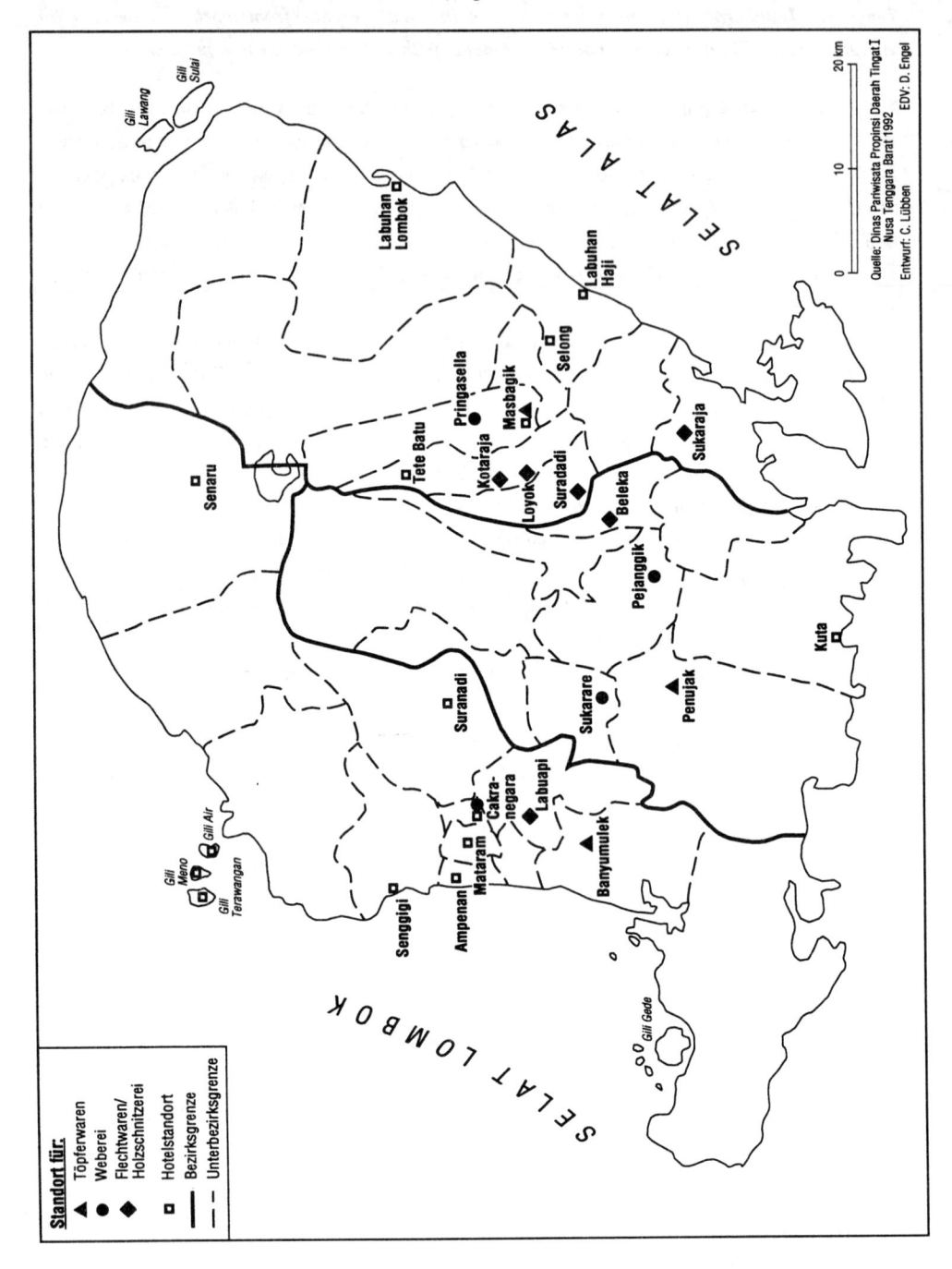

5.3.1 Das Weberdorf Sukarare

Sukarare liegt 29 km südlich von Mataram im Unterbezirk Jonggat, 3 km westlich der wichtigsten Straßenverbindungen von Mataram in den Süden der Insel.
In der Gemeinde leben 2.200 Familien, die überwiegend in der Landwirtschaft tätig sind. 50% der Landwirte besitzen eigenes Land mit einer Betriebsflächen von 0,5 ha. 25% der Landbewirtschafter haben Land gepachtet und weitere 25% sind landlos.[33] Sie arbeiten als Tagelöhner auf den Reisfeldern in der näheren Umgebung. Das Gehalt eines Tagelöhners liegt zwischen 1.000 und 1.500 Rupiah pro Tag.
2/3 der landwirtschaftlichen Nutzflächen entfallen auf Sawah, 1/3 auf Trockenfelder. Die Sawah Flächen werden in der Regenzeit künstlich bewässert und zweimal hintereinander mit Hochertragsreissorten bestellt. Rund vier Monate im Jahr ruhen die landwirtschaftlichen Aktivitäten. In dieser Zeit müssen außeragrarische Erwerbsmöglichkeiten zur Existenzsicherung gesucht werden.

Eine der wichtigsten Nebeneinkünfte ist, insbesondere für die landlosen Familien, die Weberei. In der Zeit von Mai bis August ist es für viele Haushalte die einzige Einkommensquelle. Hergestellt werden sogenannte Ikat-Webstoffe. Die Produktion erfolgt in Handarbeit an sehr einfachen Webstühlen. 1993 gab es in Sukarare 1.100 Weber. Die Zahl hat sich in den letzten Jahren nur unwesentlich verändert; allerdings sind die Einkommen durchaus gestiegen. Bis vor wenigen Jahren wurden die Stoffe für den eigenen Bedarf und für die lokalen Märkte hergestellt. In der Produktion sind fast ausschließlich Frauen und Mädchen tätig. In den Untersuchungen von RÖLL/LEEMANN Anfang der 80er Jahre heißt es zur Bedeutung der Weberei in Sukarare:

"Wie in Rambitan webten Frauen Baumwollstoffe, die aber nur beschränkt verkäuflich und dementsprechend unterbezahlt sind."[34]

Diese Aussage trifft heute so nicht mehr zu. Der Tourismus und die Gründung einer Kooperative 1987 haben zu einer erheblichen Erweiterung der Absatzmöglichkeiten für Webstoffe beigetragen. Zunehmend wird für regionale, nationale und, in geringem Umfang, für internationale Märkte produziert. Es lassen sich zwei Phasen der Entwicklung unterteilen.
In der ersten Phase von 1987 bis 1990 besuchten vornehmlich Individualtouristen Sukarare. Sie kauften in dem von der Kooperative betriebenen Art Shop die für Sukarare typischen Webstoffe. Von der Kooperative wurden Führungen zu den Weberfamilien angeboten, wo die Gäste einen Eindruck von den Arbeits- und Lebensbedingungen gewinnen konnten. Außerhalb des Ortes wurden nur wenige Webstoffe angeboten. Somit waren die Gäste gezwungen, diese im Weberdorf

---

[33] Die Angaben über die Grundbesitzverhältnisse beruhen auf Aussagen des Bürgermeisters und der Gemeindestatistik. Sie entsprechen ungefähr den realen Verhältnissen, sind jedoch wegen der dargelegten Tendenzen zu Großgrundbesitz mit einigen Unsicherheiten behaftet.
[34] LEEMANN/RÖLL (1987:245)

direkt zu kaufen. Bis 1990 entstanden in Sukarare selbst 5 weitere Art Shops, die nicht der Kooperative angehörten. Ihre Besitzer kamen aus dem Ort und waren selbst als Weber tätig.

Die Zahl der Besucher nahm langsam aber stetig zu. Die Gründung der Kooperative und die touristische Nachfrage beinhaltete für die Weberfamilien zunächst eine bedeutende Zeit- und Kosteneinsparung. Zum einen waren sie nun, wo die Touristen in die Gemeinde kamen, nicht mehr gezwungen, auf die Märkte in der näheren und weiteren Umgebung zu gehen, um ihre Waren zu verkaufen. Zum anderen übernahm die Kooperative für die Mitglieder den Kauf der Produktionsmittel und den Verkauf der Produkte. Die Mitgliedschaft in der Kooperative beinhalten zudem eine Abnahmegarantie für die Webstoffe, wodurch die Einnahmen aus der Weberei kalkulierbar wurden. Für einen vier Meter langen Stoff, dessen Herstellung je nach Muster zwei bis drei Wochen dauert, erhielten die Weber von der Kooperative 30.000 Rupiah. Die Materialkosten[35] lagen bei ca. 15.000 Rupiah, so daß für zwei Wochen Arbeit 15.000 Rupiah verblieben, was einem Tageslohn von 1.000 Rupiah entsprach. Die Kooperative verkaufte einen solchen Webstoff im allgemeinen für 32.000 - 35.000 Rupiah.

Eine durch die touristische Nachfrage bedingte Veränderung der hergestellten Stoffe hat bisher nur begrenzt stattgefunden. Es werden kaum neue Produkte hergestellt, die ausschließlich auf den touristischen Bedarf ausgerichtet sind. Vielmehr werden überwiegend Stoffe produziert, die sowohl von der regionalen Bevölkerung wie von den Touristen nachgefragt werden. Nach Auskunft des Bürgermeisters und zahlreicher Weber hat sich durch die dargelegten Entwicklungen die Lebenssituation der Bevölkerung wesentlich verbessert. Dabei ist weniger die Höhe des erzielten Einkommens als vielmehr die Sicherheit regelmäßige Einkünfte durch die Weberei erwirtschaften zu können, von Bedeutung.

Die zweite Phase, von 1990 bis 1993, gilt es im Kontext der touristischen Gesamtentwicklung auf Lombok zu sehen. Entsprechend der Erweiterung der Unterkünfte des gehobenen Standards nahm die Zahl der Touristen der mittleren und gehobenen Einkommensklasse zu. Diese besuchten Sukarare in kleinen Reisegruppen im Rahmen von organisierten Tagesausflügen. Der Besuch des Weberdorfes entwickelte sich zunehmend zu einem kurzen Einkaufsstop. Zudem nahm in dieser Zeit die Zahl der Art Shops zunächst in Sukarare selbst, später auch in Senggigi, Mataram und in der Gemeinde Pujung, die direkt an der Straße von Mataram nach Kuta am Abzweig nach Sukarare liegt, stark zu.

Hiermit einher ging eine erhebliche Erweiterung der angebotenen Produkte. Zunehmend wurden handwerkliche Erzeugnisse verkauft, die nicht auf Lombok hergestellt werden, insbesondere Batikstoffe und sonstige Textilien aus Bali. Mit diesen Entwicklungen waren vielfältige Probleme und Veränderungen für die Gemeinde Sukarare verbunden.

---

[35] Im allgemeinen kaufen die Weber, je nach finanziellen Möglichkeiten, die Produktionsmittel in kleinen Raten. In der Trockenzeit, wo viele Haushalte nicht über finanzielle Rücklagen verfügen, werden die Produktionsmittel von der Kooperative vorfinanziert und dann bei Fertigstellung der Produkte einbehalten. Da der finanzielle Rückhalt der Kooperative jedoch begrenzt ist, müssen die Mitglieder im allgemeinen die Produktionsmittel sofort ezahlen.

Eine besondere Problematik stellt dabei die Zunahme importierter handwerklicher Produkte in den Art Shops in und um Sukarare dar. Insbesondere die maschinell hergestellten Batikstoffe von Bali entwickeln sich zu Konkurrenzprodukten. Diese können wesentlich billiger angeboten werden als die handgewebten Stoffe aus Sukarare. Die Gäste, die nicht mehr wie früher bei der Kooperative einkaufen und auch kaum noch Führungen zu den Webern beanspruchen, haben kaum eine Vorstellung von den Produktionsbedingungen. Ihnen erscheinen die angebotenen Webstoff aus Sukarare im Vergleich zu den Batikstoffen von Bali[36] daher überteuert. Dies hat zu einem merklichen Rückgang der Nachfrage geführt. Um überhaupt noch Webstoffe verkaufen zu können, werden die Preise herabgesetzt. Dies führt zu einem erheblichen Rückgang der Einnahmen der Weber.

Ein weiteres Problem stellen die an die Leiter der Reisegruppen zu zahlenden Kommissionen dar. Sie liegen zwischen 20 und 40% des Verkaufspreises. Die kleinen Art Shops, vor allem in Sukarare, sind nicht in der Lage, diesen Forderungen nachzukommen. Sie werden aus diesem Grunde nicht mehr von den Reisegruppen besucht. Die Kooperative in Sukarare ist bisher gleichfalls nicht bereit, an die Reiseleiter zu zahlen. Folge hiervon ist, daß Touristen nur noch in den großen Läden kaufen, die sich fast ausschließlich in der Gemeinde Pujung direkt an der Straße von Mataram nach Kuta befinden. Aber auch die Art Shops in Mataram, in Senggigi und in den größeren Hotels stellen eine zunehmende Konkurrenz für Sukarare dar. Vor allem haben sie zu einem Rückgang des direkten Absatzes geführt und das Entstehen einer Händlerklasse begünstigt.

In zunehmendem Maße sind die Weber und die Kooperative in Sukarare gezwungen, ihre Produkte über Zwischenhändler aus Mataram zu vermarkten. Diese schöpfen einen Großteil des Verkaufserlöses ab, was zu einer weiteren Abnahme der Einnahmen der Produzenten führt. Zudem werden die Tätigkeiten der Weber auf die Produktion reduziert. Verantwortungsvolle Aufgaben im Marketing-Bereich, die lokal zusätzliche Einkommen schaffen könnten und einer selbstbestimmten Entwicklung zuträglich wären, werden der Region entzogen.

Die aufgezeigten Entwicklungen, vor allem die Konkurrenz durch billige Batikstoffe aus Bali, tragen derzeit zu einer Stagnation bzw. einem Rückgang des sich in Ansätzen entwickelnden Exportes von Webstoffen aus Sukarare bei.
Bisher ist es nicht gelungen, aus der tourismusbedingten Nachfrage einen eigenständigen Wirtschaftsbereich zu entwickeln. Vielmehr zeichnen sich gegenteilige Tendenzen sowie eine zunehmende Verlagerung von Entscheidungskompetenzen aus dem Ort ab.

---

[36] Die Batikstoffe aus Bali kosten zwischen 2.000 und 6.000 Rp.

5.3.2 Das Töpferdorf Penujak

Die Gemeinde Penujak liegt 6 km südwestlich der Bezirkshauptstadt Praya im Unterbezirk Praya Barat, direkt an der Straße von Mataram nach Kuta. In der Gemeinde leben 2.200 Familien (8.900 Einwohner). Der überwiegende Teil von ihnen ist in der Landwirtschaft tätig.
Die Hälfte der Landbewirtschafter besitzt eigenes Land, während die restlichen 50% Land gepachtet haben oder landlos sind.[37] Die Gemeinde Penujak liegt in der sogenannten "Daerah kritis", wo wegen der geringen Niederschläge und der ausgedehnten Trockenzeit von bis zu 6 Monaten überwiegend Trockenfeldbau betrieben wird. In der Trockenzeit, wo es in der Landwirtschaft kaum Einkommensmöglichkeiten gibt, sind die Familien gezwungen, durch außeragrarische Tätigkeiten ihr Überleben zu sichern.
Wie in Sukarare ist eine der wichtigsten Einkommensquellen das Handwerk, in diesem Fall die Töpferei. Bis vor wenigen Jahren wurde ausschließlich für den eigenen Bedarf und die lokalen Märkte produziert. Hergestellt werden überwiegend Gebrauchsgegenstände wie Kochgeschirr, Reisschalen, Vorratsgefäße für Reis und Trinkgefäße. Das Rohmaterial (Ton) wird in nahegelegenen Lagerstätten dicht unter der Erdoberfläche abgebaut.
1988 waren in Penujak ca. 300 Familien im Töpferhandwerk tätig. Der überwiegende Teil von ihnen gehörte zu den landlosen und landarmen Bauern, die das Töpferhandwerk im Nebenerwerb betrieben. Frauen und Mädchen arbeiteten in der Produktion, während die Männer für den Verkauf und die Anschaffung von Ton zuständig waren.

Mit der Ausbreitung des Tourismus und durch das 1988 gegründete Lombok Craft Project (LCP)[38], ein bilaterales Entwicklungsprojekt zwischen Neuseeland und Indonesien, setzte ein erheblicher Wandel im Töpferhandwerk ein.
Dabei wurde durch das LCP, das im folgenden kurz skizziert wird, der Grundstein für eine touristische Nachfrage nach Keramikprodukten aus Penujak gelegt. Ziel des Projektes ist es, eine von den Töpfern aus dem Ort kontrollierte Kooperative aufzubauen, die zur Verbesserung und Erweiterung der Einkommens- und Beschäftigungsmöglichkeiten durch das Töpferhandwerk in der Region beiträgt. 1988 waren im Projekt 10 Familien involviert, vor allem Frauen, von denen das Töpferhandwerk betrieben wurde. In der ersten Projektphase (1988-1990) standen die finanzielle und die technische Unterstützung im Vordergrund[39], um die Produktionsbedingungen sowie die Möglichkeiten zur Lagerung und anschließenden Vermarktung der Produkte zu verbessern. In Penujak wurden Zwischenlager und Verkaufsräume eingerichtet. Später kamen Verkaufsstände in zwei Hotels in Senggigi und auf Bali hinzu. Darüber hinaus wurden vom

---

[37] Die Angaben zu den Besitzverhältnissen sind mit erheblichen Unsicherheiten behaftet. Es ist davon auszugehen, daß der Anteil der Landlosen höher ist, als es die offiziellen Statistiken wiedergeben.
[38] Das Projekt ist neben Penujak noch in den Töpferdörfern Masbagik und Banyumulek tätig. Die Zentrale des Projektes hat ihren Sitz in Mataram.
[39] Die Unterstützungen beinhalteten vor allem Material zum Bau von Arbeits- und Lagerräumen, einige Werkzeuge sowie kleinere technische Veränderungen im Bereich der Brenntechnik und der Oberflächenbehandlung der Gefäße (PIESNACK :1995).

Projekt einige neue Produkte und Designs eingeführt. Dabei war man darum bemüht, den Anforderungen der potentiellen Käufer gerecht zu werden und gleichzeitig die herkömmlichen Produktionsweisen sowie den traditionellen Charakter der Keramik zu bewahren. Aus diesem Grunde beschränkte man sich bei den Veränderungen vor allem auf das Anbringen von Dekors und Mustern, die in der Region aus der Weberei und Schnitzkunst bekannt waren. Neue Produkte wie Aschenbecher, kleine Dosen und andere kleine Gebrauchsgegenstände, die eingeführt wurden, werden heute sowohl für die regionale Bevölkerung wie für externe Märkte produziert. Das Produktionsverfahren wurde dabei kaum verändert. Die "neuen Produkte" werden heute auch von Töpfern hergestellt, die nicht für das Projekt arbeiten. Diese, wie auch andere kleinere Neuerungen durch das Projekt, haben sich jeweils sehr schnell unter den Töpfern des Ortes verbreitet, ohne daß damit eine grundsätzliche Veränderung des Handwerkes verbunden war. Vielmehr waren es Innovationen, die, als Voraussetzung für den Export, zu einer qualitativen Verbesserung der Produkte geführt haben.[40]

Mit einer Reihe von Marketingmaßnahmen, wie Ausstellungen in den Hotels in Senggigi und in Museen sowie dem Besuch von in- und in zunehmendem Maße ausländischen Messen, wurde für die Keramikprodukte aus Lombok ein breiter nationaler wie internationaler Markt erschlossen. Die Töpferwaren, die heute unter der Produktbezeichnung "Sasak Pottery" bekannt sind, werden nach Bali, Java, Neuseeland, Australien und Europa exportiert. Aber auch ein Großteil der Hotels und der ansässigen Bevölkerung[41] verwendet die Waren zur Dekoration und als Geschirr. Verbunden hiermit war eine Verdopplung der Anzahl der Töpfer wie auch eine Erweiterung des Produktionsumfanges, was zu einer erheblichen Verbesserung der Einkommens- und Lebenssituation beigetragen hat.

1993 waren in Penujak ca. 100 Töpfer fest für das Projekt tätig. Sie arbeiteten nach Auftrag und erhielten feste Gehälter. Je nach Auftragslage wurden darüber hinaus weitere Töpfer aus dem Ort beansprucht, die jedoch keine festen Verträge hatten.

Derzeit befindet sich das Projekt in der Übergabephase. Eines der größten Probleme ist, daß ein Großteil der Töpfer bisher kaum in den Bereich Marketing integriert wurde. Vielmehr haben der Projektleiter und einige wenige Mitarbeiter diese Aufgaben übernommen. Die Töpfer waren ausschließlich für die Produktion zuständig. Da geplant ist, auch diese Aufgaben an die Töpfer selbst zu übergeben, werden hier zur Zeit Kurse und Seminare angeboten. Dies beinhaltet sowohl Sprachkurse für die Töpfer wie auch die eigenständige Organisation von Verkaufsveranstaltungen.

---

[40] Eine Verbesserung der Qualität beinhaltet vor allem Anforderungen an die Festigkeit und Oberflächenbeschaffenheit der Produkte, die durch eine ausreichende Feuerung erreicht wurde. Dies ist eine wichtige Voraussetzung für den Export.
[41] Keramikprodukte aus Penujak werden von der ansässigen Bevölkerung in großem Umfang nachgefragt. Besonders die großen Vorratsgefäße für Wasser sind weitverbreitet. Piesnack geht davon aus, auch wenn es kein Datenmaterial zum Umfang dieser regionalen Nachfrage gibt, daß diese mindestens dem Verkauf an Touristen entspricht (PIESNACK: 1995).

Der internationale Tourismus war und ist für die Entwicklung des Projektes wie für die des Töpferhandwerkes eine sehr günstige, wenn auch nicht ausschlaggebende Rahmenbedingung. Vor allem hat der Tourismus dazu beigetragen, daß über die ausländischen Gäste die Töpferwaren aus Lombok international bekannt wurden, was dem Export zuträglich ist. Allerdings wurden die Voraussetzungen hierzu durch das LCP und nicht durch den Tourismus geschaffen.

Die tourismusbedingte Nachfrage ist heute vor allem für die Töpfer in Penujak von Bedeutung, die nicht regelmäßig für das Projekt arbeiten. Sie erwirtschaften sich durch den direkten Verkauf an Touristen ein zusätzliches Einkommen. Diese Einnahmen haben unter anderem dazu beigetragen, daß einige ortsansässige Töpfer einen eigenen Laden eröffnen konnten. Ein Teil derer exportiert inzwischen ebenfalls Produkte nach Bali und ins Ausland.

In den Läden werden ausschließlich Keramikprodukte aus dem Ort verkauft. Außerhalb von Penujak werden die Töpferwaren auf dem Markt in Sweta sowie in einigen Art Shops in Ampenan, Mataram und Senggigi verkauft. Im Vergleich zu dem Gesamtangebot der Läden ist der Anteil der Keramik sehr gering, und dementsprechend niedrig ist die Nachfrage. Die Touristen sind aus diesem Grunde gezwungen, nach Penujak zu kommen, um hier direkt bei den Töpfern oder in den Art Shops zu kaufen. Dies hat dazu beigetragen, daß die Töpfer nicht, wie in Sukarare, von Zwischenhändlern aus Mataram abhängig sind. Allerdings hat sich in Penujak selbst, vor allem im Bereich des Exportmarktes, eine lokale Händlerklasse entwickelt. Während die Töpfer früher ihre Waren selbst verkauften, produziert der überwiegende Teil von ihnen heute für die Art-Shops und die Händler im Ort. Verbunden hiermit ist eine zunehmende Abhängigkeit der Töpfer. Da jedoch zwischen ortsansässigen Händlern und Töpfern vielfach familiäre Bindungen bestehen, überwiegen trotz aller Konflikte derzeit noch die Vorteile dieser veränderten Absatzstrukturen.

Das Töpferhandwerk in Penujak hat in den letzten Jahren - maßgeblich initiiert durch das LCP - verschiedene Märkte erschlossen. Im Gegensatz zur benachbarten Insel Bali, wo sich aus der Nachfrage der Touristen ein Exportmarkt entwickelt hat, verlief die Entwicklung in Penujak gegenteilig. Hier wurden zunächst ein regionaler und ein nationaler Markt geschaffen, die die Grundlage für die Erschließung des Export- und Tourismusmarktes waren. Dies hat dazu beigetragen, daß das Töpferhandwerk in Penujak bis heute seinen ursprünglichen Charakter kaum verloren hat. Der vielfach beschriebene Prozeß des Verlustes an Qualität und Originalität sowie die Reduzierung von traditioneller Volkskunst zur einfältigen Souvenirproduktion, bedingt durch die touristische Nachfrage, hat sich hier bisher nicht vollzogen.[42] Dennoch ist es gelungen, einen erweiterten Absatzmarkt zu erschließen, von dem die Herstellergemeinde und die hier lebenden Menschen in vielfältiger Weise profitieren. PIESNACK[43] ermittelte in seinen Untersuchungen zum Töpferhandwerk auf Lombok 1994 für Penujak ca 1.800 Töpfer, deren Einkommen sich von 1988 bis 1994 in vielen Fällen verdreifacht hat. Seine Befragungen ergaben ein durchschnittliches

---

[42] GORMSEN (1990)
[43] PIESNACK (1995: 76/77)

Jahreseinkommen der Töpfer von 1,11 Millionen Rupiah, was dem Einkommen eines Hotelangestellten in der Kategorie Melati entspricht.
Trotz dieser Einkommenssteigerungen ist der überwiegende Teil der Töpferfamilien noch in der Landwirtschaft tätig. Vor allem die Männer arbeiten in der Zeit von November bis März vorwiegend als Erntehelfer und Pflanzer in den Reisfeldern. Dann wird das Töpferhandwerk fast ausschließlich von Frauen betrieben. Allerdings kann in dieser Zeit insgesamt weniger getöpfert werden. Der Regen behindert sowohl die Arbeit im Freien als auch das Trocknen, das Brennen und die Beschaffung von Ton erheblich. Auch aus diesem Grunde wird die Tätigkeit in der Landwirtschaft nicht aufgegeben. Zudem gilt die Landwirtschaft als ökonomische Absicherung für den Fall, daß Probleme in der Kunsthandwerksproduktion oder Vermarktung auftreten.

Trotz der dargelegten positiven Entwicklungen im Bereich des Töpferhandwerkes kann die Lebenssituation der Töpfer noch nicht als stabil bezeichnet werden. Nur wenige sind in der Lage, finanzielle Rücklagen zu bilden. Ein Rückgang der Nachfrage nach Keramikprodukten hätte schwerwiegende Folgen für die Region. Allerdings schafft das breite Spektrum an erschlossenen Märkten eine gewisse Stabilität und Sicherheit. Zudem bieten sowohl der touristische Markt als auch der Exportmarkt derzeit noch einige unerschlossene Potentiale.

5.3.3 Bedeutung der touristischen Nachfrage für das regionale Kunsthandwerk

Auch wenn die sozioökonomischen wie naturräumlichen Ausgangsbedingungen in den Handwerksdörfern Sukarare und Penujak nahezu identisch sind, haben sich hier sehr divergierende Entwicklungen vollzogen. Eine einheitliche Bewertung der Bedeutung des Tourismus für das Handwerk ist schwierig. Für beide Orte wie für das Kunsthandwerk insgesamt auf Lombok kann gesagt werden, daß die tourismusbedingte Nachfrage zu einem wirtschaftlichen Wachstum, zu einer Erweiterung der produktiven Arbeit und damit auch zur Verminderung der Armut beigetragen hat. Insbesondere für die landlose und landarme Bevölkerung, die von der Landwirtschaft allein kaum noch leben kann, trägt die erweiterte Nachfrage nach kunsthandwerklichen Produkten zur Verbesserung der Lebenssituation bei. Zudem wirkt die Lage der Handwerksstandorte der zunehmenden Konzentration wirtschaftlicher Aktivitäten in der Region Mataram entgegen. Allerdings hat das Beispiel Sukarare gezeigt, daß ein nicht unbedeutender Anteil der Einnahmen durch Zwischenhändler der Herstellergemeinde entzogen wird und der Region Mataram zufließt. Demgegenüber ist es in Penujak gelungen, den Einkommensabfluß durch externe Mittelsmänner vergleichsweise gering zu halten.

Weitere wesentliche Unterschiede in der Entwicklung der beiden Gemeinden liegen in der Erschließung von Märkten auf unterschiedlichen Ebenen begründet. Dabei ist die Vielfalt der Märkte, die Lage und die zeitliche Reihenfolge von besonderer Relevanz. In Penujak wurde, ausgehend von der Belieferung lokaler Märkte, zunächst ein regionaler und nationaler Markt erschlossen. Es wurden Vermarktungs- und Produktionsbedingungen geschaffen, die von den Handwerkern getragen und für sie auch überschaubar waren. Unterstützt durch die tourismusbedingte Nachfrage, wurde auf dieser Basis der internationale Markt erschlossen. Durch diese langsame und stetige Erweiterung der Märkte sowie durch die Unterstützung des LCP war es den lokalen Töpfern möglich, ein vergleichsweise eigenbestimmtes Produktions- und Vermarktungssystem aufzubauen und sich hier Kenntnisse anzueignen. Aus diesem Grunde ist die Abhängigkeit von Händlern aus Mataram oder anderen Regionen und damit auch der Abfluß von Einnahmen aus dem Ort relativ gering. Die Entwicklung in Sukarare hingegen war von Beginn an auf den touristischen und damit den internationalen Markt ausgerichtet. Die Weber, die bis dato ausschließlich für lokale Märkte produziert hatten und keine Kenntnisse über die Anforderungen des touristischen Marktes besaßen, waren mit diesen neuen Strukturen überfordert. Auswärtige Mittelsmänner übernahmen die Vermarktung der Produkte, was zu den beschriebenen Abhängigkeiten und einem starken Abfluß von Einkommen führte. Dabei hat die einseitige Ausrichtung auf den touristischen Markt und die Konkurrenz mit Produkten aus Bali eine Erschließung anderer Märkte verhindert. Zudem ist es nicht gelungen, ein Produktimage für die Webstoffe aus Sukarare aufzubauen, wie es in Penujak durch ein gutes Marketing geschehen ist.

Insgesamt trägt die tourismusbedingte Nachfrage zwar in beiden Orten zu erweiterten Absatzmöglichkeiten und damit auch zu zusätzlichen Einkommen für die Handwerker bei, jedoch sind diese wesentlich vielfältiger und stabiler, wenn vor Einsetzen der touristischen Nachfrage bereits effiziente, von den Handwerkern getragene Produktions- und Vermarktungsstrukturen existieren. Eine einseitige Ausrichtung auf den touristischen Markt, bei gleichzeitiger Aufgabe der landwirtschaftlichen Tätigkeit zu Gunsten des Handwerkes, führt bei Sättigung oder Umorientierung der Nachfrage, wie für Sukarare beschrieben, zu erheblichen Problemen. Auch wenn die Handwerker auf Lombok bisher ihre Tätigkeit in der Landwirtschaft nur in geringem Maße vernachlässigen oder aufgeben, so entwickeln die dargelegten Tendenzen eine zunehmende Eigendynamik.
Es ist zu erwarten, daß bei weiterer Nachfragesteigerung die Zahl der Vollerwerbshandwerker zunimmt, wie es in vielen anderen touristischen Regionen der Fall ist. Gormsen kommt aus diesem Grunde in ihren Untersuchungen zum Kunsthandwerk in Mexiko zu der abschließenden Empfehlung, die Förderung des Kunsthandwerkes in die Gesamtentwicklung der ländlichen Regionen zu integrieren. Sie fordert eine Verbesserung der ländlichen Strukturen in Kombination mit der Unterstützung der lokal vorhandenen handwerklichen Fähigkeiten.[44]
Entsprechende Maßnahmen sollten auch im Bereich des Kunsthandwerkes auf Lombok initiiert werden, um eine langfristige Sicherung und Verbesserung der allgemeinen Lebensbedingungen in den ländlichen Regionen zu gewährleisten.

---

[44] GORMSEN (1985:188)

5.4 Tourismus und regionale Infrastruktur

Eine infrastrukturelle Erschließung, hier vor allem die verkehrsmäßige Erreichbarkeit, ist eine grundlegende Voraussetzung für den internationalen Tourismus.
Art und Umfang der erforderlichen Infrastruktureinrichtungen sind dabei abhängig von der Art des Tourismus. Die Anforderungen des Einfachtourismus sind im allgemeinen gering und korrespondieren zumeist mit den regionalen Gegebenheiten. Der Tourismus des gehobenen

Standards hingegen erfordert eine vielfältige und aufwendige Infrastruktur in allen Bereichen.
Im allgemeinen werden die infrastrukturellen Erschließungsmaßnahmen von der öffentlichen Hand finanziert. Der Nutzen solcher tourismusbedingten Infrastrukturmaßnahmen und -einrichtungen wird vielfach in Frage gestellt.[45]
Dies vor allem, weil sie zumeist nicht der ansässigen Bevölkerung zugute kommen und nicht deren Erfordernissen entsprechen. Der außertouristische Gebrauchswert wird auch in Relation zu den Aufwendungen, die den öffentlichen Haushalt belasten, in Zweifel gezogen. Zudem verlangen die hohen Kosten eine räumliche Konzentration der Investitionsmittel, wobei die bereits vergleichsweise gut erschlossenen Regionen im allgemeinen bevorzugt werden. Periphere Regionen, die einer Strukturverbesserung dringend bedürfen, werden aus Kostengründen zunächst vernachlässigt und geraten entwicklungsmäßig zunehmend ins Abseits. Im folgenden wird für die Insel Lombok dargelegt, welche finanziellen Mittel von der öffentlichen Hand investiert werden, welche Maßnahmen im Bereich der Infrastruktur in den letzten Jahren damit realisiert wurden[46] und welche Bedeutung dies für die Gesamtentwicklung der Region hat.

5.4.1 Öffentliche Investitionstätigkeit im Bereich der Infrastruktur

Der öffentliche Haushalt der Provinzen und Bezirke gliedert sich in Entwicklungs- und Routineaufgaben. Die Ausgaben für die Routineaufgaben, die 2/3 aller öffentlichen Mittel beanspruchen, dienen vor allem der Finanzierung der öffentlichen Verwaltung. Die Entwicklungsausgaben werden für infrastrukturelle Maßnahmen und die Regionalentwicklung eingesetzt.
Im Haushaltsjahr 1989/90 lagen die gesamten Entwicklungsausgaben bei 11,4 Milliarden Rupiah. 53% dieser Mittel entfielen auf den Bereich Tourismus und Transport. 17% der Gelder wurden für Maßnahmen der Regionalentwicklung bereitgestellt und für verschiedene Förderprogramme, insbesondere im Bereich des Handwerkes im ländlichen Raum, eingesetzt. Die Ausgaben für das

---
[45] VORLAUFER (1983A:181); SCHÜRMANN (1979: 222); MAY (1985)
[46] Ausgenommen ist dabei die touristische Infrastruktur im engeren Sinne wie Beherbergungsbetriebe, Restaurants und Reisebüros. Im Mittelpunkt des Interesses steht die Infrastruktur, die zwar indirekt auch für den Tourismus von Bedeutung ist, jedoch gleichzeitig für andere Wirtschaftsbereiche und die Entwicklung in der Region von Nutzen ist.

Gesundheits- (8%) und Bildungswesen (9%) sowie für die Landwirtschaft (5%) sind vergleichsweise gering.

Die differenzierte Betrachtung nach den drei Bezirken zeigt zunächst, daß Westlombok mit 6,2 Milliarden Rp eine wesentlich höhere Investitionstätigkeit als Ost- (2,7) und Mittellombok (2,6) aufweist.[47]

Abb. 15: Entwicklungsausgaben der öffentlichen Hand auf Lombok 1989/90

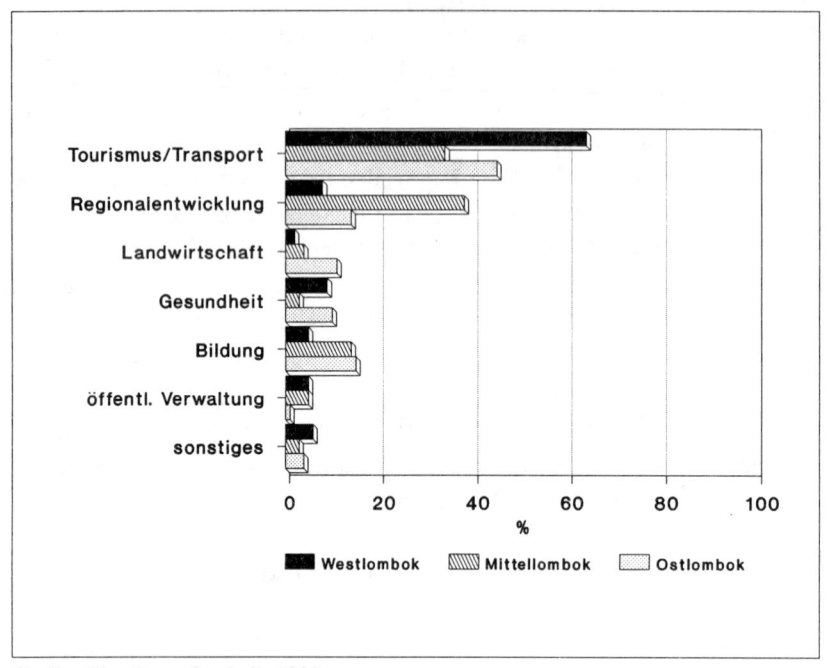

Quelle: Biro Pusat Statistik 1992e

In Westlombok entfallen nahezu 2/3 der Ausgaben auf den Bereich Tourismus und Transport. In Ost- und Mittellombok ist dieser Anteil mit 45% bzw. 34% wesentlich niedriger. In Mittellombok fließen 38% aller Mittel in die Regionalentwicklung. Dies ist auf die genannten Fördermaßnahmen im Bereich des Handwerkes zurückzuführen. Ein Großteil der handwerklichen Produktionsstandorte liegt in diesem Bezirk. Insgesamt wird deutlich, daß vor allem in Westlombok ein Großteil der öffentlichen Gelder für die tourismusnahe Infrastruktur verwendet wird. Aber auch in den beiden anderen Bezirken, wo, von der Anzahl der Gäste und der Hotels her, der Tourismus bisher eine eher untergeordnete Bedeutung hat, werden hier erhebliche Gelder eingesetzt.

---

[47] BIRO PUSAT STATISTIK (1992e)

Die anderen Bereichen, vor allem dem Gesundheitswesen und der Landwirtschaft, die mit erheblichen Problemen belastet sind, erhalten vergleichsweise geringe Zuwendungen.

5.4.2 Infrastrukturelle Maßnahmen im Zuge der touristischen Entwicklung

Mit Ausnahme der Westküste um Mataram sind viele Regionen der Insel Lombok infrastrukturell schlecht erschlossen. Mit dem Tourismus verbundene Maßnahmen konzentrierten sich vor allem auf die Verkehrsinfrastruktur, auf das Kommunikationsnetz und in begrenztem Maße auf die Wasser- und Elektrizitätsversorgung. Regional entfiel der überwiegende Teil dieser Erweiterungen auf die Region Mataram.

Im Zeitraum von 1985 bis 1992 wurde das gesamte Straßennetz in der Provinz NTB um 400 km erweitert. Bedeutender waren allerdings die Erneuerungen im Bereich des Straßennetzes. Im genannten Zeitraum ist der Anteil der asphaltierten Straßen von 1.823 km auf 3.294 km gestiegen. Gleichzeitig ist der Anteil der unbefestigten Straßen von 1980 km auf 990 km zurückgegangen. Regional entfielen die Maßnahmen überwiegend auf die Agglomeration Mataram. Ausgebaut und erneuert wurden hier die Verbindungen von Mataram zum Fährhafen Lembar, zum Flughafen sowie zu den touristischen Entwicklungsregionen Senggigi, Kuta und zu den Gilis.[48] Diese Maßnahmen standen fast ausschließlich in Zusammenhang mit der touristischen Entwicklung und haben die verkehrsmäßige Erschließung dieser Regionen wesentlich verbessert. Darüber hinaus wurde die wichtigste Ost-West-Verbindung von Mataram zum Hafen Labuhan Lombok erheblich erweitert und erneuert. Nach wie vor schlecht erschlossen sind der Südwesten, der Südosten und weite Teile des Nordens sowohl hinsichtlich der Quantität wie der Qualität der Straßen. Trotz erheblicher Ausbau- und Erneuerungsmaßnahmen in den vergangenen Jahren sind nach offiziellen Angaben nur 40% der Straßen in einem guten Zustand, 20% werden als mittelmäßig und 30% als sehr schlecht bezeichnet.

Die genannten Maßnahmen im Bereich des Straßenbaus sind maßgeblich auf den Tourismus ausgerichtet. Für die in diesen Regionen lebenden Menschen stellen sie einen durchaus positiven Impuls dar. Gleichzeitig ging hiermit jedoch eine Verstärkung der Disparitäten zwischen den schlecht erschlossenen Regionen im Südwesten, Süden, Osten und Norden und dem bereits vor der touristischen Entwicklung vergleichsweise gut erschlossenen Westen einher.

Die Insel Lombok verfügt über einen 3 km nördlich von Mataram gelegenen, nationalen Flughafen. Dieser wurde bereits 1956 gebaut. Ende der 70er Jahre fand ein Ausbau des Flughafens statt, und die Flugfrequenzen und Verbindungen wurden erweitert. Es gab täglich je eine Verbindung nach Surabaya, Denpasar, Sumbawa und nach Malang.

Im Zuge der touristischen Ausbaumaßnahmen in den 80er Jahren wurden vor allem die Verbindungen nach Denpasar erheblich erweitert. 1993 gab es täglich 8 Flüge von Mataram nach Bali. Die Flugverbindungen zu anderen Regionen blieben allerdings unverändert. Die erweiterten Kapazitäten sind für die Entwicklung der Region von besonderer Relevanz.

---

[48] REGIONAL INVESTMENT COORDINATION BOARD WEST NUSA TENGGARA PROVINCE (1992b: 11)

Die Erreichbarkeit der Insel per Flugzeug ist eine der Grundlagen für den Tourismus. Allerdings wird im Tourismusentwicklungsplan[49] für Lombok von 1987 darauf verwiesen, daß die Kapazitäten nur für den sogenannten Pioniertourismus ausreichend seien. Langfristig wird ein Ausbau des bestehenden oder der Neubau eines internationalen Flughafens im Süden der Insel empfohlen. Zudem sind die erweiterten Kapazitäten für den in- wie ausländischen Geschäftsreiseverkehr von Bedeutung, insbesondere für die beschriebenen Entwicklungen im Bereich des Kunsthandwerkes, wo überregionale Absatzmärkte an Bedeutung gewinnen. Dies vor allem, weil es bisher kaum feste Verträge zwischen den Händler aus Bali und Java und den Kunsthandwerkern gibt. Vielmehr wird direkt vor Ort eingekauft wird. Die regionale Bevölkerung nutzt hingegen das Verkehrsmittel Flugzeug aus Kostengründen kaum.

Die zwei Fährhäfen auf Lombok, Labuhan Lombok an der Ostküste und Lembar an der Westküste, bieten dreimal täglich Verbindungen nach Bali und Sumbawa an. Die Fähren sind in einem sehr schlechten Zustand und zumeist völlig überladen. Seit drei Jahren gibt es Schnellboote von Padangbai nach Lombok. Diese werden ausschließlich von Touristen genutzt. Aus Kostengründen beansprucht die lokale Bevölkerung dieses neue Verkehrsmittel nicht.[50]

Maßgeblich durch den Tourismus initiiert, hat in den letzten Jahren eine erhebliche Erweiterung der überregionalen Busverbindungen von Lombok auf die benachbarten Inseln stattgefunden. Diese kommen dem Tourismus wie der lokalen Bevölkerung zugute.

Das intraregionale öffentliche Transportwesen hat - vor allem von Mataram zu den touristischen Zentren - eine Erweiterung erfahren. Andere Teile der Insel sind nach wie vor schlecht erschlossen. Auch die Regionen in Mittellombok, die regelmäßig von Touristen im Rahmen von ein- bis mehrtägigen Ausflügen besucht werden, sind mit den öffentlichen Verkehrsmitteln kaum oder nur mit sehr großem Zeitaufwand zu erreichen. Touristen nutzen hier im allgemeinen nicht die öffentlichen Verkehrsmittel, sondern spezielle Angebote der Hotels und Reisebüros. Nur in begrenztem Maße trägt der Tourismus somit zu einer für die Allgemeinheit nutzbaren Verbesserung der öffentlichen Transportmittel bei.

Auf das allgemeine Bildungswesen hat der Tourismus keinen Einfluß. Die Zahl der Schulen hat in den letzten Jahren nur unbedeutend zugenommen.[51] Im Bereich der tourismusorientierten Ausbildung haben sich jedoch erhebliche Erweiterungen ergeben. In den letzten 5 Jahren sind 10 private Hotelfachschulen in Mataram gegründet worden. Darüber hinaus gibt es zahlreiche private Angebote für Englischsprachkurse. Auf die Problematik des Überangebotes sowie der Qualität dieser neuen Ausbildungs- und Qualifikationsmöglichkeiten wurde bereits eingegangen. Eine staatliche Hotelfachschule gibt es bisher nicht.

Im Bereich Gesundheitsversorgung hat der Tourismus keine Auswirkungen. Weder die touristischen Zentren noch andere Regionen haben eine wesentliche Veränderung erfahren. Die Gesundheitsversorgung muß insgesamt als sehr unzureichend bezeichnet werden. In Hinblick auf

---

[49] WTO (1987: 9)
[50] Die Überfahrt mit den Schnellbooten kostet viermal soviel wie die Überfahrt mit der Fähre.
[51] KANTOR STATISTIK PROPINSI NTB (1984-1992)

die Versorgung der Touristen heißt es in einer Veröffentlichung der regionalen Investitionsbehörde:
"The existing health facilities are so limited, that the tourists, who need emergency care cannot be satisfing served."[52]
Dies trifft insbesondere für den Norden, Südwesten und Süden der Insel zu, aber auch für die touristischen Zentren. Einige der Hotels in Senggigi bieten derweil eine ärztliche Versorgung an, die allerdings nicht von der lokalen Bevölkerung genutzt werden kann.

Das Kommunikationswesen ist im Zuge der touristischen Entwicklung erheblich ausgebaut worden. Allerdings entfiel diese Erweiterung fast ausschließlich auf Westlombok und hier wiederum vor allem auf die Region Mataram. Zudem ist lediglich 1 % der privaten Haushalten an ein Telefonnetz angeschlossen. Der überwiegende Teil der Telefonanschlüsse entfällt auf die Verwaltung und die Beherbergungsbetriebe sowie weitere touritsche Einrichtungen. Weite Teile Ost- und Südlomboks hingegen haben keine Kommunikationsmittel.[53] Kuta ist bisher nicht an ein Telefonnetz angeschlossen, die nächstgelegene öffentliche Telefonstation befindet sich im 25 km entfernten Praya. Auf Gili Air wurde 1988 eine Telefonstation eingerichtet. Senggigi hat zwei öffentliche Telefonstationen sowie fünf weitere in den Hotels Bintang.

Die Elektrizitätsversorgung auf Lombok insgesamt wie auch in den touristischen Zentren ist sehr begrenzt.. Lediglich die Hotels Bintang in Senggigi sind an ein Stromnetz angeschlossen. Allerdings kommt es relativ häufig zu Stromausfällen. Alle anderen Hotels, sowohl in Senggigi wie auf Gili Air und in Kuta, versorgen sich über eigene Generatoren. In Kuta und auf Gili Air werden diese aus Kostengründen abends gegen 22.00 Uhr abgestellt. Die Versorgung mit Licht erfolgt dann über Gas- und Petroleumlaternen.

Bezüglich der Wasserversorgung stellt sich die Situation ähnlich dar. In Senggigi versorgen sich die Hotels und privaten Haushalte über eigene bzw. öffentliche Brunnen. Derzeit befindet sich eine Wasserleitung von Senggigi nach Mataram in Planung. Die privaten Haushalte wie auch die kleineren Hotels sprechen sich allerdings dagegen aus, weil sie damit zu einer monatlichen Zahlung verpflichtet wären. Ein weiterer touristischer Ausbau, wie er im Tourismuskonzept vorgesehen ist, wird vor allem in Kuta wie auf Gili Air zu erheblichen Engpässen in der Wasserversorgung und auch zu Nutzungskonflikten führen.

5.4.3 Bedeutung der Infrastrukturmaßnahmen für die Gesamtentwicklung der Region

Die Insel Lombok ist in weiten Teilen nach wie vor infrastrukturell schlecht erschlossen. Die durchgeführten Maßnahmen konzentrierten sich regional überwiegend auf Westlombok und hier vor allem auf die Agglomeration Mataram und die touristischen Zentren. Dies hat zu einer Verstärkung der Disparitäten beigetragen. Weiter waren sie zudem vornehmlich auf den

---
[52] REGIONAL INVESTMENT COORDINATION BOARD WEST NUSA TENGGARA (1990: 3)
[53] In Ostlombok ist lediglich 0,1 % der privaten Haushalte an ein Telefonnetz angeschlossen, in Mittellombok 0,4 % (KANTOR STATISTIK PROPINSI NUSA TENGGARA BARAT 1991).

Tourismus ausgerichtet. Hier wurde mit kapitalintensiven Investitionen die Qualität der Infrastruktur verbessert, um den Anforderungen des internationalen Tourismus gerecht zu werden. Gleichzeitig ist in nicht vom Tourismus berührten Regionen allein die quantitative Ausstattung mit notwendigen Verkehrsinfrastrukturen völlig unzureichend. Im Sinne einer ausgewogenen Gesamtentwicklung der Region muß diese Entwicklung als sehr fragwürdig bezeichnet werden.

Darüber hinaus werden für die Versorgung der Bevölkerung elementare Bereiche wie das Gesundheitswesen und auch die Landwirtschaft vernachlässigt. Hier hat die touristische Entwicklung weder in den Tourismuszentren noch außerhalb zu einer Verbesserung beigetragen. Es zeichnen sich eher gegensätzliche Tendenzen ab. Die von der öffentlichen Hand getätigten Investitionen scheinen sich zunehmend auf den Tourismus zu konzentrieren. Zwar sind diese Einrichtungen und Erweiterungen auch der Allgemeinheit zugänglich, jedoch liegen deren Prioritäten in anderen Bereichen.

Zu erwarten ist, daß sich diese Situation noch wesentlich problematischer entwickeln wird, wenn die im Tourismuskonzept vorgesehenen Ausbaumaßnahmen realisiert werden, vor allem diejenigen in Kuta und auf Gili Air. Hiermit wären erhebliche weitere Investitionen in die Infrastruktur verbunden. Entsprechend der Ausrichtung auf einen Tourismus des gehobenen Standards, ist dabei fraglich, ob diese Maßnahmen der ansässigen Bevölkerung dienlich sind, vor allem in Relation zu den Aufwendungen. Die begrenzten Wasserressourcen auf Gili Air und in Kuta, die eine Beanspruchung entfernterer Ressourcen erforderlich machen, bergen ein besonderes Konfliktpotential. Bei der Elektrizitätsversorgung sieht die Situation ähnlich problematisch aus. Die vorhandenen Kapazitäten sind bereits heute nicht ausreichend. Eine weitere touristische Entwicklung würde eine starke Belastung darstellen. Zu erwarten ist, daß, vor dem Hintergrund der begrenzten Kapazitäten, in allen Bereichen dem Tourismus Vorrang vor der Versorgung der ansässigen Bevölkerung gegeben wird.

Zudem können die angestrebten Maßnahmen nur finanziert werden, wenn in anderen Bereichen Einsparungen vorgenommen werden. Um Investoren in die Region zu bekommen, wird derzeit eine Politik betrieben, bei der alle infrastrukturellen Vorleistungen von der öffentlichen Hand getragen werden. Eine Beteiligung der zukünftigen Investoren an diesen Vorleistungen gibt es nicht. Dies wäre jedoch eine Maßnahme, um den öffentlichen Haushalt zu entlasten.

5.5 Private Investitionstätigkeit auf Lombok unter dem Einfluß des Tourismus

Vielfach wird davon ausgegangen, daß die touristische Entwicklung Investitionstätigkeiten in anderen Wirtschaftsbereichen anregt und damit zu einer Diversifizierung der Wirtschaftsstruktur einer Region beiträgt. Im folgenden wird die private Investitionstätigkeit auf Lombok, differenziert nach Bezirken und Wirtschaftsbereichen, für den Zeitraum von 1980-1992 dargelegt. Es handelt sich dabei um private in- und ausländische Investitionen. Grundlage der Ausführungen sind Daten der regionalen Investitionsbehörde (BKPMD) der Provinz NTB.[54] Die Behörde ist zuständig für die Planung, Koordination und Umsetzung von Investitionsvorhaben in der Provinz. Sie berät Investoren bei Antragsformalitäten, Genehmigungen und Grundstücks-angelegenheiten. Die touristischen Investitionen werden im Kontext der gesamten Investitionstätigkeit dargelegt, um Aussagen über eine durch den Tourismus initiierte Investitionstätigkeit in anderen Wirtschaftsbereichen machen zu können.

Tabelle 14: Private Investitionen auf Lombok nach Wirtschaftsbereichen 1980-1992

Wirtschaftsbereiche	Westlombok	Mittellombok	Ostlombok	Lombok gesamt
Industrie				
in Mill. Rp	3.080,75			3.080,75
in Mill. $US				
Landwirtschaft				
in Mill. Rp	11.503,98	3.834,00	14.690,0	30.027,90
in Mill. $US	5,00			5,00
Bergbau				
in Mill. Rp	0,07			0,07
in Mill. $US				
Transportwesen				
in Mill. Rp	14.230,50			14.230,25
in Mill. $US				
Tourismus				
in Mill. Rp	466.804,0	152.113,0		618.917,00
in Mill. $US	28,77	1,59		30,76
Gesamt				
in Mill. Rp	490.997,33	155.948,46	14.690,00	661.636, 71
in Mill. $US	33,77	1,58		35,36

Quelle: Badan Koordinasi Penanaman Modal Daerah Propinsi Dati I NTB 1993

Im Zeitraum von 1980 bis 1992 sind in der Region Lombok von insgesamt 43 Unternehmen 661,636 Mrd. Rupiah und 35.364 Mill. US$ investiert worden. Der überwiegende Teil entfiel dabei auf Westlombok. Lediglich ein Drittel aller getätigten Investitionen kam Ost- und Mittellombok zugute. Differenziert nach den Wirtschaftsbereichen zeigt sich, daß sowohl von der Anzahl der Unternehmen wie vom Kapitalumfang her der Tourismus dominiert. Auf diesen Wirtschaftsbereich entfielen 90% der Investitionen. Regional ist dabei Westlombok dominant.

---

[54] BADAN KOORDINASI PENANAMAN MODAL DAERAH (BKPMD) PROPINSI DATI I NTB (1993)

Eine geringe Investitionstätigkeit zeichnet sich darüber hinaus in diesem Bereich in Mittellombok ab. Neben dem Tourismus ist die Landwirtschaft, auf die 4,6% aller Investitionen entfielen, noch von Bedeutung. Im Bereich Industrie, Bergbau wie auch Transportwesen ist die Investitionstätigkeit vor allem in Relation zum Tourismus sehr gering.

Tabelle 15: Private Investitionen auf Lombok nach Jahren und ausgewählten Wirtschaftsbereichen

Wirtschaftsbereiche	Tourismus	Bergbau, Transportwesen, Landwirtschaft. Industrie	Gesamt
1980-86 .... Mill.Rp	7.620	16.683	24.303
in %	31,0	69	
1987 in Mill. Rp	0	2.326	2.326
in %		100	
1988 in Mill.Rp	26.039	0	26.039
in %	100		
1989 in Mill.Rp	81.997	9.262	91259
in %	89,8	10,2	
1990 in Mill.Rp	318.874	10.200	329074
in %	96,9	3,1	
1991 in Mill.Rp	179.891	4.703	184594
in %	97,5	2,5	
1992 in Mill.Rp	0	4.030	4.030
in %		100	
Summe 1987-1992 in Mill. Rp	606.801	30.521	637.322

Quelle: Badan Koordinasi Penanaman Modal Daerah Propinsi Dati I NTB 1993

Die Darstellung der Investitionen, differenziert nach Jahren, verdeutlicht, daß bis Mitte der 80er Jahre insgesamt wenig investiert wurde. Knapp ein Drittel entfiel dabei auf den Bereich Tourismus, während der Rest vor allem der Landwirtschaft zugute kam. Seit Mitte der 80er Jahre ist eine starke Zunahme der Investitionen zu verzeichnen. Der überwiegende Teil entfällt dabei auf den Tourismus. Aber auch in den anderen Wirtschaftsbereichen ist eine Zunahme im Vergleich zum Zeitraum von 1980-1986 zu verzeichnen.

Dennoch muß insgesamt die Investitionstätigkeit außerhalb des Tourismus als gering bezeichnet werden. Eine gesteigerte Investitionstätigkeit, initiiert durch die Entwicklungen im Bereich des Tourismus, hat auf Lombok bisher nicht stattgefunden.

Dennoch muß insgesamt die Investitionstätigkeit außerhalb des Tourismus als gering bezeichnet werden. Eine gesteigerte Investitionstätigkeit, initiiert durch die Entwicklungen im Bereich des Tourismus, hat auf Lombok bisher nicht stattgefunden.
Vielmehr vollzieht sich im außeragrarischen Wirtschaftsbereich eine zunehmend einseitige Ausrichtung der gesamten Wirtschaft auf den Tourismus. Dies, obwohl die nationale wie regionale Politik sich in verstärktem Maße um Investoren im Bereich des produzierenden Gewerbes, der Agroindustrie und der Landwirtschaft bemühen.
Die Deregulierungsmaßnahmen Mitte und Ende der 80er Jahre haben vor allem für ausländische Investoren zur Beseitigung zahlreicher investitionshemmender Restriktionen beigetragen. Dennoch scheinen diese Maßnahmen bisher nur sehr begrenzt zur Anregung von Investitionen in der Region Lombok beizutragen. Ein nicht unbedeutender Grund hierfür ist die unbefriedigende infrastrukturelle Erschlossenheit. Für das produzierende Gewerbe stellt die begrenzte Verfügbarkeit an Wasser und Elektrizität einen bedeutenden Engpassfaktor dar.
Die im Tourismuskonzept prognostizierten und von den regionalen Planungsbehörden erhofften Ausstrahlungseffekte auf andere Wirtschaftsbereiche in der Region Lombok haben nur in geringem Umfang stattgefunden. Es vollzieht sich eine zunehmende Ausrichtung der Wirtschaft auf den Tourismus, ohne daß damit endogene oder exogene Kräfte in anderen Wirtschaftsbereichen der Region aktiviert werden. Dies führt zu einer wachsenden Importabhängigkeit der Region und trägt nicht zur Schaffung außeragrarischer Einkommensmöglichkeiten in der Region bei.

5.6 Zusammenfassung

Auf Lombok bestehen derzeit noch drei Formen des Tourismus nebeneinander, die hinsichtlich ihres Beitrages zur Regionalentwicklung stark voneinander divergieren.
Der internationale Tourismus des gehobenen Standards in Senggigi weist zunehmende Tendenzen einer Isolation von der regionalen Gesamtentwicklung auf. Ein Großteil des Bedarfes wird überregional gedeckt, was dem Entstehen regionaler und lokaler Verflechtungen entgegenwirkt.
Demgegenüber ist die touristische Entwicklung des einfachen bis mittleren Standards auf Gili Air eng mit der lokalen und regionalen Wirtschaft und Gesellschaft vernetzt. Hieraus resultieren vielfältige Beschäftigungseffekte und regionale Impulse, die eine zunehmende Dynamik entwickeln.
In Kuta hingegen stagniert der Tourismus des einfachen Standards seit Jahren. Er bringt der lokalen Bevölkerung kaum zusätzliche Einkommensmöglichkeiten und leistet einen nur unwesentlichen Beitrag zur Verbesserung der Lebenssituation der ansässigen Bevölkerung.
Insgesamt zeichnen sich auf Lombok seit Ende der 80er Jahre im Bereich des Tourismus zunehmend Tendenzen ab, die einer Integration in die Gesamtentwicklung der Region entgegenwirken. Der potentielle Nutzen des Tourismus als flankierendes und komplementäres Instrument der Regionalentwicklung kommt nur begrenzt zum Tragen.

Eine Ursache hierfür ist die zunehmend einseitige Ausrichtung auf einen Tourismus des gehobenen, internationalen Standards, dessen Anforderungen die lokalen und regionalen Möglichkeiten übersteigen, und der sich zudem wenig an den Potentialen der Region orientiert. Dies steht einer Nutzung, Inwertsetzung und Aktivierung vorhandener Ressourcen und damit einer Erweiterung oder Diversifizierung der regionalen Wirtschaftsstruktur entgegen.

Getragen werden diese Prozesse von einer Entwicklungs- und Tourismusplanung, die von nationalen und weniger von regionalen Interessen geleitet wird. Von den Entscheidungsträgern in der Region wurde versäumt, jene Sektoren zu fördern, die eng mit der Tourismusbranche verknüpft sind und Strukturen aufzubauen, die den Anforderungen des internationalen Tourismus gerecht werden.

Zudem wird eine Förderung der bereits seit Anfang der 80er Jahre bestehenden Hotels des einfachen und mittleren Standards vernachlässigt. Dabei tragen gerade diese Unternehmen, die zumeist von der ansässigen Bevölkerung betrieben werden, zu vielfältigen intersektoralen Verflechtungen bei. Dieser Entwicklung sollte im Sinne einer Integration des Tourismus vermehrt Beachtung geschenkt werden.

Derzeit zeichnen sich allerdings eher gegenläufige Tendenzen eines exogen getragenen Tourismus ab. Sowohl die öffentlichen wie auch die privaten Investitionen in der Region konzentrieren sich zunehmend auf den Tourismus des gehobenen Standards. Die gleichzeitige Erweiterung produktiver Wirtschaftsbereiche, die für intersektorale regionale Verflechtungen notwendig wäre, findet nicht statt.

Zudem wirkt die räumliche Verteilung der Fremdenverkehrseinrichtungen, die sich auf einige wenige Orte in Westlombok sowie auf die großen Hotels konzentrieren, einer ausgleichsorientierten Gesamtentwicklung der Region entgegen. Lediglich durch das Kunsthandwerk entstehen in den peripheren, strukturschwachen Regionen Einkommensmöglichkeiten durch den Tourismus

Abgesehen von den Gegebenheiten auf Gili Air und im Bereich des Kunsthandwerkes, hat sich darüber hinaus gezeigt, daß der Tourismus die bestehenden sozialen Disparitäten forciert. Die einkommensschwachen Bevölkerungsgruppen finden nur sehr begrenzt einen direkten oder indirekten Zugang zu den Beschäftigungs- und Einkommensmöglichkeiten durch den Tourismus.

Um einer weiteren Abkopplung des internationalen Tourismus von der Gesamtentwicklung der Region mit den negativen Folgen der Verschärfung regionaler, sozialer und struktureller Disparitäten sowie der wachsenden Abhängigkeit von externen Kräften entgegenzuwirken, gilt es Maßnahmen zu entwickeln, die einer Integration zuträglich sind.

6. MASSNAHMEN FÜR EINE INTEGRIERTE TOURISMUSENTWICKLUNG AUF LOMBOK

Auf der Basis der gewonnenen Erkenntnisse sind die folgenden Maßnahmen Grundlage für eine integrierte und regionsbestimmte Torismus- und Regionalentwicklung, die Eingang in die Planung auf Lombok finden sollten, um die bereits sichtbar werdenden Fehlentwicklungen zu mindern und die zukünftige Entwicklung in verträglichere Bahnen zu lenken.

Eine Grundvoraussetzung für eine integrierte Tourismusentwicklung ist, den Tourismus als ergänzende und flankierende Funktion der Gesamtentwicklung einer Region zu verstehen. Dies schließt eine einseitige Ausrichtung der regionalen Wirtschaft auf den Tourismus aus, da damit zumeist das Entstehen abhängigiger und wenig stabiler Wirtschaftstrukturen verbunden ist. Zudem steht die Vernachlässigung anderer Wirtschaftsbereiche sektoralen Verflechtungen und der Schaffung regionaler, eigenständiger Wirtschaftskreisläufe entgegen. Aus diesem Grunde ist die touristische Entwicklung in ein regionales Planungskonzept zu integrieren. Die in der Region vorhandenen Potentiale und Ressourcen sollten dabei soweit als möglich Grundlage der Entwicklung sein. Dies erfordert in allen Bereichen eine weitestgehende Orientierung der Tourismusbranche an den in der Region verfügbaren Ressourcen. Sofern ein zwingender Bedarf an Gütern und Dienstleistungen besteht, der regional nicht gedeckt werden kann, muß zunächst geprüft werden, ob ein entsprechendes regionales Angebot zur Verfügung gestellt werden kann.

Um eine Diversifizierung der regionalen Wirtschaft zu erzielen, ist insbesondere eine Förderung der Zuliefersektoren für die tourismusbedingte Nachfrage, entsprechend den regionalen Möglichkeiten, erforderlich. Für Lombok wären dies vor allem die Weiterverarbeitung landwirtschaftlicher Produkte, das Kunsthandwerk und die Möbelherstellung.

Für die genannten Bereiche kann die Nachfrage durch den Tourismus eine Basis für die Erschließung weiterer Märkte sein. Die Ausführungen zum Töpferhandwerk in Penujak haben allerdings gezeigt, daß die regionalen und lokalen Impulse wesentlich vielfältiger sind, wenn vor Einsetzen der touristischen Nachfrage bereits regionale und nationale Märkte erschlossen worden sind und von den Produzenten getragene Produktions- und Vermarktungsstrukturen existieren. Grundsätzlich sollte die Erschließung verschiedener Märkte angestrebt werden, um die Abhängigkeiten vom labilen touristischen Markt zu mindern.

Bei der Beanspruchung der natürlichen Faktoren (Luft, Wasser, Boden) durch den Tourismus ist zur Vermeidung von Nutzungskonflikten und im Sinne einer nachhaltigen Nutzbarkeit dieser Potentiale ein ressourcensparender Umgang oder der Verzicht auf jegliche Nutzung erforderlich. Für Lombok beinhaltet dies insbsondere eine Begrenzung des Wasserverbrauches durch den Tourismus sowie die Durchsetzung der gesetzlichen Bestimmungen hinsichtlich der Nutzung aufgekaufter Landflächen. Dies erfordert ein Abrücken von der derzeitigen Politik, die dem Tourismus Vorrang vor der Landwirtschaft und der Versorgung der einheimischen Bevölkerung gibt.

6.1 Regionalorientierte Entwicklungs- und Tourismusplanung

Die Realisierung einer integrierten Tourismusentwicklung erfordert eine Regionalpolitik und Planung, die der Region verpflichtet ist. Voraussetzungen hierfür sind regionale Entscheidungskompetenz und ein institutioneller Rahmen, der die Durchsetzung regionaler Interessen ermöglicht.

Der dezentrale administrative Verwaltungsaufbau in Indonesien ist hier ein durchaus geeigneter Rahmen. Vor allem die auf der Ebene der Provinzen und Bezirke etablierten übergeordneten Planungs-, Entwicklungs- und Finanzbehörden sind Instrumente für eine ressortübergreifende, integrierte Planung. Auch die den Provinzen je nach Bedarf von der Zentralregierung zugeordneten Kanwil-Einheiten, die der Koordination nationaler und regionaler Interessen dienen sollen, sind grundsätzlich positiv zu bewerten.

Es fehlt jedoch auf regionaler und lokaler Ebene an Entscheidungskompetenz, so daß der positive institutionelle Rahmen im Sinne einer Umsetzung integrierter Regional- und Tourismusplanung wirkungslos bleibt.

Dies trifft insbesondere für den Bereich des Tourismus zu. So kommt den regionalen Behörden bei der Planung der Hotels Bintang derzeit lediglich eine beratende Funktion sowie die Verantwortung für die konkrete Umsetzung der Maßnahmen zu. Die Entscheidung für oder gegen den Bau von Hotels wird in Jakarta getroffen.

Ebenso wurde der Tourismusentwicklungsplan für Lombok weder von den regionalen Behörden in Auftrag gegeben, noch haben diese maßgeblich an der Ausarbeitung teilgenommen. Zudem fungieren die Kanwil-Einheiten weniger in Hinblick auf eine Koordination nationaler und regionaler Interessen, sondern vielmehr sind sie ausschließlich ein Instrument zur Durchsetzung nationaler Vorhaben.

Diese Verlagerung von Entscheidungs- und Planungskompetenz aus der Region heraus wirkt der Formulierung regionaler und lokaler Interessen entgegen. Es führt zu zunehmender Unzufriedenheit bei den Mitarbeitern der regionalen Behörden. Ihr Wissen über die regionalen Strukturen und ihre Vorstellungen zur künftigen Entwicklung auf Lombok finden keine Beachtung. Aus diesem Grunde erscheint es notwendig, die regionalen Behörden in Planungsprozesse zu integrieren. Der institutionelle wie personelle Rahmen hierfür ist durchaus vorhanden. Eine derartige Verlagerung der Kompetenzen von der nationalen auf die untergeordneten Ebenen ist jedoch eine politische Entscheidung, die maßgeblich von der nationalen Zentralregierung getragen und initiiert werden muß. Ob dies in Zukunft geschieht, ist kaum vorhersehbar.

Aus dieser Unsicherheit heraus scheint zunächst die Formulierung und Durchsetzung lokaler, kleinräumiger Interessen, wie es für Gili Air und Penujak beschrieben worden ist, wirkungsvoller. Zudem unterliegen diese wesentlich weniger der nationalen Kontrolle.

Gerade diesen Tendenzen sollten auch die regionalen Entscheidungsträger mehr Beachtung schenken. Trotz der zunehmenden nationalen Interessen auf Lombok, die vielfach den regionalen entgegenstehen, liegt insbesondere in den kleinräumigen, sich aus den lokalen und regionalen Aktivitäten entwickelnden Strukturen ein Potential, das die Regionalplanung fördern sollte. Dies heißt nicht, daß sie ihre berechtigten Forderungen nach Entscheidungskompetenzen bei allen die Region betreffenden Planungen vernachlässigen sollten. Sinnvoll erscheint jedoch eine Politik, die sich sowohl den vorhandenen Strukturen in der Region zuwendet als auch zugleich auf übergeordneten Ebenen aktiv ist. Es gilt sowohl lokal wie national die Interessen der Region zu formulieren und zu realisieren.

6.2 Dispersion der touristischen Angebote

Im Sinne einer ausgleichsorientierten Gesamtentwicklung der Region ist eine möglichst breite regionale Streuung der touristischen Angebote und Aktivitäten anzustreben. Die derzeit sich abzeichnende Konzentration auf wenige Orte in Westlombok sowie die Verlagerung vielfältiger Angebote in die großen Hotels steht dem entgegen. Es führt zur Verschärfung der regionalen Disparitäten sowie zu Migrationsprozessen, die der Regionalplanung entgegenlaufen.

Eine Reduzierung der Angebote der großen Hotels auf Übernachtung und Verpflegung ist eine geeignete Maßnahme, um eine breitere regionale Streuung der touristischen Aktivitäten herbeizuführen. Die gegenwärtig von den Hotels angebotenen Dienstleistungen könnten von der lokalen Bevölkerung übernommen werden, was vor allem den weniger kapitalkräftigen Bevölkerungsgruppen einen Zugang zu Einkommen und Beschäftigung verschaffen würde.

Insbesondere der Verkauf von handwerklichen Produkten in den Hotels sollte eingeschränkt werden. Dieser wirkt sich negativ auf direkte Einkommenszuwächse der Handwerker aus und begünstigt das Entstehen einer Händlerklasse mit den beschriebenen negativen Auswirkungen für die Produzenten. Wesentlich sinnvoller erscheint es, die handwerklichen Produkte aus Lombok in den Hotels als Dekorations- und Gebrauchsgegenstände zu verwenden. Gleichzeitig könnten von den Handwerkern sporadisch Informationsveranstaltungen in den Hotels durchgeführt werden. Der Verkauf sollte jedoch vornehmlich in den Handwerksdörfern direkt stattfinden.
Weitere Angebote der Hotels wie Reisebüros, Banken sowie der Verkauf von Lebensmitteln und Literatur könnten ausgelagert werden. Dies würde den im Ort vorhandenen Betrieben, die zumeist in den Händen der lokalen Bevölkerung liegen, erweiterte Absatzmöglichkeiten schaffen und der sich vor allem in Senggigi abzeichnenden Verdrängung entgegenwirken.

Darüber hinaus sollten, insbesondere in den Handwerksdörfern, von den Handwerkern kooperativ betriebene Restaurants oder Cafés eröffnet werden, wo den Gästen die Möglichkeit gegeben wird, sich über das jeweilige Handwerk zu informieren. Damit würde dem Problem der Konkurrenz durch Produkte aus Bali begegnet und grundsätzlich mehr Verständnis für die Lebens- und Arbeitssituation der Handwerker geschaffen. Zudem ist es ein Weg, um die Problematik der an

Reiseleiter zu zahlenden Kommissionen zu begrenzen. Darüber hinaus sollten Übernachtungsmöglichkeiten in einigen Handwerksdörfern bereitgestellt werden. Auch hier erscheinen kooperative, von den Handwerkern betriebene Formen geeignet.

Grundsätzlich ist die Erweiterung von Übernachtungsmöglichkeiten in Mittel- und Ostlombok zu empfehlen. Jedoch sollten diese ausschließlich von der lokalen Bevölkerung betrieben werden und in besonderer Weise den lokalen Möglichkeiten entsprechen. Ein Angebot des gehobenen Standards ist wegen der begrenzten Ressourcen auszuschließen. Den Möglichkeiten angemessener sind Übernachtungsangebote mit einem einfachem Standard bei ortsansässigen Familien.

6.3 Diversifizierung der touristischen Zielgruppen

Die derzeit auf Lombok bestehende Mischung aus Touristen unterschiedlicher Einkommensgruppen sollte weiterhin beibehalten werden. Eine einseitige Ausrichtung auf eine Gästestruktur des gehobenen Standards, deren Anforderungen und Konsumgewohnheiten zumeist nicht mit den lokalen Gegebenheiten korrespondieren, sollte nicht forciert werden.
Vermehrt Beachtung sollte zukünftig der Zielgruppe der sogenannten "emanzipierten Dritte-Welt-Touristen" geschenkt werden. Repräsentative Befragungen potentieller Dritte-Welt-Touristen im Rahmen der Reiseanalyse[55] ergaben, daß 40% derer ein großes Interesse und eine Bereitschaft zeigen:
- sich vor Reiseantritt über die Probleme des Gastlandes intensiv zu informieren
- während der Reise möglichst viel über politische und soziale Probleme des Landes zu erfahren
- Kontakte mit den Einheimischen zu bekommen und deren Lebensweisen kennzulernen
- das Land möglichst auf eigene Faust zu bereisen und möglichst wenig an organisierten Ausflügen teilzunehmen
- in kleinen landestypischen Unterkünften zu wohnen anstatt in großen internationalen Hotels mit allem Komfort.

Nach soziodemographischen Kriterien handelt es sich dabei um Personen, die der Altersgruppe der bis 30jährigen zugehören, die einen hohen formalen Bildungsgrad aufweisen und den mittleren und gehobenen Einkommensgruppen zuzuordnen sind. Zumeist verfügen sie bereits über Reiseerfahrungen in Ländern der Dritten Welt. Diese Synthese aus vergleichsweise hohem Einkommen, Bevorzugung der Nutzung regionaltypischer Angebote, individueller, selbständiger Reiseorganisation und Interesse an der Kultur des Landes, sind besonders vorteilhaft für einen integrierten Ansatz.
Die auf Lombok vorhandenen Hotels Melati, insbesondere die auf Gili Air, entsprechen diesen Anforderungen. Zudem ist diese Zielgruppe für die empfohlenen Erweiterungen des Übernachtungsangebotes in den Handwerksdörfern wie auch für Angebote mit Familienanschluß

---

[55] BMZ (1993: 178 ff)

in Mittel- und Ostlombok geeignet. Eine verstärkte Ausrichtung auf dieses Nachfragesegment sollte in Zukunft angestrebt werden.
Hinsichtlich der regionalen Herkunft der Gäste empfiehlt sich eine breite Streuung, was zu einer höheren Stabilität und zu einer Kontinuität der Nachfrage beiträgt. Für Lombok sollte der bisher unterrepräsentierte asiatische Reisemarkt erschlossen werden. Als vorteilhaft erweist sich dabei, daß die Konsumgewohnheiten dieser Gäste eher den regionalen Gegebenheiten entsprechen und auch kulturelle Diskrepanzen weniger ausgeprägt sind. Zudem könnten damit die saisonalen Schwankungen der Gästeankünfte ausgeglichen werden.

6.4 Kooperative direkte Vermarktunsgwege in der Landwirtschaft

Zwischen der Agrarwirtschaft und dem Tourismus auf Lombok bestehen derzeit nur sehr eingeschränkte Vernetzungen. Verantwortlich hierfür sind einerseits die agrarsozialen Verhältnisse und andererseits eine diesen Verhältnissen nicht entsprechende Nachfragestruktur von Seiten des Tourismus. Die auf Lombok vorherrschenden landwirtschaftlichen Kleinbetriebe, die weitgehend für die eigene Versorgung produzieren und lediglich geringe Überschüsse auf den lokalen Märkten verkaufen, sind nicht in der Lage, regelmäßig und in größerem Umfang an die Hotels zu liefern. Ebenso ermöglichen die kleinen Betriebsflächen nur eine begrenzte Produktionsumstellung auf die von den Hotels nachgefragten, regional nicht verfügbaren landwirtschaftlichen Produkte. Hieraus resultiert die dargelegte indirekte und überregionale Bedarfsdeckung, die einer Verbesserung der Einkommensverhältnisse der Landwirte durch die tourismusbedingte Nachfrage entgegensteht.

Hier sind Maßnahmen zu ergreifen, die der direkten Vermarktung und der regionalen Bedarfsdeckung im Sinne der Nutzung und Erweiterung der vorhandenen Potentiale zuträglich sind.
Zunächst sind Strukturen zu schaffen, die eine direkte Belieferung der Hotels durch die Landwirte ermöglichen. Im Nahbereich von Senggigi, wo es eine regelmäßige Nachfrage von Seiten der Hotels gibt und vergleichsweise gute Produktionsbedingungen, wären Kooperativen der ansässigen Kleinbetriebe sinnvoll. Die erwirtschafteten Überschüsse könnten direkt an die Hotels verkauft werden, was wesentlich höhere Einkommen erbringen würde als die derzeitige Vermarktung über mehrere Zwischenhändler. Notwendig für eine stabile Zusammenarbeit wären mindestens einjährige Verträge mit den Hotels sowie festgelegte Preise und Abnahmegarantien für bestimmte Mengen und Produkte. In der Region Kuta erscheinen derartige Kooperativen ebenfalls sinnvoll, um zumindest minimale lokale Vernetzungen zu initiieren. Die schlechten landwirtschaftlichen Produktionsbedingungen und die geringe Vielfalt des Angebotes werden jedoch auch in Zukunft eine überregionale Bedarfsdeckung erfordern.

Insgesamt ist eine größere Umstellung der regionalen Produktion auf den Bedarf der Hotels schwer realisierbar und auch nicht empfehlenswert. Die kleinbäuerlichen Betriebe sind wegen der geringen landwirtschaftlichen Nutzflächen nicht in der Lage, einen Teil ihrer Flächen mit neuen Produkten zu bewirtschaften. Zudem sind sie mit den Anbaumethoden nicht vertraut, was ein erhebliches Risiko für sie beinhaltet. Aus diesem Grunde sind nur größere Betriebe hierzu in der Lage. Diese müßten bei einer Veränderung ihrer Produktion auf den Bedarf der Hotels von Seiten der Agrarbehörde und der Hotels unterstützt werden.

Im Sinne einer Nutzung der vorhandenen Potentiale ist es jedoch sinnvoller, Maßnahmen zu ergreifen, die darauf ausgerichtet sind, lokal und regional verfügbare Produkte im gastronomischen Bereich der Hotels zu verwenden. Mit lomboktypischen Gerichten könnte auf diesem Wege ein unverwechselbares Image geschaffen werden, das zudem als touristisches Marketingsegment genutzt werden könnte.

Gleichfalls sollte die Weiterverarbeitung landwirtschaftlicher Produkte in der Region angeregt werden. Die Nachfrage der Hotels könnte hier die Basis für die Erschließung weiterer Marktsegmente sein. Als Standorte der Agroindustrie bieten sich vor allem die Agrarungunstregionen im Südwesten, Osten und Nordosten an. Damit würden hier zusätzliche, nicht an den Besitz von landwirtschaftlichen Nutzflächen gebundene Beschäftigungsmöglichkeiten geschaffen, die insbesondere der landarmen und landlosen Bevölkerung zugute kämen.

6.5 Förderung des Kunsthandwerkes

Die touristische Nachfrage nach kunsthandwerklichen Produkten hat auf Lombok zu einer Erweiterung der Absatzmöglichkeiten und zum Abbau regionaler und sozialer Disparitäten beigetragen.

Die für Penujak dargelegten Entwicklungen im Bereich des Kunsthandwerkes sind insgesamt sehr positiv zu bewerten und sollten auf die anderen Handwerksdörfer übertragen werden. Dabei gilt es von den Handwerkern getragene Produktions- und Vermarktungsstrukturen aufzubauen, die sie unabhängig von auswärtigen Zwischenhändlern machen. Als vorteilhaft erweist sich eine langsame, kontinuierliche und vor allem vielfältige Erschließung von Märkten. Eine frühzeitige und einseitige Ausrichtung auf den touristischen Markt sollte dabei vermieden werden, weil hiermit vielfach eine Überforderung der Handwerker und eine externe Abhängigkeit verbunden ist.

Zudem erscheint es im Interesse des regionalen Handwerks notwendig, der sich abzeichnenden Konkurrenz durch Produkte aus Bali entgegenzuwirken.

Durch entsprechende Marketingmaßnahmen sollte ein Produktimage für die Kunsthandwerke aus Lombok geschaffen werden, was die Konkurrenzfähigkeit und Absatzmöglichkeiten erhöhen würde. Um diesen Prozeß zu fördern und das Entstehen eigenständiger Strukturen zu forcieren,

sind kurzfristig Maßnahmen erforderlich, die den weiteren Import von handwerklichen Produkten aus anderen Region begrenzen. Vor allem sollten die Hotels und Art Shops vornehmlich Produkte aus der Region anbieten, was die Absatzmöglichkeiten für das regionale Handwerk steigert. Darüber hinaus sollten Informations- und Verkaufsveranstaltungen in den touristischen Zentren und den Handwerksdörfern stattfinden, die das Wissen über das regionale Handwerk fördern. Langfristig müssen die Entwicklungen im Bereich des Kunsthandwerkes in ein ländliches Entwicklungskonzept integriert werden, um einer zu einseitigen Ausrichtung und vor allem einer Vernachlässigung der Landwirtschaft zu begegnen.[56]
Die bestehende dezentrale Struktur der Kunsthandwerksproduktion sollte beibehalten werden. Eine Verlagerung von Produktion und Vermarktung in die touristischen Zentren ist im Sinne einer ausgleichsorientierten Gesamtentwicklung zu vermeiden.

6.6 Kooperationen der Hotels Melati

Es hat sich gezeigt, daß die Hotels Melati auf Lombok in allen Bereichen weitaus intensiver und vielfältiger die lokal und regional vorhandenen Potentiale nutzen als die internationalen Hotels. Sie tragen zu intensiven regionalen Vernetzungen und vielfältigen Einkommens- und Beschäftigungseffekten innerhalb der Region bei. Zudem forcieren sie die regionale Eigenständigkeit und eine vergleichsweise selbstbestimmte Entwicklung.
Mit der Erweiterung der Hotels Bintang werden sie jedoch zunehmend verdrängt und stehen unter einem erheblichen Konkurrenzdruck. Ein wesentlicher Wettbewerbsnachteil dieser zumeist wenig kapitalkräftigen Unternehmen liegt dabei in den begrenzten Möglichkeiten im Bereich des Marketings. Aus diesem Grunde sollte hier eine Zusammenarbeit zwischen den Hotels Melati angestrebt werden. Auf der Ebene der Gemeinden könnte ein gemeinsames Marketingkonzept erarbeitet werden, das vor allem die Hotels und Angebote dieser Kategorie in den Vordergrund stellt. Mitarbeiter der regionalen Tourismusbehörde sollten hier beratende Tätigkeiten übernehmen. Darüber hinaus erscheint es notwendig, daß auch den kleineren Hotels die Möglichkeit gegeben wird, auf nationalen und internationalen Messen für ihre Unternehmen zu werben, was bisher kaum der Fall ist. Hier ist die regionale und nationale Tourismusbehörde gefordert, entsprechende Maßnahmen zu ergreifen.

Darüber hinaus würde eine Zusammenarbeit mit nationalen und internationalen Reiseveranstaltern die Konkurrenzfähigkeit und die Auslastungsquoten erhöhen. Dabei sollten Kooperationen mit ausgewählten, vor allem kleineren, alternativen Veranstaltern angestrebt werden. Deren Angebote entsprechen zumeist eher den Möglichkeiten der kleineren Hotels. Zudem gehören die genannten "emanzipierten Dritte-Welt-Reisenden" überwiegend zu ihren Kunden.

---

[56] GORMSEN, J. (1985: 188)

Die regionale wie nationale Politik muß zudem von einer derzeit betriebenen bevorzugten Förderung größerer Hotelanlagen absehen. Dies beinhaltet zunächst die Abschaffung von Steuervorteilen, die diesen Unternehmen gewährt werden. Vielmehr sollten den wenig kapitalkräftigen kleineren Hotels finanzielle Unterstützungen zukommen, um eine qualitative Erweiterung zu ermöglichen. Darüber hinaus sollten die Mitarbeiter der regionalen Tourismusbehörde eine beratende Funktion für die kleinen Hotels in Hinblick auf die Anforderungen des internationalen Tourismus unternehmen.

Auf diesem Weg sollte eine langsame und kontinuierliche quantitative und qualitative Erweiterung des Angebotes angestrebt werden, das vor allem von der ansässigen Bevölkerung getragen wird. Die vorhandenen Strukturen, vor allem auf Gili Air und in Kuta, sind hier eine geeignete Grundlage.

6.7 Qualifizierungsmaßnahmen für den touristischen Arbeitsmarkt

Die vorangestellten Ausführungen sind vor allem auf eine Erweiterung der indirekten Beschäftigungseffekte durch den Tourismus ausgerichtet.
Darüber hinaus bedarf es Maßnahmen, die der regionalen Bevölkerung einen Zugang zu den direkten Beshäftigungsmöglichkeiten - hier vor allem in den Hotels Bintang -verschaffen.
Notwendig wären hierzu Auflagen für die Hotels, einen bestimmten Prozentanteil ihrer Angestellten aus der Region zu beziehen. Dieser sollte bei mindestens 70% liegen und alle Tätigkeitsbereiche umfassen. Parallel dazu sind Qualifizierungsmaßnahmen erforderlich, die der regionalen Bevölkerung und hier vor allem auch den einkommensschwachen Gruppen einen Zugang zu den Beschäftigungen in der Tourismuswirtschaft verschaffen. Erforderlich sind vor allem Ausbildungsangebote, die den qualitativen Erfordernissen der Hotels und zugleich den Möglichkeiten der ansässigen Bevölkerung gerecht werden. Die 10 privaten Tourismusfachschulen auf Lombok werden diesem Anspruch derzeit nicht gerecht. Nach Auskunft der Hotelmanager in Senggigi ist die Qualität der Ausbildung unzureichend, insbesondere für Tätigkeiten im Bereich Management und Personalleitung. Ein Ursache hierfür ist, daß die Schulen ausschließlich im Nebenerwerb betrieben werden. Als Dozenten sind Mitarbeiter unterschiedlicher regionaler Behörden tätig, deren Kenntnisse über die Anforderungen an eine qualifizierte Ausbildung vielfach unzureichend sind. Von der regionalen Tourismusbehörde sollten aus diesem Grunde Schulungen für die Dozenten, in Zusammenarbeit mit Angestellten oder Managern der internationalen Hotels, initiiert werden. Langfristig erscheint die Eröffnung einer staatlichen Tourismusfachschule notwendig, wo entsprechend qualifizierte Lehrkräfte hauptberuflich tätig sind.

Zudem erscheint es notwendig, sowohl bei den derzeitigen privaten wie insbesondere bei einer neuen staatlichen Tourismusschule, Rahmenbedingungen zu schaffen, die auch den einkommensschwachen Bevölkerungsgruppen eine derartige Ausbildung ermöglichen, um der Verschärfung der sozialen Disparitäten entgegenzuwirken. Derzeit sind es vorwiegend Jugendliche aus sozial und finanziell abgesicherten Familien, denen eine entsprechende Ausbildung ermöglicht wird. Die einkommensschwachen Familien können ihren Kindern einen Schulbesuch nur finanzieren, wenn sie Land verkaufen oder Ernten verpfänden. Dies führt zu erheblichen Problemen, vor allem, wenn die Kinder, wie es vielfach auf Lombok der Fall ist, anschließend keine entsprechende Beschäftigung finden.

Hier muß von Seiten der regionalen Behörden Informationsarbeit geleistet werden, die über die Bedingungen einer Ausbildung und die anschließenden Berufschancen aufklärt. Vor allem im ländlichen Raum Zentral- und Ostlomboks werden die Möglichkeiten einer Beschäftigung durch den Tourismus vielfach überschätzt.

Die Verantwortung für Ausbildungsmaßnahmen, die qualitativ und quantitativ den Realitäten und Anforderungen im Bereich des Tourismus entsprechen, liegt vor allem bei den regionalen Behörden. Zugleich sind sie gefordert, Maßnahmen zu ergreifen, die bei den Hotels Bintang eine höhere Nachfrage nach regionalen Arbeitskräften bewirken.

6.8 Bildung eines regionalen Images

Um auf dem internationalen Reisemarkt wie auch gegenüber anderen nationalen Reisezielen langfristig konkurrenzfähig sein zu können, ist die Herausbildung eines eigenen, regionsspezifischen Images für Lombok erforderlich. Die bisher verfolgte Marketingstrategie der Region, die sich wenig von anderen Destinationen unterscheidet und Lombok als "kleine Schwester von Bali" vermarktet, ist wenig erfolgversprechend. Vielmehr sollten im Verständnis einer auf die Potentiale der Region ausgerichteten Tourismusentwicklung die lombokspezifischen Gegebenheiten und Besonderheiten in den Vordergrund gestellt werden. Die sich auf dem internationalen Reisemarkt abzeichnenden Tendenzen einer Abkehr von standardisierten Massenangeboten hin zu differenzierten, umweltverträglichen und regionsspezifischen Angeboten sollten Eingang in das Marketing für Lombok finden.[57]

Entsprechend der dargelegten ursprünglichen Angebotsfaktoren ist der Schwerpunkt hier in den Bereich der natürlichen Faktoren zu legen, wo Lombok ein vielfältiges Attraktivitätspotential aufweist. Darüber hinaus sind das Kunsthandwerk und die Sportmöglichkeiten in ein entsprechendes Angebotsprofil einzubeziehen.

Dementsprechend sollte ein Image aufgebaut werden, das die landschaftlichen Besonderheiten der Region hervorhebt, die eine Grundlage für naturnahen Urlaub in Verbindung mit Kultur- und Sportangeboten sind.

Das nördliche Gebirge mit dem Vulkan Gunung Rinjani sowie die südliche Abflachung mit einer vielfältigen Fauna und Flora sind eine geeignete Basis für einen Wander- und Trekkingtourismus.

---

[57] LEFFLER (1992: 15)

Das Kunsthandwerk in Mittel- und Ostlombok sollte in besonderer Weise herausgestellt werden. Hier könnten für interessierte Gäste Kurse in Verbindung mit Übernachtungsmöglichkeiten in den Handwerkerfamilien angeboten werden.

Zur Schaffung eines eigenen Images sollten in den Hotels und Restaurants vorwiegend lombokspezifische Gerichte angeboten werden. Von einer internationalen Küche, die wenig unverwechselbares aufweist und zudem eine überregionale Bedarfsdeckung erfordert, sollte weitestgehend abgesehen werden. Damit würde zugleich ein Beitrag zu intensiveren Verflechtungen zwischen Tourismus und der regionalen Landwirtschaft geleistet.

Die Architektur der touristischen Einrichtungen sollte der regionalen Bauweise angepaßt sein, wie es auf Gili Air und in Kuta der Fall ist. Die Verwendung regionaler handwerklicher Produkte als Gebrauchs- und Dekorationsgegenstände in den Hotels schafft ein eigenes Image und zugleich einen erweiterten Absatzmarkt für die Kunsthandwerker der Region.

Entsprechend der empfohlenen Ausrichtung auf die Zielgruppe der sogenannten "emanzipierten Dritte-Welt-Reisenden" empfiehlt es sich zudem, Möglichkeiten der Begegnung und des Austausches mit der ansässigen Bevölkerung zu schaffen. Dabei muß die Entscheidung über Art und Umfang solcher Begegnungen bei der lokalen Bevölkerung liegen und von ihr getragen werden. Zunächst würden sich hier die bereits erschlossenen touristischen Zentren und die Handwerksdörfer anbieten. Eine Einbeziehung von Orten und Regionen, die bisher kaum vom Tourismus berührt sind, bedarf einer sehr differenzierten Analyse und Planung.

Eine Integration des internationalen Tourismus auf Lombok in die Regionalentwicklung wie auch die Veränderungen auf dem Welttouristikmarkt erfordern ein Image und ein Marketing, das abrückt von den bisher verfolgten, wenig innovativen Strategien. Die Region Lombok könnte damit langfristig wirksame Wettbewerbsvorteile erzielen.

7. SCHLUSSBETRACHTUNG UND AUSBLICK

Auf der Insel Lombok haben sich in den letzten 10 Jahren erhebliche sozio-ökonomische Veränderungen vollzogen, die zu einer wesentlichen Verbesserung der allgemeinen Lebensbedingungen geführt haben. Allerdings ist es nicht gelungen, die bestehenden sozialen und regionalen Disparitäten zu beseitigen. Vielmehr zeichnen sich räumliche und gesellschaftliche Polarisationstendenzen ab, die einer ausgleichsorientierten Regionalentwicklung entgegenstehen.
Eine wesentliche Ursache hierfür liegt in der Regionalpolitik und der Planung, die nicht ausreichend an den regionalen Potentialen orientiert sind. Dabei ist dies kein lombokspezifisches Problem, sondern es ist vielmehr Ausdruck der nationalen Politik und Planung in Indonesien, die der ausgleichsorientierten und regionsbestimmten Entwicklung zu wenig Beachtung schenkt und dieser sogar teilweise entgegensteht.
In diesem Kontext vollziehen sich ebenfalls die Entwicklungen im Bereich des internationalen **Tourismus auf Lombok**.
Auch wenn der internationale Tourismus zu einem wirtschaftlichem Wachstum und zur Schaffung neuer Beschäftigungsmöglichkeiten in der Region beiträgt, so ist dieser Prozeß nicht mit einer regional und sozial ausgewogenen Entwicklung verbunden.
Vor allem der Tourismus des gehobenen Standards forciert die bestehenden Ungleichgewichte. Mit dem Tourismus des mittleren und einfachen Standards hingegen sind weitaus ausgewogenere und für die Region positiv zu bewertende Prozesse verbunden. Vor allem läßt sich diese Tourismusform wesentlich besser in die Region integrieren und führt zu vielfältigen regionalen Vernetzungen. Von diesen profitieren unterschiedliche Bevölkerungsgruppen wie Wirtschaftsbereiche in der Region.
Der Vergleich der Gemeinden Kuta und Gili Air hat dabei gezeigt, daß dazu bestimmte Rahmenbedingungen erforderlich sind. Ein entscheidender Faktor ist, daß die touristische Entwicklung von der lokalen Bevölkerung initiiert und getragen wird. Dies begünstigt eine Entwicklung aus der Region heraus, die entsprechend den Möglichkeiten der ansässigen Bevölkerung zunächst einen einfachen und wenig kapitalintensiven Standard aufweist.
Zudem ist eine vergleichsweise diversifizierte Wirtschaftsstruktur erforderlich, um lokale und regionale Vernetzungen zu ermöglichen und zugleich externe Abhängigkeiten zu vermeiden. Die Untersuchungen in der Region Kuta haben gezeigt, daß in einer strukturschwachen Region mit erheblichen Entwicklungsproblemen jedoch selbst ein sehr einfacher Tourismus die Möglichkeiten der ansässigen Bevölkerung übersteigt. Der Tourismus wird immer in starkem Maße von externen Faktoren abhängig sein, insbesondere wenn die Entwicklung nicht von einer Planung begleitet wird, die hier frühzeitig Maßnahmen einer Integration und Nutzung der vorhandenen Potentiale ergreift.

Der geringe Integrationsgrad des Tourismus des gehobenen Standards liegt in dessen Anforderungen begründet, die nicht den regionalen Möglichkeiten entsprechen, zugleich jedoch auch in einer Tourismusplanung, die wenig vorausschauend und regionsorientiert ist. So ist es im Vorfeld der touristischen Ausbaumaßnahmen versäumt worden, Maßnahmen zu ergreifen, die der regionalen Bevölkerung einen direkten und indirekten Zugang zu den Beschäftigungs- und Einkommensmöglichkeiten durch den Tourismus verschafft hätten. Insbesondere wurde die Förderung jener Sektoren vernachlässigt, die eng mit der Tourismusbranche verknüpft sind.

Ebenso wären Auflagen für die Hotels erforderlich gewesen, um eine intensivere Nutzung der in der Region vorhandenen Potentiale zu bewirken.

Um einer weiteren Abkopplung des internationalen Tourismus von der Gesamtentwicklung der Region, mit den negativen Folgen der Verschärfung regionaler, sozialer und struktureller Disparitäten sowie der wachsenden Abhängigkeit von externen Kräften entgegenzuwirken, sollten die vorgestellten Maßnahmen Eingang in die Planung finden.

Notwendig erscheint vor allem eine Tourismusplanung, die auf der Grundlage der vorhandenen Potentiale und lokalen Rahmenbedingungen frühzeitig entsprechende Maßnahmen ergreift. Dies ist auf Lombok in der Vergangenheit versäumt worden, was zu den dargelegten Fehlentwicklungen geführt hat. Dabei sind hierfür nicht unbedingt die regionalen Entscheidungsträger verantwortlich, sondern vielmehr eine auf nationaler Ebene betriebene Politik, die regionale und lokale Interessen vernachlässigt. Zudem fehlt es an Bemühungen, von den traditionellen Strategien der Tourismusentwicklung abzurücken. Der sich abzeichnende Wandel in der Nachfragestruktur und das daraus resultierende Marktpotential für alternative Angebotsformen findet bisher kaum Beachtung in der indonesischen Tourismuspolitik. Dabei bieten diese Veränderungen auf dem Reisemarkt eine besondere Chance für die Umsetzung integrierter und regionsbezogener Tourismusstrategien, die zur Verminderung der dargelegten Probleme beitragen könnten. Zudem würde sich hieraus für die Insel Lombok, die noch am Anfang einer touristischen Erschließung steht, die besondere Chance ergeben, sich von anderen Reisedestinationen abzuheben. Hier liegt ein Wettbewerbsvorteil, den es zu nutzen gilt. Standardisierte Angebote, wie sie sich weltweit finden, sind langfristig kaum konkurrenzfähig. Zudem sind die dargelegten Rahmenbedingungen auf Lombok, hier vor allem die begrenzten Ressourcen von Boden und Wasser, ein limitierender Faktor für eine touristische Entwicklung des gehobenen internationalen Standards. Eine Realisierung ist nur möglich unter Vernachlässigung anderer Bereiche. Da dies jedoch der Gesamtentwicklung der Region wenig zuträglich ist, sollte vielmehr eine langsame und kontinuierliche Entwicklung aus der Region heraus verfolgt werden mit einem Standard, der den regionalen Potentialen entspricht. Das dies bisher kaum geschieht liegt unter anderem daran, daß nach wie vor bei den Entscheidungsträgern die Meinung vorherrscht, daß nur ein Tourismus des gehobenen internationalen Standards auf dem Weltmarkt bestehen kann. Zudem fehlt es vielfach an Kapazitäten und Kompetenzen, eine Tourismusentwicklung zu initiieren, die von den traditionellen Mustern abweicht. Dabei mangelt es auf lokaler und regionaler Ebene nicht an Ideen, sondern vielmehr an Konzepten der Umsetzung.

Aus diesem Grund scheint eine Entwicklungszusammenarbeit im Bereich des Tourismus, wie in der Studie des BMZ[58] gefordert, auch für Lombok durchaus sinnvoll. Eine solche Zusammenarbeit sollte dabei nicht auf eine quantitative Erweiterung des touristischen Angebotes ausgerichtet sein, sondern auf qualitative Aspekte, die der Realisierung von integrierten Tourismusformen dienen. Für eine modellorientierte Förderung kleiner, lokaler Projekte wären die Strukturen auf Gili Air, in Kuta und in den Handwerksdörfern eine geeignete Grundlage. Darüber hinaus sind auf allen administrativen Ebenen Kooperationen zu empfehlen, die die Erarbeitung und Umsetzung integrierter Tourismuskonzepte unterstützen. Hier sollten vor allem die Vorstellungen und Ideen der regionalen und lokalen Entscheidungsträger Eingang finden. Beratende Tätigkeiten könnten hier von Mitarbeitern aus Projekten in anderen Ländern der Dritten Welt wie dem "Annapurna Conservation Area Project" in Nepal, dem "Ländlich integriertes Tourismusprojekt" im Senegal, dem "Live Travel Service" in Thailand oder dem "Projekt auf der Insel Taquile" in Peru übernommen werden.

Eine Umsetzung der hier genannten Maßnahmen erfordert zudem auf nationaler Ebene eine Politik, die sich den Regionen und den benachteiligten Bevölkerungsgruppen zuwendet. Es bedarf allerdings auch eines Umdenken bei den Reisenden und Reiseveranstaltern, die ihre Anforderungen auf die Gegebenheiten vor Ort ausrichten müssen.

---

[58] BMZ (1993)

LITERATURVERZEICHNIS

ARNOLD, A. 1983: Fremdenverkehr in Tunesien. In: Geographische Rundschau, 35, S. 638-643.

BADAN KOORDINASI PENANAMAN MODAL (BKPMD) DAERAH PROPINSI DATI I NTB 1992a: Pra Feasibility Study Penanaman Modal Bidang Tranportasi di Pulau Lombok. Mataram.

- -1992b: Investment Maps of West Nusa Tenggara Province. Mataram.
- -1992c: Pengembangan Hortikultura di Nusa Tenggara Barat. Mataram.
- -1993: Daftar Nama-Nama Perusahaan (PMA/PMD) dan Rencana Investasinya di NTB. Mataram.

BAUMGARTNER, F. 1980: Trekking und Entwicklung im Himalaya. Diessenhofen.

BIRO PUSAT STATISTIK 1991a: Statistik Indonesia. Jakarta.

- -1991b: Hotel dan Akomodasi Lainnya. Indonesia1990. Jakarta.
- -1992a: Statistik Indonesia. Jakarta.
- -1992b: Foreign Visitors Statistics 1991. Jakarta.
- -1992c: Foreign Visitors Statistics 1989-1990. Jakarta.
- -1992d: Hotel dan Akomodasi Lainnya Indonesia 1991. Jakarta.
- -1992e: State and local Government Financial Statistics 1986/87-1989/90. Jakarta.

BOHLE, H.-G. 1988: "Endogene Potentiale" für dezentralisierte Entwicklung: Theoretische Begründungen und strategische Schlußfolgerungen, mit Beispielen aus Südindien. In: Zeitschrift für Wirtschaftsgeographie, H. 4, S. 259-268.

BOSS, S. 1990: Zwischen Selbstpriviligierung und Legitimationszwang. Zu Bildung und Charakteristiken der Staatsklasse in Indonesien. In: Wälty, S. u.a. (Hrsg.): Von nachholender zu nachhaltiger Entwicklung, Zürich, S. 101-126.

BRITTON, S.G. 1982: The political economy of tourism in the Third World. In: Annals of Tourism Research, Vol. 9, S. 331-358.

BRUGGER, E.A. 1984: "Endogene Entwicklung". Ein Konzept zwischen Utopie und Realität. In: Informationen zur Raumentwicklung, H. 1/2, S. 9-20.

BRYDEN, J. 1973: Tourism and Development. A case study of Commenwealth Caribbean.Cambridge.

BUNDESMINISTERIUM FÜR WIRTSCHAFTLICHE ZUSAMMENARBEIT (BMZ) 1981:
    Tourismus in Entwicklungsländern. Bonn (= Materialien des BMZ 67).
- -1993: Tourismus in Entwicklungsländer. Bonn (= Materialien des BMZ 88).
BUNDESSTELLE FÜR AUSSENHANDELSINFORMATIONEN (BFAI) 1993: Indonesien
    Wirtschaftsentwicklung 1991/92. Köln.
- -1992: Indonesien Wirtschaftsentwicklung 1990/91. Köln.
BUTLER, R.W. 1980: The Concept of a tourism area cycle of evolution: Implications for
    management of resources. In: Canadian Geographer, 24, S. 5-12.
- -1989: Die zyklische Entwicklung von Fremdenverkehrsgebieten - konzeptionelle Überlegungen
    zur Entwicklungsdynamik von Zielgebieten des Fremdenverkehrs. In: Hartmann, R.:
    Forschungsperspektiven der nordamerikanischen Fremdenverkehrsgeographie. Trier,
    S. 30-43.
CHRISTIAN CONFERENCE OF ASIA 1980: Third World Tourism. Report on an Workshop on
    Tourism. Singapore.
DEPARTEMEN PERINDUSTRIAN PROPINSI NUSA TENGGARA BARAT 1992: Sentra
    Industri Kecil Yang Potential di Propinsi Nusa Tenggara Barat. Mataram.
- -1993a: Potensi Ekonomi di Nusa Tenggara Barat. Mataram.
- -1993b: Nusa Tenggara Barat Dalam Industri Kecil/ Kerajinan. Mataram.
DEPARTEMEN TENAGA KERJA RI PROPINSI NUSA TENGGARA BARAT 1992: Up
    Dating - Profil Ketenagakerjaan Daerah Repelita V dan VI Propinsi Nusa Tenggara Barat.
    Mataram.
DEUTSCHE STIFTUNG FÜR INTERNATIONALE ENTWICKLUNG (DSE) 1989:
    Indonesien-Verwaltungsprofile. Materialien für den landeskundlichen Unterricht. Berlin.
DINAS PARIWISATA PROPINSI DAERAH TINGKAT I NUSA TENGGARA BARAT 1989:
    Kepariwisataan Nusa Tenggara Barat Dalam Angka Tahun 1990. Mataram.
- -1990: Kepariwisataan Nusa Tenggara Barat Dalam Angka Tahun 1991. Mataram.
- -1991: Kepariwisataan Nusa Tenggara Barat Dalam Angka Tahun 1992. Mataram.
- -1992a: Kepariwisataan Nusa Tenggara Barat Dalam Angka Tahun 1993. Mataram.
- -1992b: Indonesia - Guide to West Nusa Tenggara - Lombok/ Sumbawa. Mataram.
- -1993: Kepariwisataan Nusa Tenggara Barat Dalam Angka Tahun 1994. Mataram.
DIRECTORATE GENERAL OF TOURISM 1989: Analisa Pasar Wisatawan Manca Negara
    1989. Jakarta.

- -1992a: Tourism in Indonesia 1991. An Annual Report. Jakarta.
- -1992b: Analisa Pasar Wisatawan Manca Negara 1992. Jakarta.
- -1993a: Tourism in Indonesia 1992. An Annual Report. Jakarta.
- -1993b: Data dan Informasi Pengembangan Usaha Kawasan Pariwisata. Jakarta.
- -1994: Tourism Data and Statistics 1993. Jakarta.
DOMRÖS, M. 1989: Attraktivitätspotential und Organisationsphänomene des Fremdenverkehrs auf den Malediven. In: Die Erde, 120, S. 35-49.
DRESS, G. 1979: Wirtschafts- und sozialgeographische Aspekte des Tourismus in Entwicklungsländern. Dargestellt am Beispiel der Insel Bali in Indonesien. München (=Schriftenreihe wirtschaftswissenschaftliche Forschung und Entwicklung 36).
DÜRR, H. 1982: Raumentwicklung im Dilemma zwischen Wachstum und Gleichheitszielen. Indonesien als Beispiel. In: Geographische Rundschau, 34, S. 58-63.
ECUMENCIAL COALITION ON THIRD WORLD TOURISM (ECTWT) 1986: Third World People and Tourism Approaches to a Dialogue. Unkel.
ENGELHARD, K. 1983: Ferntourismus in Nepal. Seine ökonomische und soziokulturelle Problematik. In: Geographische Rundschau, 35, S. 618-624.
EULER, G. 1989: "Eingeborene" - ausgebucht. Ökologische Zerstörung durch Tourismus. Gießen.
FISCHER, D. 1974: Wirtschaftliche Wirkung des Ferntourismus, dargestellt am Beispiel von Kenya. In: Studienkreis für Tourismus (Hrsg.): Ferntourismus. Ein Mittel der Entwicklungshilfe und Völkerverständigung? Starnberg, S. 73-86.
FRENTRUP, K. 1969: Die ökonomische Bedeutung des internationalen Tourismus für die Entwicklungsländer. Hamburg.
FREYER, W. 1990: Einführung in die Fremdenverkehrsökonomie. München.
FRIEDRICHS, J 1985: Methoden empirischer Sozialforschung. Opladen.
GESELLSCHAFT FÜR TECHNISCHE ZUSAMMENARBEIT (GTZ) 1993: Ländliche Regionalentwicklung LRE aktuell: Strategieelemente für eine Umsetzung des LRE-Konzeptes unter veränderten Rahmenbedingungen. Eschborn.
GORMSEN, E. 1979: Cancun - Entwicklung, Funktion und Probleme neuer Torismus-Zentren in Mexico. In: In: Matznetter, J. (Hrsg.): Der Tourismus als Entwicklungsfaktor in Tropenländern. Frankfurt , S. 229-234 (= Frankfurter Wirtschafts- und Sozialgeographische Schriften 30).

- -1983a: Der internationale Tourismus, eine "neue Pionierfront" in Ländern der Dritten Welt. In: Geographische Zeitschrift, 71, S. 149-165.
- -1983b: Tourismus in der Dritten Welt. In: Geographische Rundschau, 35, S. 608-617.
- -1990: Kunsthandwerk in der Dritten Welt unter dem Einfluß des Tourismus. In: Geographische Rundschau, 42, S. 42-47.

GORMSEN, J. 1985: Das Kunsthandwerk in Mexico als regionaler Entwicklungsfaktor unter dem Einfluß des Tourismus. Saarbrücken-Fort Lauderdale (= Sozialwissenschaftliche Studien zu internationalen Problemen 105).

HAHNE, S. 1984: Ökologische Regionalentwicklung. Anmerkungen zu einer "endogenen" Entwicklung aus regionalökonomischer Sicht. In: Informationen zur Raumentwicklung ,1/2, S. 53-62.

HAMER, T. 1979: Tourismus und Kulturwandel. Soziokulturelle und ökonomische Auswirkungen des Tourismus auf die Indios von Panajachel in Guatemala. Starnberg

HARBOTH, H.-J. 1992: Sustainable Development - dauerhafte Entwicklung. In : Nohlen,D. und F.Nuschler (Hrsg.): Handbuch der Dritten Welt. Bonn, S. 231-247.

HARTKE, S. 1984: Regional angepaßte Entwicklungsstrategien und Voraussetzungen der "vertikalen"und "horizontalen" Koordination. In: Informationen zur Raumentwicklung, H. 1/2, S. 143-157.

HASSELBLATT, W.B. 1976: Zum Stellenwert der Tourismusförderung im Rahmen der entwicklungspolitischen Konzeption der Bundesregierung. In: BMZ (Hrsg.) Tourismus und Entwicklungspolitik, Materialien Nr. 54. Bonn, S. 2-27.

HITCHCOCK, M., KING, V.T. u. PARNWELL, M.J.G. (HRSG.) 1993: Tourism in South-East-Asia. London -New York.

HÖFELS, T. 1990: Fremdenverkehr und regionale Beschäftigungseffekte in der Türkei. Das Beispiel Alanya/Südtürkei. In: Geographische Rundschau, 42, S. 21-25.

HÖLPER, H. 1986: Tourismus in Tonga. Eine geographische Untersuchung zur Entwicklungsrelevanz eines jungen Wirtschaftszweiges in einem tradionsreichen Inselstaat im Südpazifik. Aachen (=Aachner geographische Arbeiten 18).

HUMAS PEMDA TK. I NTB 1992: Gema Pembangunan Nusa Tenggara Barat 1991. Mataram.

HUNZIKER, W. 1961: Die menschlichen Beziehungen in der touristischen Entwicklungshilfe. In: Zeitschrift für Fremdenverkehr, 16, S. 89-95.

IMBAS 1988: Indonesien - Irrweg Transmigrasi; Umsiedlung und Regionalplanung am Beispiel Ost Kalimantan. Frankfurt a.M.

JÄCKEL, W. 1991: Internationale Rohstoffabkommen und nationale Entwicklungspolitik im Widerspruch: Das Beispiel Kaffee (Indonesien). In: Zeitschrift für Wirtschaftsgeographie, 35, S. 158-169.

JEGEG, N. 1992: Ferry to Lomnok. In: The Archipelago - Indonesia's Tourism Magazine, Vol.1 S. 19-21.

JUDD, M. 1980: The sociology of rural poverty on Lombok. Berkeley.

KANTOR STATISTIK PROPINSI NTB 1984: Statistik Nusa Tenggara Barat 1983. Mataram.

- -1985: Statistik Nusa Tenggara Barat 1984. Mataram.
- -1986: Statistik Nusa Tenggara Barat 1985. Mataram.
- -1987: Statistik Nusa Tenggara Barat 1986. Mataram.
- -1988: Statistik Nusa Tenggara Barat 1987. Mataram.
- -1989: Statistik Nusa Tenggara Barat 1988. Mataram.
- -1990: Statistik Nusa Tenggara Barat 1989. Mataram.
- -1991: Statistik Nusa Tenggara Barat 1990. Mataram.
- -1992: Statistik Nusa Tenggara Barat 1991. Mataram.
- -1993: Statistik Nusa Tenggara Barat 1992. Mataram.

KADT de, E. 1979: Tourism - passport to Development? Perspectives on the social and cultural effects of tourism in developing countries. New York.

KASPAR, C. 1982: Die Fremdenverkehrslehre im Grundriß . Bern (= St. Galler Beiträge zum Fremdenverkehr und zur Verkehrswirtschaft 1).

KEBSCHULL, D. 1986: Transmigration in Indonesia - An Empirical Analysis of Motivation, Expectations and Experiences. Hamburg.

KLAR,M. 1992: Soziokulturelle Auswirkungen von Entwicklungsprojekten: Das Beispiel Südostasien. Saarbrücken (=Sozialwissenschaftliche Studien zu internationalen Problemen 168).

KRIPPENDORF, J. 1975: Die Landschaftsfresser. Tourismus und Erholungslandschaft. Verderben oder Segen? Bern.

KRIPPENDORF, J., ZIMMER, P. u. H. GLAUBER 1988: Für einen anderen Tourismus. Probleme -Perspektiven-Ratschläge. Frankfurt a.M.

LEEMANN, A. 1974: Glaubensgemeinschaften auf Lombok. In. Geographica Helvetica, 1, S. 27-36.

- -1978: Sozioökonomische Erhebungen zum Tourismus in Bali (Indonesien). In: Zeitschrift für Fremdenverkehr, 33, S. 19-23.

- -1989: Internal and External Factors of Socio-Cultural and Socio-Economic Dynamics in Lombok (Nusa Tenggara Barat). Zürich.

LEEMANN, A. u. W. RÖLL 1982: Lombok: Staatlch gelenkte inner- und interinsulare Umsiedlungsmaßnahmen. Ein Beitrag zum Transmigrationsprobleme in Indonesien. In: Geographische Zeitschrift, 58, S.132-145.

- -1984: Landarmut und Landlosigkeit auf Lombok. Ein Beitrag zum Verständnis der agrarsozialen Problematik in Indonesien. In: Zeitschrift für Agrargeographie, 2, S. 305-328.

- -1983: Der Ladang-Bau auf Lombok. Studien zum Wandel eines agraren Bodennutzungssystems. In: Geographica Helvetica, 1, S. 27-37.

- -1985: Lombok (Indonesien): Der Zugang der ländlichen Bevölkerung zum Produktionsfaktor Boden. In: Ethnologica Helvetica 10, S. 305-334. Bern.

- -1987: Agrarprobleme auf Lombok. Untersuchungen zur Wirtschafts- und Sozailstruktur in Nusa Tenggara Barat, Indonesien. Hamburg

LEFFLER, U. 1992: Auswirkungen des Tourismus in Entwicklungsländern - Eine Beurteilung auf der Basis neuerer Analysen des Ferntourismus. Berlin.

LOMBOK TOURISM DEVELOPMENT COOPERATION (LTDC) o. Jahr: Unveröffentlichter Projetbericht zur Entwicklung des Putri Nyale Resort in Südlombok (24 Seiten)

LUDWIG, K., HAS, M. U. M. NEUER 1990: Der neue Tourismus. Rücksicht auf Land und Leute München.

LÜEM, T. 1985: Sozio-Kulturelle Auswirkungen des Tourismus in Entwicklungsländern. Ein Beitrag zur Problematik des Vergleiches von touristischen Implikationen auf verschiedenartige Kulturräume der Dritten Welt. Zürich.

LUGER, K, PILZ, B. u. L. TÜTTING 1989: Über den Umgang mit der "Freiheit". Sanfter Tourismus als Zukunftsversion. In: Entwicklungspolitische Nachrichten, 5, S. 5-8

MÄDER, U. 1987: Vom Kolonialismus zum Tourismus - von der Freizeit zur Freiheit. Zürich

MARR, R.L. 1982: Tourismus in Malaysia und Singapore. Eine humangeographische Studie raumrelevanter Strukturen und Prozesse. Basel (= Baseler Beiträge zur Geographie 27).

MAURER, M. 1992: Tourismus und Dritte Welt. Ein kritisches Lesebuch mit Denkanstössen. Bern.

MAY, S. 1985: Tourismus in der Dritten Welt. Von der Kritik zur Strategie. Das Beispiel Kapverden. Frankfurt a.M. - New-York (Campus Forschung 463).

MEINKE, H. 1968: Tourismus und wirtschaftliche Entwicklung. Göttingen (=Weltwirtschaftliche Studien 13).

MENZEL, U. 1992: 40 Jahre Entwicklungsstrategie = 40 Jahre Wachstumsstrategie. In : Nohlen, D. und F. Nuscheler (Hrsg.): Handbuch der Dritten Welt. Bonn, S.131-155.

MICHAELSON, J. 1992: Cal - Our buisness storry of the month. In: The Archipelago - Indonesia's Tourism Magazine, Vol.1, S. 11-13.

MÖLLER, H.G. 1992: Tourismus und Regionalentwicklung im Mediterranen Südfrankreich: sektorale und regionale Entwicklungseffekte des Tourismus- ihre Möglichkeiten und Grenzen am Beispiel von Cote d`Azur, Provence und Languedoc-Roussillon. Stuttgart. (= Erdkundliches Wissen 108).

MÜLLER, B. 1983: Fremdenvekehr und Entwicklungspolitik zwischen Wachstum und Ausgleich: Folgen für die Stadt- und Regionalentwicklung in peripheren Räumen: Beispiele von der mexikanischen Pazifikküste. Mainz. (= Mainzer Geographische Studien 25).

- -1984: Fremdenverkehr, Dezentralisierung und regionale Partizipation. In: Geographische Rundschau, 36, S.20-24.

NETTEKOVEN, L. 1979: Massentourismus aus der Industriegesellschaft in die Dritte Welt. Ein Faktor des sozialen Wandels. In: Kölner Zeitschrift für Soziologie und Sozialpsychologie, Sonderheft 13, S. 257-273.

- -1984: Soziale und kulturelle Wirkung des Ferntourismus. In: Studienkreis für Tourismus:Ferntourismus-Ein Mittel der Entwicklungshilfe und Völkerverständigung. Starnberg,S.115-130.

NOHLEN, D. (HRSG.) 1993: Lexikon Dritte Welt. Reinbek bei Hamburg.

NOHLEN, D. u. F. NUSCHELER (HRSG.) 1992: Handbuch der Dritten Welt, 3. Aufl. Bonn

NORONHA, R. 1979: Paradise Reviewed: Tourism on Bali. In: Kadt de u.a.: Tourism passport to development. New York, S.177- 204.

OPPERMANN, M. 1992: Tourismus in Malaysia: eine Analyse der räumlichen Strukturen und internationalen Tourismusströmen unter besonderer Berücksichtigungder entwicklungstheoretischen Problematik. Saarbrücken, Fort Lauderdale (= Sozialwissenschaftliche Studien zu internationalen Problemen 177).

- -1992: Regional Aspects of the Indonesian Tourist Industry. In: The Indonesian Journal of Geography Vol.22, S. 31-44.

PEARCE, D.G. u. R.W. BUTLER 1993: Tourism Research. Critiques and challanges. London.

PETRI, O. 1986: Der Internationale Tourismus als Entwicklungs Faktor in Ländern der Dritten Welt. Eine wirtschafts- und sozialgeographische Untersuchung am Beispiel Peru. Frankfurt a.M.(=Europäische Hochschulschriften 8).

PIESNACK, J. 1995: Das Töpferhandwerk auf Lombok unter dem Einfluß des Tourismus. Untersucht am Beispiel des Ortes Penujak. Diplomarbeit am Institut für Geographische Wissenschaften der Freien Universität Berlin.

PT GEMA NUSA ARYA MULYA 1991: Discover Indonesia - West Nusa Tenggara. The Land of Adventures. Mataram.

RADETZKI-STENNER, M. 1987: Internationaler Tourismus und Entwicklungsländern. Die Auswirkungen des Einfach-Tourismus auf eine ländliche Region der indonesischen Insel Bali. Münster.

RADKE, D. 1975: Contribution of the international tourism to the economic and social development of Sri Lanka. Berlin.

RAUCH, T. u. A. REDDER 1987: Autozentrierte Entwicklung im ressourcenarmen ländlichen Regionen durch kleinräumige Wirtschaftskreisläufe. Theorie und Methodik. In : Die Erde,118, S. 109-126.

- -1987: Möglichkeiten und Grenzen der Umsetzung des Konzeptes der kleinräumigen Wirtschaftskreisläufe im ländlichen Zambia. In. Die Erde, 118, S. 127-141.

REGIONAL DEVELOPMENT PLANNING BOARD NTB (BAPPEDA) 1992: Regional Development Policy of Nusa Tengarra Barat Province.

REGIONAL INVESTMENT COORDINATION BOARD WEST NUSA TENGGARA (NTB) PROVINCE 1990: At a Glance Investement and the Prospects in West Nusa Tenggara Province. Mataram.

- -1992a: Prospects of Investments in the Province of Nusa Tenggara Barat (NTB). Mataram.

- -1992b: Brief Guide for Foreign Investors. Mataram.

- -1993: Daftar Nama- Nama Perusuhaan (PMA/PMDN) dan Rencana Investainya di NTB. Mataram.

RODENBURG, E. 1989: The Effects of Scale in Economic Development-Tourism in Bali. In: Singh,T.V. u.a.: Towards Appropriate Tourism: The Case of Developing Countries. Frankfurt Bern, S. 205- 226.

ROEDER, O.G., JUNGHANS, K.H. u. H. KÖTTER 1979: Indonesien. Geographie, Geschichte, Kultur, Staat, Gesellschaft, Bildungswesen, Politik, Wirtschaft. Tübingen - Basel.

RÖLL, W. 1981: Indonesien: Entwicklungsprobleme einer tropischen Inselwelt. Länderprofile- Geographische Strukturen, Daten und Entwicklungen. 2. Aufl. Stuttgart.

ROSSEL, P 1988: Tourism: Manufactering the Exotic. Copenhagen.

RUF, W.K. 1978: Tourismus und Unterentwicklung In: Zeitschrift für Kulturaustausch 28, S. 108-114.

SAKAR, S. 1991: Was heißt Entwicklung? Neudefinition des Entwicklungsbegriffes - ein Beitrag aus der Dritten Welt. In: Forum der entwicklungsbezogenen Aktionsgruppen Nr.154, S. 29-30.

SCETO REPORT o.J.: Volume 6. Master Plan Implementation. o.O.

SCHAWINSKI, R. 1973: Die sozio-ökonomischen faktoren des Fremdenverkehrs in Entwicklungsländern: Der Fall Guatemala. Bern (= St. Galler Beiträge zum Fremdenverkehr und zurVerkehrswirtschaft 5).

SCHERRER, C. 1986: Dritte-Welt-Tourismus. Entwicklngsstrategie und kulturelle Zusammenhänge. Berlin.

- -1988: Tourismus und selbstbetimmte Entwicklung-Ein Widerspruch: Das Fallbeispiel Tanzania. Berlin

SCHLENKE, U. 1983: Endogener Tourismus als Gradmesser des Industrialisierungsprozesses in Industrie- und Entwicklungsländern. In: Erdkunde, 37, S. 137-145.

SCHOLZ, F. 1993: Hilfe zur Selbsthilfe. Wirkungsvolle Ansätze zur Armutsbekämpfung. In: Geographische Rundschau, 45, S. 284-289.

SCHOLZ, U. 1992: Transmigrasi - ein Desaster ? In: Geographische Rundschau, 44, S. 33-39.

SCHÜRMANN, H. 1979: Auswirkungen des internationalen Tourismus auf die Regionalentwicklung in Ländern der Dritten Welt. In: Matznetter, J. (Hrsg.): Der Tourismus als Entwicklungsfaktor in Tropenländern. Frankfurt , S. 205-249 (= Frankfurter Wirtschafts- und Sozialgeographische Schriften 30).

- -1986: Sektoral polarisierte Entwicklung und regionale Partizipationin peripheren Räumen der Dritten Welt. Mainz (= Mainzer Geographische Studien 22).

SENGHAAS, D. 1988: Die Entwicklungsproblematik. Überlegungen zum Stand der Diskussion. In: Leng, G. u. W. Taubmann: Geographische Entwicklungsforschung im interdisziplinären

Dialog - 10 Jahre, Geographischer Arbeitkreis Entwicklungstheorie. Bremen, S. 37-62 (=Bremer Beiträge zur Geographie und Raumplanung 14).

SHIVA, V. 1989: Das Geschlecht des Lebens Frauen. Ökologie und Dritte Welt. Berlin.

SHIVJI, I.G. 1973: Tourism and Socialist Developmnent. Dar Es Salaam.

- -1989: "Nichts bleibt übrig". Interview mit Issa G. Shivji. In: Entwicklungspolitische Nachrichten, 5, S.10.

SIMONIS, U.E. 1989: Entwicklung und Umwelt - Ein Plädoyer für mehr Harmonie. In: Ökologische Probleme in der Dritten Welt. In: Gormsen, E.,Thimm, A. (Hrsg.): Interdisziplinärer Arbeitskreis Dritte Welt, Bd.2. Mainz, S.1-16.

SINGH, T.V.u.a. 1989: Towards Appropriate Tourism: The Case of Developing Countries. Frankfurt - Bern (= Europäische Hochschulschriften11).

STATISTISCHES BUNDESAMT 1990: Länderbericht Indonesien . Wiesbaden

STEINECKE, A. (Hrsg.) 1989: Tourismus - Umwelt - Gesellschaft. Bielefeld (= Schriftenreihe des Institutes für Freizeitwissenschaft und Kulturarbeit e.V., Band 8).

STUDIENKREIS FÜR TOURISMUS (Hrsg) 1974: Ferntourismus - ein Mittel der Entwicklungshilfe und Völkerverständigung? Starnberg.

- -1979: Tourismus in Entwicklungsländern. Starnberg.

- -1984: Tourismus in Entwicklungsländern II. Starnberg.

SUNDRUM, R.M. 1988: Indonesia`s Slow Economic Growth 1981-86. In: Bulletin of Indonesian Economic Studies, Vol. 24, No 1, S.37-72.

THOSS, R. 1984: Potentialfaktoren als Chance selbstverantworteter Entwicklung der Regionen. In: Informationen zur Raumentwicklung, H. 1/2, S. 21-27.

TÜTTING, L. 1989: Trekkingtourismus in Nepal. Das "Annapurna Conservation Area Projekt" als hoffnungsvoller Ansatz. In: Euler, C. (Hrsg): "Eingeborene"-ausgebucht. Ökologische Zerstörung durch Tourismus. Gießen, S. 112-132.

TURNER, L- U. J. ASH 1975: The Golden Hordes. International Tourism and the Pleasure Periphery. London.

UHLIG, H 1988: Südostasien. Fischer Länderkunde. 2.Aufl. Frankfurt a.M.

UNGEFEHR, F. 1988: Ökonomische Abhängigkeit als Dilemma von Kleinstaaten: Das Beispiel der Tourismuswirtschaft der Bahamas. In: Geographische Zeitschrift, 76, S.48-60.

VISCHER, L.R. 1990: Dorftourismus im Senegal. In: Ludwig, K. (Hrsg.): Rücksicht auf Land und Leute. München, S. 127-133.

VORLAUFER, K. 1979: Der Fremdenverkehr in Sri Lanka als Faktor der nationalen und regionalen Entwicklung. In: Matznetter, J. (Hrsg.): Der Tourismus als Entwicklungsfaktor in Tropenländern. Frankfurt , S. 105-126 (= Frankfurter Wirtschafts- und Sozialgeographische Schriften 30).

- -1983a: Die Fremdenverkehrswirtschaft Sri Lankas. Entwicklung, Bedeutung und Probleme. In: Geographische Rundschau, 35, S.627-636.

- -1983b: Ferntourismus und Dritte Welt. StudienbücherGeographie. Frankfurt a.M.

- -1990: Dritte-Welt-Tourismus - Vehikel der Entwicklung oder Weg in die Unterentwicklung? In: Geographische Rundschau, 42, S.4-13.

WÄLTY, S. 1990: Weltbank und Weltenbummler im Paradies.Touristische Erschliessung und Regionalentwicklung in Bali. In: Wälty, S. u.a. Von Nachholender zu Nachhaltiger Entwicklung. Zürich, S.127-149.

WALHI/ INDONESIAN FORUM OF ENVIROMENT o.J.: The Rinjani Eco-development Project -Implemantation Proposal, unveröffentlicher Bericht.

WELTBANK (Hrsg.) 1991: Weltentwicklungsbereicht 1990. Washington.

WIRTH, H.D. 1976: Massentourismus und abhängige Entwicklung. Kritik der herrschenden Theoreme zum Tourismus in der Dritten Welt. Marburg.

WOLF, K. u. JURCZEK, P. 1986: Geographie der Freiziet und des Tourismus. Stuttgart.

WOOD, R.E. 1979: Tourism and Underdevelopment in Southeast Asia. In: Journal of Contemporary Asia,S. 274- 287.

WORLD TOURISM ORGANISATION (Hrsg) 1987: Tourism Developing Study for Nusa Tenggara. Tourism Development Plan Package A - Lombok. Madrid.

- -1993: International Tourism in Est Asia and the Pacific 1972-1990. Madrid.

ZIMMERMANN,G.R. 1990: Der Tourismus auf Bali in Indonesien. Zur Erklärung der Fremdenverkehrsstruktur in ihrer raum-zeitlichen Entwicklung. In: Gormsen, E. u.a.(Hrsg.) Tourismus in der Dritten Welt. 6. Sitzungsbericht des Arbeitskreises für Freizeit- und Fremdenverkehrsgeographie in Mainz 1989 (= Institut für Tourismus. Berichte und Materialien Nr.8) Berlin, S. 103-122.

FOTOS

(alle Bilder außer Foto 7 von der Verfasserin)

Foto 1: Hotel Bintang in Senggigi 1993

Foto 2: Hotel Melati auf Gili Air 1993

Foto 3: Hotel Melati in Kuta 1993

Foto 4: Markt in Kuta 1993

Foto 5: Bootsanleger auf Gili Air 1993

Foto 6: Strandhändler in Senggigi 1993

Foto 7: Töpferinnen in Penujak

Quelle: Lombok Craft Project 1993

FRAGEBÖGEN

ANGET TENTANG PEGAWAI DI PENGINAPAN
FRAGEBOGEN FÜR DIE HOTELBESCHÄFTIGTEN

1. Sejak kapan anda bekerja die sini ?
   Seit wann arbeiten Sie hier ?

   _____

2. Pekerjaan apa yang anda lakukan di sini ?
   Welche Arbeit üben Sie hier im Hotel aus?

   _____

3. Apakah anda bekerja sepanjang tahun di sini ?
   Sind Sie das ganze Jahr hier beschäftigt ?

   O   YA   O   Ja
   O   Tidak   O   Nein
   - kalau tidak, kenapa tidak ? _____
   - *wenn nicht, warum ?* _____

4. Berapa bulan dalam satu tahun anda bekerja die sini ?
   Wieviele Monate im Jahr arbeiten Sie hier ?

   _____

5. Berapa jam anda bekerja dalam satu hari di sini ?
   Wieviele Stunden pro Tag arbeiten Sie hier ?

   _____

6. Di mana dan sebagai apa anda bekerja selain die sini ?
   Wo und als was arbeiten Sie sonst noch ?

   _____

7. Apakah pekerjaan anda di sini sebagai ?
   Würden Sie ihre Arbeit hier als

O pekerjaan pokok	*O Haupterwerb*
O pekerjaan sampingan	*O Nebenerwerb*
O lainnya	*O sonstiges*

   bezeichnen ?

8. Di mana dan sebagai apa anda berkerja sebelumnya?
   Wo und als was haben Sie vorher gearbeitet?

   _____

9. Berapa lama anda duduk sekolah?
   Wieviele Jahre haben Sie eine Schule besucht ?

   _____

10. Sekolah apa ?
    Welche Schulen haben Sie besucht ?

O	S.D.	O	*Grundschule (6 Jahre)*
O	S.M.P.	O	*Mittelschule (9 Jahre)*
O	S.M.A.	O	*Gymnasium (12 Jahre)*
O	lainnya dan apa?	O	*weitere/sonstige und welche ?*

    _____   _____

11. Apakah anda mempunyai profesi?
    Haben Sie einen Beruf erlernt bzw. eine Ausbildung gemacht?

    _____

12. Apakah anda berpendidikan dalam bidang pariwisata?
    Haben Sie eine Ausbildung im Bereich des Tourismus?

O YA	*O Ja*
O Tidak	*O Nein*
- kalau ya, apa dan di mana ?	*- wenn ja, welche und wo ?*

    _____   _____

13. Berapa umur anda ?
    Wie alt sind Sie ?

    _____

14. Di mana anda tinggal ?
    Wo wohnen Sie zur Zeit ?

    _____

15. Di mana anda lahir ?
    Wo sind Sie geboren ?

    _____

16. Apakah anda   O beristri/bersuami   *Sind Sie*   O *verheiratet*
                  O bujangan   O *ledig*

17. Berapa anak anda punya ?
    Wieviele Kinder haben Sie ?

    _____

18. Di mana keluarga anda tinggal ?
    Wo wohnt Ihre Familie ?

    _____

19. Apa dan di mana perkerjaan bapak / ibu anda ?
    Wo und als was arbeitet Ihr Vater/ Ihre Mutter ?

    _____

20. Apakah anda ada hubungan dengang pemilik penginapan ini ?
    Sind Sie mit dem Besitzer des Hotels verwandt ?

    O Ya   O *Ja*
    O Tidak   O *Nein*

21. Bagaimana penilaian anda tentang pariwisata di Lombok ?
    Wie denken Sie über den Tourismus auf Lombok ?

    _____

22. Apakah anda puas dengang perkerjaan anda di sini ?
    Sind Sie zufrieden mit ihrer Arbeit hier ?

    O Ya   *O JA*
    O Tidak   *O Nein*
    - sebab-sebabnya untuk jawaban ini - *Gründe für die jeweilige Antwort*
    _____   _____

23. Berapa anda mendapat upuh di sini ? (satu bulan)
    Wieviel verdienen Sie hier ? (pro Monat)

    _____

24. Berapa banyak anda berikan keluarga anda ?
    Wieviel von Ihrem Verdienst geben Sie ihrer Familie?

    _____

25. Untuk apa ada lainnya?
    Was machen Sie mit dem Rest des Einkommens ?

    _____

ANGKET TENTANG PENGINAPAN
FRAGEBOGEN FÜR HOTELBESITZER / MANAGER

1. Ada berapa tempat tidur dan kamar die penginapan ini ?
   Wieviele Betten und Zimmer hat Ihr Hotel ?

   _____

2. Penginapan ini kelas apa ?
   Welche Klassifizierung hat Ihr Hotel ?

   O Hotel Bintang   O internationales Hotel
   O Hotel Melati   O Mittelklassehotel
   O lainnya   O sonstiges

3. Sejak kapan adanya penginapan ini?
   Seit wann gibt es dieses Hotel ?

   _____

4. Siapa pemilik penginapan ini ?
   Wer ist der Besitzer des Hotels ?

   _____

5. Di mana pemilik itu tinggal ?
   Woher kommt der Besitzer und wo wohnt er ?

   _____

6. Apakah anda sewa penginapan ini ?
   Zahlen Sie eine Miete oder Pacht für das Hotel oder Grundstück?

   _____

7. Berapa pengeluaran anda seluruhnya? (bulan/ tahun)
   Wie hoch sind Ihre monatlichen/ jährlichen Ausgaben insgesamt?

   _____

8. Berapa untuk: *Wieviel geben Sie aus für:*

   - makanan   _____   - *Lebensmittel*   _____
   - minuman   _____   - *Getränke*   _____
   - sewa   _____   - *Miete/Pacht*   _____
   - pajak   _____   - *Steuern*   _____
   - listrik   _____   - *Stromversorgung*   _____

- air	_____	- Wasserversorgung	_____
- iklan	_____	- Werbungskosten	_____
- lainnya	_____	- sonstiges	_____

9. Di mana anda membeli makanan dan lainnya dan berapa?
   Wo kaufen Se Lebensmittel und anderes ein und wieviel ?

- sayuran	_____	- Gemüse	_____
- buah- buahan	_____	- Obst	_____
- daging	_____	- Fleisch	_____
- ikan	_____	- Fisch	_____
- beras	_____	- Reis	_____
- susu	_____	- Milch	_____
- keju	_____	- Käse	_____
- roti	_____	- Brot	_____
- teh	_____	- Tee	_____
- kopi	_____	- Kaffee	_____
- minuman	_____	- Getränke	_____
- es	_____	- Eis	_____
- lainnya	_____	- sonstiges	_____

10. Ada berapa pegawai di penginapan ini ?
    Wieviele Angestellte haben Sie ?

- seluruhnya	_____	- insgesamt	_____
- laki-laki	_____	- Männer	_____
- perempuan	_____	- Frauen	_____

11. Dari mana pegawai itu datang ?
    Wo kommen ihre Angestellten her ?

- dari Senggigi/ Gili Air/Kuta	_____	- Senggigi/Gili Air/Kuta	_____
- dari sekitar daerah ini	_____	- der nahen Umgebung	_____
- daerah lain di Lombok	_____	- andere Regionen von Lombok	_____
- dari Bali	_____	- Bali	_____
- dari Jawa	_____	- Java	_____
- dari Sumbawa	_____	- Sumbawa	_____
- dari Luarnegri	_____	- aus dem Ausland	_____
- lainnya	_____	- sonstiges	_____

12. Berapa pegawai mempunyia berpendidikan dalam bidang pariwisata ?
    Wieviele Angestellte haben eine Ausbildung im Bereich des Tourismus ?

    _____

13. Berapa pegawai di sini dari keluarga anda?
    Wieviele Angestellte gehören zur Familie ?

    _____

14. Berapa pegawai bekerja sepanjang tahun di sini
    Wieviele Angestellte sind das ganze Jahr hier beschäftgigt?

    _____

15. Berapa jam pegawai bekerja dalam satu hari di sini ?
    Wieviele Stunden pro Tag arbeiten die Angestellten hier?

    _____

16. Berapa tamu ada dalam satu bulan/ tahun di penginapan ini ?
    Wieviel Gäste haben Sie pro Monat/ Jahr in ihrem Hotel ?

    _____

17. Dari mana tamu anda ? (kira-kira berapa %)
    Woher kommen Ihre Gäste ? (in %)

    - Indonesia   _____   - *Indonesien*   _____
    - Eropa   _____   - *Europa*   _____
    - Australia   _____   - *Australien*   _____
    - Amerika   _____   - *Amerika*   _____
    - Singapura   _____   - *Singapur*   _____
    - Jepang   _____   - *Japan*   _____
    - Asia lainnya   _____   - *Asien*   _____
    - lainnya   _____   - *sonstige*   _____

18. Apakah kebanyakan yang menginap di sini ? (kria-kria di %)
    Wie ist der Anteil der folgenden Reiseformen dabei ?

    - touris berkelompok   _____   - *Pauschalreisende*   _____
    - touris paket   _____   - *Gruppenreisende*   _____
    - touris individual   _____   - *Individualreisende*   _____
    - orang-orang bisnis   _____   - *Geschäftsreisende*   _____

19. Bagaimana penilaian anda tentang pariwisata di Senggigi/Gili Air/Kuta dan di Lombok?
    Wie beurteilen Sie den Tourismus in Senggigi/ Gili Air/ Kuta und auf Lombok?

    _____
    _____

20. Apakah meurut anda pariwisata yang ke Lombok harus ditingkatkan ?
    Sollte Ihrer Meinung nach der Tourismus auf Lombok weiter ausgebaut werden ?

    _____
    _____

ABHANDLUNGEN DES GEOGRAPHISCHEN INSTITUTS
DER FREIEN UNIVERSITÄT BERLIN

Band 1: Schröder, K. 1953: Die Stauanlagen der mittleren Vereinigten Staaten. Ein Beitrag zur Wirtschafts- und Kulturgeographie der USA, 96 S. mit 4 Karten, broschiert, DM 12,-.

Band 2: Quelle, O. 1953: Portugiesische Manuskriptatlanten. 12 S. mit 25 Tafeln und 1 Kartenskizze (vergriffen).

Band 3: Jensch, G. 1957: Das Ländliche Jahr in deutschen Agrarlandschaften, 115 S. mit 13 Figuren und Diagrammen, broschiert, DM 19,50.

Band 4: Jensch, O. 1957: Glazialmorphologische Untersuchungen in Ostengland. Ein Beitrag zum Problem der letzten Vereisung im Nordseeraum. 86 S., mit Bildern und Karten, broschiert, DM 20,-.

Band 5: Geomorphologische Abhandlungen. Otto Maull zum 70. Geburtstag gewidmet. Besorgt von E. Fels, H. Overbeck und J.H. Schultze 1957. 72 S. mit Abbildungen und Karten, broschiert, DM 16,-.

Band 6: Boesler, K.-A. 1960: Die städtischen Funktionen. Ein Beitrag zur allgemeinen Stadtgeographie aufgrund empirischer Untersuchungen in Thüringen. 80 S. mit Tabellen und Karten (vergriffen).

Seit 1963 wird die Reihe fortgesetzt unter dem Titel
ABHANDLUNGEN DES 1. GEOGRAPHISCHEN INSTITUTS
DER FREIEN UNIVERSITÄT BERLIN

Band 7: Schultze, J.H. 1963: Der Ost-Sudan. Entwicklungsland zwischen Wüste und Regenwald. 173 S. mit Figuren, Karten und Abbildungen (vergriffen).

Band 8: Hecklau, H. 1964: Die Gliederung der Kulturlandschaft im Gebiet von Schriesheim/Bergstraße. Ein Beitrag zur Methodik der Kulturlandschaftsordnung. 151 S. mit 16 Abbildungen und 3 Karten, broschiert, DM 30,-.

Band 9: Müller, E. 1965: Berlin-Zehlendorf. Versuch einer Kulturlandschaftsgliederung. 144 S. mit 8 Abbildungen und 3 Karten, broschiert, DM 30,-.

Band 10: Werner 1966: Zur Geometrie von Verkehrsnetzen. Die Beziehung zwischen räumlicher Netzgestaltung und Wirtschaftlichkeit. 136 S. mit 44 Figuren (vergriffen).

Band 11: Wiek, K.D. 1967: Kurfürstendamm und Champs-Elysées. Geographischer Vergleich zweier Weltstraßen-Gebiete. 134 S. mit 9 Fotos, 8 Kartenbeilagen, broschiert, DM 30,-.

Band 12: Boesler, K.-A. 1969: Kulturlandschaftswandel durch raumwirksame Staatstätigkeit. 245 S. mit 10 Fotos, zahlreichen Darstellungen und Beilagen, broschiert, DM 60,-.

Band 13: Boesler, K.A. u. A. Kühn (Hrsg.) 1970: Aktuelle Probleme geographischer Forschung. Festschrift anläßlich des 65. Geburtstages von Joachim Heinrich Schultze. 549 S. mit 43 Fotos und 66 Figuren, davon 4 auf 2 Beilagen, broschiert, DM 60,-.

Band 14: Richter, D. 1969: Geographische Strukturwandlungen in der Weltstadt Berlin. Untersucht am Profilband Potsdamer Platz-Innsbrucker Platz. 229 S. mit 26 Bildern und 4 Karten, broschiert, DM 19,-.

Band 15: Vetter, F. 1970: Netztheoretische Studien zum niedersächsischen Eisenbahnnetz. Ein Beitrag zur angewandten Verkehrsgeographie. 50 S. mit 14 Tabellen und 40 Figuren (vergriffen).

Band 16: Aust, B. 1970: Stadtgeographie ausgewählter Sekundärzentren in Berlin (West). IX und 151 S. mit 32 Bildern, 13 Figuren, 20 Tabellen und 7 Karten (vergriffen).

Band 17: Hasselmann, K.-H. 1976: Untersuchungen zur Struktur der Kulturlandschaft von Busoga (Uganda). IX und 294 S. mit 32 Bildern, 83 Figuren und 76 Tabellen, broschiert, DM 39,50.

Band 18: Mielke, J. H. 1971: Die kulturlandschaftliche Entwicklung des Grunewaldgebietes. 348 S. mit 32 Bildern, 18 Abbildungen und 9 Tabellen, broschiert, DM 30,-.

Band 19: Herold, D. 1972: Die weltweite Vergroßstädterung. Ihre Ursachen und Folgen aus der Sicht der Politischen Geographie. IV und 368 S. mit 14 Tabellen und 5 Abbildungen, broschiert, DM 19,-.

Band 20: Festschrift für Georg Jensch aus Anlaß seines 65. Geburtstages, 1974: XXVII und 437 S. mit Abbildungen und Karten, broschiert, DM 32,-.

Band 21: Fichtner, V, 1977: Die anthropogen bedingte Umwandlung des Reliefs durch Trümmeraufschüttungen in Berlin (West) seit 1945. VII und 169 S., broschiert, DM 22,-.

Band 22: Zach, W.-D. 1975: Zum Problem synthetischer und komplexer Karten. Ein Beitrag zur Methodik der thematischen Kartographie. VI und 121 S., broschiert, DM 19,-.

Die Reihe wird fortgesetzt unter dem Titel:

ABHANDLUNGEN DES GEOGRAPHISCHEN INSTITUTS - ANTHROPOGEOGRAPHIE

Band 23: Becker, CH. 1976: Die strukturelle Eignung des Landes Hessen für den Erholungsverkehr. Ein Modell zur Bewertung von Räumen für die Erholung. 153 S., broschiert, DM 29,50.

Band 24: Arbeiten zur Angewandten Geographie und Raumplanung. Arthur Kühn gewidmet. 1976: 167 S., broschiert, DM 22,-.

Band 25: Vollmar, R. 1976: Regionalplanung in den USA. Das Appalachian Regional Development Program am Beispiel von Ost-Kentucky. X und 196 S., broschiert, DM 18,-.

Band 26: Jenz, H. 1977: Der Friedhof als stadtgeographisches Problem der Millionenstadt Berlin - dargestellt unter Berücksichtigung der Friedhofsgründungen seit dem 2. Weltkrieg. VII und 182 S., broschiert, DM 18,-.

Band 27: Tank, H. 1979: Entwicklung der Wirtschaftsstruktur einer traditionellen Sozialgruppe. Das Beispiel der Old Order Amish in Ohio, Indiana und Pennsylvania, USA. 170 S., broschiert, DM 20,-.

Band 28: Wapler, G. 1979: Die zentralörtliche Funktion der Stadt Perugia. 132 S., broschiert, DM 20,-.

Band 29: Schultz, H.-D. 1980: Die deutschsprachige Geographie von 1800 bis 1970. Ein Beitrag zur Geschichte ihrer Methodologie. 488 S., broschiert, DM 32,-.

Band 30: Grupp, M. 1981: Entwicklung und sozio-ökonomische Bedeutung der holzverarbeitenden Industrie im Südosten der Vereinigten Staaten von Amerika. XII und 188 S. mit Anhang, broschiert, DM 28,-.

Band 31: Ramakers, G. 1981: Géographie physique des plantes, géographie physique des animaux und géographie physique de l'homme et de la femme bei Jean-Louis Soulavie. Ein Beitrag zur Problem- und Ideengeschichte der Geographie im achtzehnten Jahrhundert. II und 205 S. mit 8 Abbildungen, broschiert, DM 28,-.

Band 32: Asche, H. 1981: Mobile Lebensformgruppen Südost-Arabiens im Wandel. Die Küstenprovinz Al Bàtinah im erdölfördernden Sultanat Oman. XII und 344 S. mit 20 Tabellen, 36 Karten und 20 Fotos, broschiert, DM 36,- (zur Zeit vergriffen).

Band 33: Scholz, F. u. J. Janzen (Hrsg.) 1982: Nomadismus - ein Entwicklungsproblem? Beiträge zu einem Nomadismus-Symposium, veranstaltet in der Gesellschaft für Erdkunde zu Berlin. VIII und 250 S. mit 6 Fotos und 25 Karten und Diagrammen (zur Zeit vergriffen).

Band 34: Voll, D. 1983: Von der Wohnlaube zum Hochhaus. Eine geographische Untersuchung über die Entstehung und die Struktur des Märkischen Viertels in Berlin (West) bis 1976. VII und 237 S. mit 76 Abbildungen, broschiert, DM 32,-.

Band 35: El Mangouri, H.A. 1983: The mechanization of Agriculture as a Factor Influencing Population Mobility in the Developing Countries: Experiences in the Democratic Republic of the Sudan (Auswirkungen der Mechanisierung der Landwirtschaft auf die Bevölkerungsmobilität in Entwicklungsländern: Fallbeispiel - Die Republik Sudan). VI und 288 S. mit 8 Abbildungen, 2 Karten und 49 Tabellen, broschiert, DM 34,-.

Band 36: Kluczka, G. (Hrsg.): Aktuelle Probleme der räumlichen Planung. Beiträge der Geographie zu ihrer Lösung. Ca. 150 S. (entfällt).

Band 37: Kühn, G. 1984: Instrumentelle Möglichkeiten des Staates zur Steuerung der Raumentwicklung - dargestellt am Beispiel des Bundeslandes Hessen. XIV und 250 Seiten mit zahlreichen Abbildungen, Karten und Tabellen, broschiert, DM 36,-.

Band 38: Hinz, H.-M. 1985: Sozio-ökonomische Bedingungen und Auswirkungen sowie Raumprobleme des amerikanischen Tourismus unter besonderer Berücksichtigung Floridas. XII und 344 S., broschiert, DM 48,-.

Band 39: Schwedler, H.-U. 1985: Arbeitsmigration und urbaner Wandel. Eine Studie über Arbeitskräftewanderung und räumliche Segregation in orientalischen Städten am Beispiel Kuwaits. VIII und 234 S. mit 54 Abbildungen, broschiert, DM 38,-.

Band 40: Stagl, R. 1986: Auswirkungen der Offenlegungspflicht der plutoniumverarbeitenden Anlage Rocky Flats auf Wahrnehmung und Bodenmarkt im Raum Denver/Boulder (Colorado, USA). XVI und 259 S., broschiert, DM 45,-.

Band 41: Röhl, D. 1987: Die Relevanz und Bewertung von Geofaktoren in der räumlichen Planung mit Beispielen von den Entwicklungsmaßnahmen im Unterelberaum. XIII und 376 S. mit 33 Abbildungen, 2 Karten und 2 Tabellen, broschiert, DM 58,-.

Band 42: Betz, R. 1988: Wanderungen in peripheren ländlichen Räumen Voraussetzungen, Abläufe und Motive. Dargestellt am Beispiel dreier niedersächsischer Nahbereiche. IX und 137 S. mit 19 Abbildungen, 2 Karten, 5 Übersichten und 46 Tabellen, broschiert, DM 38,-.

Band 43: Koutcharian, G. 1989: Der Siedlungsraum der Armenier unter dem Einfluß der historisch-politischen Ereignisse seit dem Berliner Kongreß 1878: Eine politisch-geographische Analyse und Dokumentation. 336 S. mit 9 Karten, broschiert, DM 58,-.

Band 44: Kreutzmann, H. 1989: Hunza. Ländliche Entwicklung im Karakorum. XIV und 276 S. mit 44 Abbildungen (5 Beilagen), 24 Tabellen und 16 Fotos, broschiert, DM 58,-.

Band 45: Hartleb, P. 1989: Die Messenische Mani. Eine Studie zum Wandel in der Peripherie Griechenlands. XII und 242 S. mit 52 Abbildungen, 14 Tabellen und 24 Fotos, broschiert, DM 54,-.

Band 46: Müller-Mahn, H.-D. 1989: Die Aulad 'Ali zwischen Stamm und Staat. Entwicklung und sozialer Wandel bei den Beduinen im nordwestlichen Ägypten. XII und 270 S. mit 32 Abbildungen, 7 Tabellen und 16 Fotos, broschiert, DM 56,-.

Band 47: Höppl, G. 1990: Standortmerkmale US-amerikanischer High-Technology-Industrien. Eine intraregionale Untersuchung am Fallbeispiel des Colorado Front Range Corridors. X und 234 S. mit 15 Abbildungen und 39 Tabellen, broschiert, DM 52,-

Band 48: Mortuza, S.A. 1992: Rural-urban migration in Bangladesh - causes and effects. XII und 160 S. mit 41 Abbildungen, 20 Tabellen und 10 Fotos, broschiert, DM 39,-.

Band 49: Walz, G. 1992: Nomaden im Nationalstaat. Zur Integration der Nomaden in Kenia. XV und 230 S. mit 10 Abbildungen, 21 Tabellen und 12 Fotos, broschiert, DM 58,-.

Band 50: Scott, J.W. 1992: The Challenge of the Regional City. Political traditions, the planning process and their roles in metropolitan growth management. XVIII und 250 S. mit 19 Abbildungen und 32 Tabellen und 8 Fotos, broschiert, DM 55,-.

Band 51: Baas. S., 1993: Weidepotential und Tragfähigkeit in Zentralsomalia. Ein integriertes Evaluierungskonzept zur Bestimmung des Nutzungspotentials für Weidegebiete mit mobiler Tierhaltung. XXII und 316 S. mit 35 Abb., 11 Karten, 34 Tab., 16 Fotos und 7 Anlagen, broschiert, DM 68,-.

Band 52: Braun, G.O. (ed.), 1994: Managing and Marketing of Urban Development and Urban life. Proceedings of the IGU-Commission on "Urban Development and Urban life" Berlin, August 15th to 20th, 1994. XII und 687 S. mit 140 Figures and 90 Tables, broschiert, DM 129,-.

Band 53: Holl, F.R., 1994: Der Langkawi-Archipel/Nordwest-Malaysia. Regionalentwicklung eines Peripherraumes unter dem Einfluß des Tourismus. XXI und 200 S. mit 14 Abb., 7 Karten, 14 Tab. und 8 Fotos, broschiert, DM 49,-.

SONDERHEFTE

1. Brosche, K.-U. 1978: Beiträge zum rezenten und vorzeitlichen periglazialen Formenschatz auf der Iberischen Halbinsel. V und 287 S., 19 Tabellen und 13 Abbildungen, broschiert, DM 32,-.

2. Vollmar, R. 1986: Regionalpolitik in den USA. Theoretische Grundlagen und politisch-administrative Praxis. XX und 309 S. mit 68 Abbildungen und 37 Tabellen, broschiert, DM 54,-.

3. Krings, Th. 1991: Agrarwissen bäuerlicher Gruppen in Mali/Westafrika. Standortgerechte Elemente in den Landnutzungssystemen der Senoufo, Bwa, Dogon und Somono. XXVI und 308 S. mit 65 Abbildungen, 27 Tabellen und 28 Fotos, broschiert, DM 78,-.

Schriftleitung: Dr. Jörg Janzen, Institut für Geographische Wissenschaften, Freie Universität Berlin, Grunewaldstr. 35, 12165 Berlin
Tel.: 030 / 838 48 23

Vertrieb durch: Dietrich Reimer Verlag, Unter den Eichen 57, 12203 Berlin
Tel.: 030 / 831 40 81 /82